ノーマン家とライシャワー家

日本と北米の関係構築にはたした役割

高嶋幸世

はじめに　なぜ、ノーマンとライシャワーをとりあげるか

　以前から、カナダ・アメリカの宣教団が、本国の状況と連動し、さまざまな活動に従事したことを調べた。その集大成として、今回の著作では、親が宣教師、子どもは学者や外交官として活躍し、日加・日米関係を1世紀にわたり形成したノーマン家・ライシャワー家の特質と相互関係について論じる。
　私たちはしばしば「ハーバート・ノーマンとエドウィン・ライシャワーの対比」に関心を寄せる。だが二人には共通点も多く、親・兄・配偶者らもまた活躍した人々だった。よって、彼ら全員を対象とし、国・大学・教会などで公開された史料をできるかぎり利用して、二組の一族全体をとりあげた。
　第1の理由として、ハーバート・ノーマンもエドウィン・ライシャワーも、宣教師の子どもとして日本で生まれた人物である。彼らの体験は、同時代のカナダ人・アメリカ人とはまったく異なり、北米ではほとんど知られていなかった「極東」の国、日本を自らの故郷と感じる人物たちであった。そして彼らの父たちは日本で成功した宣教師として、双方とも祖国で顧みられた。
　ノーマンの父ダニエル・ノーマンは「長野のノルマン」と慕われ、農村伝道に生涯をささげた著名宣教師であり、さらには多くの長野の人々がダニエル・ノーマンの影響下に思想形成をした。
　一方、ライシャワーの父、オーガスト・ライシャワーも東京女子大学の創設の際、初代の新渡戸学長のもとで常務理事をし、それまで顧みられることの少なかった女子高等教育のレベルを上げるために、物心両面での貢献は多大なものがあった。また、仏教各派や仏教研究者との対話や日本語・中国語の古典読解力を身につけ、1917年には『日本仏教の研究』[1]を著した。この本は英語による仏教研究の草分けとなり、欧米で優勢だったキリスト教とその他の宗教との優劣論を否定し、キリスト教宣教教育を他宗教、他文化との共存と相互理解によるものへ変えた。
　父たちがそれぞれに日本と深くなじみ、日本を理解したゆえに、子たちが日本を研究する人生を歩もうと考えるにいたった。この観点から、父たちの事跡と思想、その背景を十分に吟味することからこの論文をはじめる。

第二の理由として、ノーマン家、ライシャワー家の兄たちも日本と北米関係に関わって業績を上げた人々であり、さまざまな試練を受けた。

　ハーバートの兄、ハワード・ノーマンは父の跡をついで宣教師となり、日本で定年まで活躍した。彼は実践家としてすぐれた事績を残した。大恐慌下の金沢で、孤児院園長として日本最悪の生活状況を体験し、また父から受け継いだ労働組合とのつながりで、日中戦争下での貧富の差とさまざまな抑圧をじっくり観察することができた。そのときの体験は、ユニオン神学校の神学修士論文 'Japanism and Christianity' に記された。太平洋戦争直前に日本退去を余儀なくされ、新たに任命されたバンクーバーの教会で牧師をした際に、戦争勃発直後に日系人強制収容がおこったことに反対して活動し、その際に「日系人の中にいる日本の超国家主義者」をカナダ政府に報告したスパイ活動は、彼なりの日本をよくしたいという意思のあらわれだった。彼はキリスト教社会主義を信奉し、父と同じく賀川豊彦らの薫陶を受けた。

　一方、ライシャワーの兄ロバート・ライシャワーは、上海爆撃の際の誤爆でわずか30歳の命を終えた悲劇の人物である。ハワード・ノーマンはロバートの伝記を書きたいと願ったが、残念ながら手紙も日記も散逸し、未完成に終わった[2]。そのような理由から彼の人生を他の登場人物のように詳述できない。しかし、死の直前に講義録としてまとめられ、死後に加筆訂正された『Japan: Government, Politics』を読むと、日本が明治維新以来、さまざまな政治状況を通りつつ、当時の軍国主義の時代に進んだとわかる。そして「日本は昔から軍国主義の危険な国」などではなかったことを書き記している。彼もまた時代の中でもがきつつ、新たな時代を模索した一人の若い学究だったと言える。

　両家の次男、ハーバート・ノーマンとエドウィン・ライシャワーに関しての章は、この論文の中でも一番関心を呼ぶところだ。いままでの研究であれば、ハーバート・ノーマンとエドウィン・ライシャワーはその研究姿勢の違いから、対比されつつ論じられることが多かった。私は確かに二人に相違点がたくさんあることも理解しつつ、あえて二人の類似点を強調しながら描く。なぜなら、二人とも日本で宣教師の子として生まれ、子ども時代からの交友があり、当時不備だった北米のアジア研究コースの中で、ともに日本研究を志したから

はじめに　なぜ、ノーマンとライシャワーをとりあげるか

である。当時二人を含めたアジア研究者の交友関係は、小さなコミュニティでありきわめて密だった。しかも、将来は未知数だった日本研究を志した動機には、彼ら自身はきわめて世俗的な人物だったが、日本の正しい姿を北米社会に伝えて、日本にどう対処すべきかを考える役に立ちたいと考えたことは確かであろう。

　ハーバート・ノーマンは、1939年に博士論文として提出した『日本近代国家の成立』で一躍有名になり、1949年に出された『安藤昌益——忘れられた思想家』まで、つぎつぎと日本近代研究の著作を著した。その一方で、カナダの外交官としての務めもはたした。しかし、赤狩りがはげしくなる1957年4月、任地のエジプトで飛び降り自殺をおこし、「彼はソ連のスパイだったか否か」がホットな議論となっている。この点に関しては、2000年代以降にカナダが公開した史料により、スパイ説を否定する。

　一方、エドウィン・ライシャワーは同じ年に円仁研究で博士号をとったが、最初の著作は1947年に出された『日本——過去と現在　第1版』であった。エドウィンが自ら自叙伝で記しているように、この本の時点では、エドウィンは独自の日本近代史像をもっておらず、ハーバート・ノーマンの強い影響のもとに書いていた。このことの妥当性については本文で詳細に検討したい。

　だが、彼の組織した日本史研究グループはハーバートの影響下から脱し、「近代化論」と呼ばれる学派を形成するにいたった。その流れが見えはじめたのは1953年に出された『日本——過去と現在　第2版』からであり、その後、1964年の第3版で明確に打ち出した。一方、本職の円仁研究は1955年に完成し、彼の旅行記を完全英訳したものと、一般人向けの『円仁——唐代中国への旅』が出された。また以上のような歴史研究の合間には、東アジア問題に関する研究書や論文もたびたび出している。

　こうして見ていくと、ハーバートとエドウィンの研究のスタンスは確かに違うが、執筆した時期も違うことが判明する。時代の変化、カナダとアメリカでの東アジア外交・国連外交のスタンスの違い、そして二人が似たような経験を共有しつつも、少し違った世界観を抱き、また個人的な思いをもっていたことを、彼らの論文の背景として見逃すことはできまい。また、ハーバートは自殺するまで外交官を務めていたため、史料公開の制約があり、カナダ政府が公に

できない史料もいまだ存在する。エドウィンが日本大使としての任務をはたしていた頃の言動はアメリカ大統領の意向を受けたものであるのと同じだ。

ここから、二人の主要な研究と同時代の歴史状況、そして彼らが個人的に記していた想いを合わせ、二人の人生を類似性に注目しつつ検討したい。

最後に、ノーマン家とライシャワー家の女性たちもまた、日本と北米関係で、重要な意義をもったことが挙げられる。今回は社会的な活動もさかんにおこなった二人の女性を選び、彼らがはたした役割と意義を考えてみたい。

一人はハワードの妻グエン・ノーマンである。カナダ合同教会議長を歴任した父をもち、大学院で歴史学と児童教育学を専攻した彼女は、軍国主義下日本の地方都市で新しい児童観にもとづくキリスト教教育をおこなった。戦後も日本と北米の宣教協力や教会学校運動などへのアドバイザーとして、活躍をつづけた。夫の引退後、カナダ合同教会の日本宣教百年史編纂事業も無視できない。

もう一人はエドウィンの二度目の妻、松方ハルである。元老松方正義の孫であるとともにアメリカに進出した絹商人新井領一郎の孫でもある彼女は、母譲りのクリスチャン・サイエンスを信仰し、戦後はジャーナリストとして活躍した。そんな彼女がエドウィンと結婚し、さらには大使夫人として日本に駐在したことは、戦後日米関係に大きな影響をおよぼした。彼女の活躍や人間関係がはたした役割も大きいというしかない。

最後に両家の歴史を見るにあたって、欠いてはならない重要なことがらがあることが、一族全体をとりあげる理由として掲げることができる。父の代から軽井沢での避暑を通して、両家には深い交流がつづいていた。オーガスト・ライシャワーはダニエル・ノーマンを先輩として慕った。二人を囲む軽井沢のコミュニティは、日本人のキリスト教指導者たちを多く含んでおり、「大正デモクラシー」の骨格は軽井沢の避暑の中で共有されていった。その経験は子どもたちに伝わっていき、彼らの歴史観にも影響していった。エドウィン・ライシャワーが大正デモクラシーを高く評価したのは有名だが、ほかの3人にもその傾向は大なり小なり見受けられる。

さらに子どもたちは、年齢の近い者どうしで交流を深めた。ハワードとロバートの交友は、ハワードの国家神道研究の中にロバートの歴史認識が盛り込む形で結実した。ハーバートとエドウィンは軽井沢のテニスコートの交友で有名

はじめに　なぜ、ノーマンとライシャワーをとりあげるか

だが、奇しくも同じハーバードで学位を得、戦時下では対日活動にまい進し、戦後は歴史家、また外交官として日本の戦後社会形成に関与した。1937年のロバートの爆死と、1957年にハーバートが赤狩りで自殺したことがハワードやエドウィンにとって痛手となった。

　ここに登場する人々を省みるとき、私たちは近現代日本史研究において見落としがちであったことをじっくり検討する必要に迫られる。二つの文明が出会い、違う思想と宗教が共存の道を探りあうことにまい進した人々が存在していた。その出会いの中からほんとうに平和な国際社会が形成されると信じ、その実現のために生涯を捧げた人々がいたことを知る。

　確かに、エドウィンが楽天的にまとめたほどには日米加相互理解が進んでいない。おたがいの認識ギャップはいまだに存在するし、かんたんには解消されそうにはない。日本とカナダにいたっては、ごく表層的な理解しかないと言って過言ではあるまい。それでもノーマンとライシャワーが生まれた20世紀初頭の無理解の状況にくらべれば、現代の状況は格段の進歩には違いない。日本と北米2国とは、きわめて違う歴史・文化・社会があるにもかかわらず、基本的に信頼関係をもつのは、やはり相互理解に努力した人々の活動のたまものである。20世紀初頭の時代に、この大きなギャップを超えるための努力を開始し、二世代にわたって貢献した人々の事績は吟味をする必要がある。

　このような観点から、この研究ではハーバート・ノーマンおよびエドウィン・ライシャワーの著作・論文に関しては主要な論点とそれに関わる主な論議を中心とし、むしろ彼らの思想形成に絡んださまざまなできごとや、その結果生み出された生活態度などとの関連に力点をおいて書き記したい。

　なお本文の中では、家族名を書かず、すべてファースト・ネームで記すこととする。というのは、いままで歴史学研究ではノーマンと言えばハーバート・ノーマンをさし、ライシャワーと言えばエドウィン・ライシャワーをさしてきた。ほかの人たちは背景説明程度に止まった。逆にキリスト教研究の分野では、ノーマンとはダニエル・ノーマンであり、ライシャワーとはオーガスト・ライシャワーが中心であった。子どもたちが優秀な日本研究者・外交官となったことが、親の教育の成果として多少語られるくらいである。ダニエル・ノーマンは日本では「ノルマン」[3]と一般に書き記されることから、なおさらである。

― vii ―

その結果、親子の連関が忘却され、個別の事績研究となってしまうのが問題点だ。

　私が見るところでは、親子ともどものノーマンやライシャワーが本人の事績だけで評価されることは、彼らが日本と北米との関係でもった重要な役割を見落とす結果となりうる。また親子ともどものノーマンやライシャワーが、単独であのような業績をはたしえたわけではけっしてない。兄弟がおり、女性たちがおり、親族や友人・研究者や政府の仲間たちの力もあいまって、偉大な事績を成し遂げたのである。その全貌を描き出すためには、兄弟、女性たちの働きも重要な一章としてとりあげる必要がある。こういう必要性から、すべてのノーマン家、ライシャワー家の登場人物を平等にファースト・ネームで書き記す必要がある。彼らの一人でも欠けていたら、われわれの見る彼らの事績はまったく違った様相をしめしたであろう。その点をぜひご理解いただきたい。

　さまざまな先生方から学恩を受け、同輩研究者たちからはさまざまな刺激や示唆をいただいてきた。この論文に関していえば、ビクトリア大学（カナダ）のパトリシア・ロイ先生からご紹介いただき、赴いたハーバード大学エドウィン・O・ライシャワー記念日本研究所および同研究所教授のアンドルー・ゴードン先生からはライシャワー家研究に対する特段のご配慮をいただいた。またマサチューセッツ工科大学のジョン・ダワー先生には有益な示唆をいただいた。お二人への紹介とアドバイスはコロンビア大学のグレゴリー・フルッグフェルダー先生よりいただいた。トロントのカナダ合同教会史料館では、ダニエル・ノーマン、ハワード・ノーマン、グエン・ノーマンや日本宣教にかかわる史料を調査した。カナダ国立公文書館、および、館長および令夫人のイアン＆ルース・ウィルソン両氏には史料調査等について格段の配慮と有益なアドバイスをいただいた。カナダ・キリスト教史学会およびその会員たちからは、たびたびの発表機会と有益な意見・アドバイス、ならびに理事としての職責を務めさせていただいた。感謝である。

　フィラデルフィアのアメリカ長老派歴史協会では、オーガスト・ライシャワー夫妻の宣教関連記録、東京女子大学や日本聾話学校関連史料を詳しく調査することができた。東京女子大学にはオーガスト・ライシャワーの著作の閲覧に

はじめに　なぜ、ノーマンとライシャワーをとりあげるか

関して特段の配慮をいただいたうえ、ライシャワー館見学などの便宜をいただいた。講談社インターナショナルにはボストン郊外ベルモントに今も残るライシャワー夫妻邸跡の見学を快く許可していただき、彼らの暮らしぶりに関して知ることができた。グラスゴーのアイオナ共同体本部では、同共同体の歴史と創立者ジョージ・マクロードに関して懇切ていねいな解説を受け、本人の伝記も提供していただき、ハワードとアイオナ共同体の関係についての謎を解くことができた。

　また、1930年代のヨーロッパ留学時のファシズム体験が日本研究者たちにどのような影響をおよぼしたかに関しては、鈴渓学術財団の研究助成をもとに、北米・ヨーロッパ・ロシア・アフリカなどで史料調査および現地視察をおこなうことができた。その成果の一部はこの論文に反映しているが、助成していただいたことに感謝したい。推薦していただいた一橋大学の尾高煌之助氏に感謝したい。

　私が研究をつづけ、この論文にいたることができたのは、西南学院大学文学部国際文化学科の先生方のご配慮なくしてなかったことに感謝の意を表したい。今回はとくにこの研究に対してご指導をいただいた3先生方、大谷博文教授、堤啓次郎教授、森田英之教授に対して謝意を表することとしたい。研究科長の高倉洋彰教授の心温まる激励なくして、私がこの研究を世に問おうとしなかっただろう。また大学の同級生である鈴木淳、古川隆久、劉傑三氏からの激励も書き上げる力となった。

　最後になったが、ノーマン家とライシャワー家のご協力なくして、この研究は成り立たなかった。文書だけでは知ることにできないさまざまな家族の背景を知るために、快くインタビューに応じてくださった両家のロバート・ダニエル・ノーマン先生（ハワード・ノーマン長男、カナダ、クイーンズ大学名誉教授、線形数学）とロバート・ダントン・ライシャワー先生（エドウィン・ライシャワー長男、都市問題研究所長）に感謝したい。

　この論文が相互理解の困難性を人々が感じているいまの時代の中で、少しもお役に立てるものとなることを切に祈って、序文を閉じることとする。

2016年11月

目　　次

はじめに　なぜ、ノーマンとライシャワーをとりあげるか……………　i

序　章　関連研究史の紹介と背景説明………………………………………　1
　　序　節　問題の所在………………………………………………………　2
　　第1節　ノーマン家とライシャワー家にまつわる研究史のまとめ……　2
　　第2節　BIJと一般欧米人の相違………………………………………　9
　　第3節　北米を形成した宗教運動——ピューリタン精神……………… 10
　　第4節　王制を守った国——カナダの建国……………………………… 11
　　第5章　19世紀の大変動——大覚醒と世界宣教………………………… 13
　　第6節　世紀転換期の宗教対話のはじまりと世俗的生活態度への流れ
　　　　　　……………………………………………………………………… 15
　　第7節　第二次世界大戦の中「二つの祖国」の中で、両家の人々はど
　　　　　　う生きたか………………………………………………………… 19
　　第8節　冷戦下での苦しみと喜び………………………………………… 20

第1章　偉大なる父たちの影響……………………………………………… 25
　　序　節　ダニエル・ノーマンとオーガスト・ライシャワーの略伝…… 26
　　第1節　農民の子どもダニエル・ノーマン……………………………… 27
　　第2節　メソジスト運動とキリスト教社会主義………………………… 30
　　第3節　経済学、農村社会、宣教師志願………………………………… 33
　　第4節　ダニエル、長野への道…………………………………………… 35
　　第5節　オーストリア移民の子、オーガスト・ライシャワー………… 39
　　第6節　ドイツ系にして長老派のパラドクス…………………………… 41
　　第7節　オーガストの大著『日本仏教の研究』………………………… 43
　　第8節　東京女子大学、日本聾話学校の創立とライシャワー家の関与
　　　　　　……………………………………………………………………… 48

第9節	ノーマン家とライシャワー家の人生の交差、軽井沢と大正デモクラシー	50
第10節	長野のノルマンと農村改良運動	53
第11節	暗転——軍国主義の時代とダニエルの死、オーガストの日本退去	54
第12節	帰米後のオーガスト——比較宗教学者として	57
第13節	オーガストの晩年——名誉回復と栄光の時代	60

第2章	兄たちの戦いと悲劇	63
序 節	ハワード・ノーマンとロバート・ライシャワーの略伝	64
第1節	ハワード・ノーマンとロバート・ライシャワーの幼少時代	65
第2節	ハワードの学生時代とキリスト教社会主義への目覚め	67
第3節	ハワード、2代目宣教師となる	70
第4節	ロバートの日本近代史研究	71
第5節	ロバートの最期と『日本——政府と政治』	72
第6節	ハワードの国家神道研究——『日本主義とキリスト教』	76
第7節	戦時下の戦争協力——日系人強制隔離反対運動参加の真相と暗号文翻訳	79
第8節	ハワードの芥川龍之介作品翻訳——自由との苦しみで自殺したのか	82
第9節	戦後、ハワードの日本宣教師としての状況	84
第10節	忘れられた宣教師——晩年のハワード	88

第3章	弟たちの栄光と悲劇、そして忘却	91
序 節	ハーバート・ノーマンとエドウィン・ライシャワーの略伝	92
第1節	ハーバートとエドウィンの交友	94
第2節	青年時代のハーバート——結核、大恐慌、マルクス主義	96
第3節	青年時代のエドウィン——日本研究への目覚め、ファシズムとの遭遇	99
第4節	ハーバートの博士論文の形成と反響	103

目　次

第 5 節　ハーバートの外務省採用後の研究——『日本の兵士と農民』
　　　　　『日本政治の封建的背景』を中心として ………………………… 110
第 6 節　ハーバートおよびエドウィンの対日諜報実行による「国家選
　　　　　択」………………………………………………………………………… 117
第 7 節　エドウィンの日本近代史研究の変遷 ………………………………… 121
第 8 節　ハーバートの師、レスター・ピアソンとカナダ外交 ………… 124
第 9 節　ハーバート栄光の時代——戦後日本改革の旗手として ……… 127
第 10 節　ハーバートの転向——いつ、なぜ共産主義を見限ったか？ … 133
第 11 節　ハーバートの苦しみ——赤狩り、そして自殺 …………………… 139
第 12 節　エドウィン「円仁研究」の完成——マッカーシズム旋風から
　　　　　の回避 …………………………………………………………………… 146
第 13 節　ハーバートへの疑惑——共産党スパイ容疑と愛人疑惑 ……… 152
第 14 節　太平洋問題研究会とエドウィン、近代化論の評価 …………… 156
第 15 節　対話の修復をめざして——ケネディ政権成立とエドウィン駐
　　　　　日大使任命 …………………………………………………………… 163
第 16 節　再来した「損なわれた対話」
　　　　　　——ジョンソン政権下でのベトナム戦争拡大と自己矛盾 … 170
第 17 節　正しくよきアメリカを思う——ベトナム反戦、韓国民主化闘
　　　　　争支持 …………………………………………………………………… 176
第 18 節　『ザ・ジャパニーズ』——エドウィンの日本研究の結論 …… 180
第 19 節　日本を愛しつづけて——回想録と個人ファイルに見る人柄 … 191
第 20 節　エドウィンの晩年と環境問題 ……………………………………… 195
第 21 節　エドウィンがハーバートを回想して ……………………………… 197

第 4 章　妻たちの人生——喜びと悲しみ ……………………………………… 205
　序　節　グエン・ノーマンとハル・松方・ライシャワーの略伝 ……… 206
　第 1 節　グエン・プライ・ノーマン——名士の子として、児童教育の
　　　　　専門家として ………………………………………………………… 208
　第 2 節　松方ハル——元老の血筋とクリスチャン・サイエンスの信仰
　　　　　………………………………………………………………………………… 210

第3節　ハル——アメリカでの学びと日本での苦悩 …………………… 213
　第4節　ハル——ジャーナリストとしての戦後の活躍とエドウィンと
　　　　　の出会い ……………………………………………………… 215
　第5節　グエンの戦後日本 ……………………………………………… 219
　第6節　両者の喜ばしき日々——ライシャワー大使の時代 ………… 221
　第7節　ハル——ケネディ時代の終焉とつづく苦悩 ………………… 222
　第8節　ハル——病身の夫を支えつつ、人生を顧みる ……………… 224
　第9節　グエン——宣教師退任後の新たな仕事、歴史編纂とその後 … 227

結論と今後の課題 ………………………………………………………… 231
　第1節　ノーマン家とライシャワー家の相互影響 …………………… 232
　第2節　今後の課題 ……………………………………………………… 236

　注 …………………………………………………………………………… 240
　参考史料および文献 ……………………………………………………… 260

序　章
関連研究史の紹介と背景説明

序説　問題の所在

　ダニエル・ノーマンとオーガスト・ライシャワーは日本に功績を残した宣教師として、ハーバート・ノーマンとエドウィン・ライシャワーは北米のパイオニア的日本史家であるうえに、外交官として日本と北米のパイプをつくった人物としてきわめて有名である。しかし、両親が子どもに影響したことはほとんど論じられてこなかった。そこで私は「失われた輪」として両家の兄の存在の重要性に着目し、また両家の配偶者たちを含め、日本と北米の関係を100年以上にわたって結んだ両家の意義とそれが日本と北米との関係に与えた影響に関してこの論文で検討してみたい。

第1節　ノーマン家とライシャワー家にまつわる研究史のまとめ

　ノーマン家とライシャワー家に関する著作は多く存在する。しかし、「研究」ないしそれに準ずる著作としてここで論じるに足る著作や文章は限られている。彼らについて書いた本その他の大多数は、偉人伝か、逆に批判本か、あるいはごく周辺的なことがらを論じたものがほとんどだ。
　ここでは、そのような多くの雑多な文章に関して論ずるには紙片が不足しているので、とくに論ずるに足る著作や論文のみを紹介する。この中にはノーマン家やライシャワー家と関わった、北米のプロテスタント教会、とくにアジア宣教史に関する論文や、関わりのある政治家であるレスター・ピアソン、ジョン・F・ケネディ大統領やロバート・ケネディなどに関する著作、研究を含む。
　まず、ダニエル・ノーマンに関しては、彼の長男ハワード・ノーマンが『長野のノルマン』という題名で伝記を書いている。しかしこれは伝記であり、赤狩りによって弟ハーバートを失った直後の作品のため、脚色がおこなわれている。とくにダニエル・ノーマンがキリスト教社会主義者だったことや、賀川豊彦と親しくつきあっていたことは伏せられ、長野の地方伝道に邁進したまじめな宣教師という側面だけが強調されている。これを受けたダニエル・ノーマン研究は、同じ論旨で書かれているものがほとんどだ。

序章　関連研究史の紹介と背景説明

　オーガスト・ライシャワーに関しては、彼が創立に寄与した東京女子大学関係者がいくつかのエッセイを書いているが、これも長老派史料館などの史料探索を十分におこななわず、思い出話に終始している。オーガストのもう一つの業績である日本仏教研究の意義に関しては、桑田秀信元東京神学大学長がオーガスト最後の著作の序文の中で意義を論じており、また田村完誓元立正大学教授がエドウィン・ライシャワーの『円仁、唐代中国への旅』の訳者あとがきの中で、エドウィンの著作ができる土台としてのオーガストの存在と著作の意義についてかんたんに触れている。この二つに関しては専門家の文章であるために的確な評価がなされているが、いかんせん短いものであるためにオーガストの研究それ自体の意義を十分に論じるにはいたっていない。現在の北米の日本仏教研究界では、オーガストの研究の「古典的・パイオニア的意義」は簡単に触れられるばかりである。

　ハワード・ノーマン、ロバート・ライシャワーに関するまとまった研究は存在しない。ロバート・ライシャワーの研究に関してはアメリカの研究で断片的に触れられたが、一番意義をもった最後の研究は彼が爆死したため忘れ去られ、突っこんだ議論がおこなわれなかった。ハワード・ノーマンに関してもボーエンや大窪らの文章から弟ハーバートを理解するために不可欠な研究対象であるとが強調されたが、まとまった論考や伝記は出なかった。

　ハーバート・ノーマンに関しては、多くの論考がある。そしてその大半は彼の不可解な自殺と、彼がソ連のスパイだったかどうかという問題に集中している。スパイ論議は残念ながら水掛け論の段階で、両陣営ともわずかな心証をもとにスパイだったか否かを論じている。史料を広く渉猟したものはあまり存在しないので、日本と北米を合わせると1000以上にものぼるそのような関連著作・論文その他の文章に関しては、ここで論評することを控える。

　ここで論評するに足るだけの内容を備えていると考えられるのは、以下の著作群である。まずはハーバート・ノーマンの刎頸の友とまで言われた大窪愿二が『ハーバート・ノーマン全集』につけた評伝、ロジャー・ボーエンが企画し、エドウィン・ライシャワーをはじめとしたハーバート・ノーマン関係者が参集して講演した1979年のハーバート・ノーマン・カンファレンスの原稿をおこした、'Herbert Norman; His Life and Scholarship'(1984年、トロント大学出

版会。日本で加藤周一が編集して岩波書店が 2002 年に出した『ハーバート・ノーマン　人と業績』はまったく別物)、ロジャー・ボーエンがハーバート・ノーマンの評伝として出した 'Innocent Is Not Enough' などである。また都留重人の『幾度の歳月を乗り越えて——都留重人自伝』[4] もハーバート・ノーマンとのかかわりについて触れている。

　しかし、これらの多くは、非常に近しい人物が書いたり話したりしたことによる予断や美化がかかっている可能性がある。ロジャー・ボーエンの著作は、東西冷戦がまだ完全にゆるむ前の 1980 年代に書かれたこと、公式ではないが、兄ハワードの了承を得た評伝であること、またカナダ連邦政府が国会決議の形で上げた「ハーバート・ノーマン無罪確認」の証拠資料として用いるために書かれたものであること、さらにはハーバートに対する「キリスト教」の影響を過小評価していることなど、さまざまな問題点を含んでいるが、これまでの研究の中で一番のできであり、まとまった評伝であることは認めねばなるまい。中野仁子、工藤美代子の著作に関しては十分な調査がおこなわれておらず、彼らの著作を主要参考文献から除外した。都留重人に関しては、ハーバート・ノーマンとの交友関係に関して個人的な当時の状況を理解する貴重な著作であるものの、回想録の域を出ないため、参考研究として重視できない。

　ジェームズ・バローズがハーバート・ノーマンがソ連のスパイであるという仮説にもとづいて出した 'No Sense of Evil' は、予断と偏見が多くて論旨の運びにも結論にもまったく賛同できないが、ハーバートがソ連スパイであるという説の論理展開はこの中でほぼ書きつくされている。彼が勤務したトロント大学政治学部は彼の履歴調査を求めた際に、「個人プライバシー保護」の名目で拒否したため詳しい履歴を手に入れることができない。しかし、彼がトロント大学に雇用される前は、アメリカ国務省派遣のパキスタン大使館員として、対ソ連スパイ活動の中核的役割をはたしていたという告白は、この本が発行された当時の新聞記事での紹介で判明している。バローズ以降のハーバート・ソ連スパイ説は、北米においても日本においてもすべてバローズ以上のものは存在せず、ここで研究史として論じる必要性はない。

　エドウィン・ライシャワーに関しては、本人が書いた『ライシャワー自伝』が一番まとまっている。エドウィンが日本大使時代に大使館員として働いたジ

ョージ・パッカード(当時は若手日本大使館員)がエドウィン・ライシャワーの生涯と業績に関する研究書を書き、『ライシャワーと昭和』として出版された。力作であるが、ライシャワーと関係が深いノーマンや、カナダとの関わりが全く描かれていない。また研究対象を直接知っているだけに、聞き書きに頼りがちで史料調査が不十分である。

　エドウィンらのいわゆる「近代化論」に関しては、金原左門が1968年に初版を出し、1974年までに増補二訂版までを出した『「日本近代化」論の歴史像』[5] が主要な近代化論批判としてあげられ、唯物史観にもとづいた近代化論批判の主要論点が網羅された。金原は、近代化論がアメリカの対ロシア政策と深く結びついてはじまり、共産中国の影響をその他の東アジア諸国が受けるのを防止するために、アジア研究が政策的にアメリカでさかんになったことを指摘している。また金原は、マルクス的な歴史解釈が理想社会の将来的実現を目標としているため、マルクス主義的な人物ばかりでなく、反マルクス主義的な人物の研究にも影響があり、『日本の歴史に照らして、現在および将来の日本はどうなるべきか』という課題論議に長けていると強調している。

　それに対して近代化論は中立的概念であり、「理想社会」というものを掲げないので歴史理論として問題があるとする。金原はこの視点から近代化論の封建制論議、明治維新論議、「帝国日本」観、「近代化論」をめぐる日本の現状 (1960年代末の状況) を論じており、その論自体の運びは妥当である。ただし、同じ近代化論者としてとりあげている主要人物としてロストウ・ホール・ライシャワー・ベラーの論点をとりあげて批評したが、この4人は相当に視点が食い違っていることが十分論じられない。

　マルクス主義的歴史解釈にもさまざまな論者がいるのと同じく、近代化論者も一様ではない。また近代化論者が民間財団からの研究助成を受けて研究したことを日本の文脈で解釈し、産官学共同研究だと批判しているのは、民間資金主体のアメリカを理解せぬための誤解である。なお、金原は1970年から72年までアメリカのハワイ大学およびワシントン大学で研究をおこない、アメリカの多様性、地域性の重視、ベトナム反戦運動の中での近代化論者たちの批判が強化される有様を見て、相当見解を改めた。

　こうして書かれた後半の論考は近代化論者は、自らの「理想」をもった人物

であり、またアメリカの多様性などをむしろ肯定的に評価するような筆致となり、以前とは逆の論旨として日本人の学者から「変節」との批判も受けた。金原はさらに1968年前後の近代化論者の変化を中心にした研究を『「近代化」論の転向と歴史叙述――政治変動化の一つの史学史』[6]で記しており、ライシャワー、ブラック、アイゼンシュタット、ホール、ジャンセンらを論じ、またノーマンの論述が再度脚光を浴びている状況を論じている。ライシャワーが大使辞任後にベトナム反戦運動に転向したことを紹介し、それはベトナム戦争の泥沼化と関連づけている。その点は正しいが、エドウィンが1955年にすでに出している『求む、アジア政策(日本語題；転機に立つアジア政策)』においてすでにアメリカのベトナム介入政策を批判していることを見落としており、また大使という「公務員」が政府の代弁者として振る舞う制約と、一大学人に戻ってからの自由な言動とを同一の視点で取り扱っているのは、公務員と民間人の人事交流が少ない日本人が誤解しやすい点と言える。

　この他にもハーバート・ノーマンとエドウィン・ライシャワーの研究に関する論評的研究はあまたあるが、そのほとんどすべてが表面的な言葉をとりあげて議論しているものであり、私の研究に影響を与えるだけの「研究史」に値する論文は存在しない。また、西山太吉らのようにエドウィン・ライシャワーと大平正芳の間で交わされたさまざまな「密約」に関して近年論じる著作や研究が多いが、これは日本政府への公文書公開と当時密約をするにいたった理由説明を求めるものとして評価すべきものであるし、このようなことがらに対して一貫した情報公開システムを持たない日本政府批判としては正鵠を得ている。

　しかし、私の見るところで日本の安全保障や沖縄返還などでアメリカから受けた見返りは大きく、当時の状況からすると多少の譲歩がないと沖縄返還は難しかった。当時この結果、政府から被害を受けた西山の苦労は了解し、早急に彼の名誉回復と損害賠償をおこなうべきである。が、沖縄返還とライシャワーのかかわりについての論評は、別に論じるべきだ。重要なことがらは何だったかを総合的に判断して、「密約」の是非については論評すべきだと私は考える。また外交官という「公人」としてのハーバート・ノーマン、エドウィン・ライシャワーが国家機密を扱い、生前には公にできない事実をもって彼らを不誠実とすることに関しては、彼らを自由にものが言える一般研究者と同じ状況と見

なして評価するという重大な問題点をはらんでおり、先行研究として詳細に論ずるにはあまりに問題が多すぎる。

グエン・ノーマンに関する研究は、本人が書いた半生記しか存在しない。ハル・松方・ライシャワーに関しては、上坂冬子が聞き取りでまとめた評伝『ハル・ライシャワー』は一定以上の水準の伝記として評価できる。ハルの人生を論評するにあたり、重要な参考文献として活用させていただいた。

一方、ハーバート・ノーマンやエドウィン・ライシャワーを用いた側であるカナダおよびアメリカ政府の重要人物に関しての研究は、現地では優れたレベルのものが存在する。

まずはカナダ外交のみならず、第二次世界大戦後の国際秩序形成にも多大な貢献があり、国連平和維持活動の提言でノーベル平和賞を取ったレスター・ピアソン(1948-57、カナダ外相、1963-68、カナダ首相)に関しては、カナダおよびアメリカにおいてたくさんの著作・研究論文が出されている。主要な論文に関してだけでも膨大なため、ハーバート・ノーマンと関連する著作を主力に紹介したい。

まずはピアソン自身が著者として書いた 'Mike' という3巻本の回顧録がある。1巻目が出た後にピアソンが死亡し、2巻目の原稿まではほぼ完成していたので補佐の学者の手が入って出版され、3巻目は補佐の学者の手によって、生前にピアソン自身が立てていた構想をもとに執筆された。ピアソン自身が歴史学者であるので、いわゆる「自伝」の範疇に入りながらも、相当にレベルが高く、しかも歴史の分岐点での自らの決断に関する率直な考えがしめされている点で参考になる。もちろん発行当時の状況を反映して、さまざまな国家および国際機関の機密秘匿、歪曲は存在している。

ピアソンの回顧録の欠点を補い、さまざまな公文書などに関して情報公開を受けて書いた本格的評伝としてジョン・イングリッシュの2巻本の評伝、'The Shadow of Heaven'、'Worldly Years' がある。本人自身が「やや文学的な空想力を用いた」と認めている通り、史料的な裏づけが弱いところが見受けられるが、回顧録で明らかにされていなかった事実関係を相当明らかにし、歪曲を減らし、「メソジスト教会やビクトリア朝的倫理観」と「国際社会で活躍する中で気づいた多文化主義社会への転換の必要性」をバランスよく書いた好著であ

る。

　この著作ではハーバート・ノーマン、チェスター・ロニング、ジョン・エンディコットなどの「アジア通の外交官および諜報部員」がなぜピアソンに必要だったのか、しかし彼らをめぐる風評でピアソンが外相として加わる自由党内閣の政権基盤が揺らいだときのピアソンの苦悩について論じられている。彼の見解は私の論文の執筆にあたって非常に有益であった。この論文の中でピアソンを重視したのもそのためである。

　同じようなことは、エドウィン・ライシャワーとケネディ兄弟との関係でも言える。ケネディ政権については、当事者としてはアーサー・シュレジンジャーの『ケネディ政権1000日』を初めとした著作が存在するが、エドウィンを日本大使に任命したことや、日米関係に関してはほとんど触れられていない。またジャーナリストの立場からはリチャード・ハルバースタムの『ベスト・アンド・ブライテスト』があるが、これもエドウィンに関して論じているのは、彼が「共産主義同調者」との誤解から、もめて大使任命取り消しになりかけたことについて記されるのみだ。総じてケネディ政権におけるエドウィン・ライシャワーの位置づけは、直前の1960年安保闘争で危機的状態になった日米関係を見事に修復したが、彼夫妻の尽力の結果日米関係が順調だったために、アメリカでの関心は薄いと言わざるを得ない。

　エドウィン・ライシャワーがその政治家としての能力にとくに心酔したのは、ケネディ大統領自身ではなくて、弟のロバート・ケネディであった。しかしロバートに関しては、公民権運動でマーティン・ルーサー・キング牧師などと協力し、最後は大統領予備選勝利のパーティの席上で暗殺されたという悲劇は語られるものの、彼の考えがいかなるものだったか、それが公民権運動やベトナム反戦運動に与えた影響はいかなるものだったかを論じる研究は現在発展途上にあり、多くはジャーナリスティックな著作である。むろんケネディ兄弟の暗殺に関わる史料が非公開の現在、やむを得ない面がある。

　以上が主なこれまでのノーマン家とライシャワー家およびその関連人物に関する研究史の総括である。これをふまえて、私はノーマン家やライシャワー家の人物たちの行動、彼らの著作を、彼らのおかれた時代背景および立場を十分に考慮して、歴史の中に位置づける形で書いていくことにしたい。

第2節　BIJと一般欧米人の相違

　ハーバート・ノーマンとエドウィン・ライシャワーの二人を語るにあたって、どうしても無視することができないことがある。二人とも宣教師の子どもとして日本で生まれたことである。しばしばBIJ（Born in Japan）と総称される宣教師の子どもたちは、当時数少なかった「二つの文化をともに負う」者だった。

　日本で生まれた欧米人の子どもというのは、20世紀初頭の段階においては宣教師の師弟が圧倒的に多く、ゆえにBIJが事実上宣教師子弟を指す言葉として定着しているのも不思議ではない。それは「二つの文化をともに負うことを求められる」ためであり、同じ宣教師の子どもでも中国生まれの「強さ」に対して日本生まれの「繊細さ」が存在したとされる。中国生まれの欧米人の場合、性格の強さが目立つとされ、そこに日中文化の違いが影響しているとも考えられる。だが、日本生まれにせよ中国生まれにせよ、東アジア社会の上下関係を受け継いだ点では似ている。

　宣教師は宣教地の人々と交わり、彼らの思いをくみ上げつつ彼らをキリスト教に導くことを目的としていた。よって宣教する土地を深く知り、文化や歴史を理解し、コミュニケーションをとることが重要な仕事となった。首都や主要都市に拠点を置く宣教師もいたが、多くの宣教師が地方へ赴き、地方の人々と直接に触れあう機会をもった。宣教の初期段階では短い任期で日本を去る者も少なくなかったが、20世紀になると生涯にわたって日本に駐在し、さらには一つの拠点で継続した活動をおこなう者も増えていった。このような特徴が、宣教師の経験を他の欧米人と違う特徴をもつものとし、彼らの子どもがBIJという特徴をもった人々としてとらえられるにいたったと考えられる。

　さて、このようなBIJに対して、一般のアメリカ人・カナダ人はどのようにして違う性格を身につけるのか？　アメリカ・カナダの歴史・思想を簡単に振り返って明らかにしたい。

第3節　北米を形成した宗教運動——ピューリタン精神

　アメリカ合衆国はピューリタンの建国神話を持ち、何かと宗教的な発想で社会を動かそうとする。カナダはアメリカほど宗教的な熱狂はないが、建国期から住む多くの英語系カナダ人がアメリカ人と共通なので、社会生活において宗教が占める割合は大きい。米共和党の「茶会党」などの活動はその典型例である。アメリカで宗教が政治に大きな影響をおよぼすとロバート・ベラーが「市民宗教」[7]で分析している。短期的な視点はともかく、長期的に見てもアメリカにおいて宗教が人々の生活におよぼす影響はきわめて大きなものがある。

　さてアメリカにおける宗教的な覚醒運動は歴史的に見ると二度大きなものが見られる。一つは建国神話を形成した「ピューリタン」時代のものであり、もう一つは19世紀の世界宣教を後押しした「大覚醒」である。

　まずピューリタンは1620年にイギリス国教会による迫害を逃れた清教徒たちが大西洋を横断し、プリマス植民地を建てたピルグリム・ファーザーズの行動が「アメリカ建国のはじまり」とされてきた。だが、それよりも早く北米に植民地が複数形成されている。しかし、ピルグリム・ファーザーズからはじまるピューリタンたちによる北米植民地形成が「アメリカのはじまり」とされるのは、他の植民地がイングランドの「国教制度」を維持したのに対して、「宗教の自由」という形で明確にイングランド的価値観に異を唱えたことからくる。

　ピューリタンはマックス・ウェーバーが『プロテスタンティズムの倫理と資本主義の精神』[8]にまとめた考え方を体現していた。彼らを信仰や勤労に駆り立てたのは、「もし救いに定められているなら、その証拠として自然と勤勉・勤労になる」と信じたためである。彼らはこの信仰にもとづいて勤労し自らの信仰が正しいと主張した。

　アメリカが掲げた「宗教の自由」と「階級からの解放」思想は、宗教的な圧迫で下層階級から上昇できないヨーロッパ人たちにアピールした。彼らは新天地アメリカに移民し、そこで勤労することで社会的地位の向上を狙った。実際は難しかったが、チャンスをつかむ者もいた。こうしてピューリタニズムは宗教的な意味あいとしてだけでなく、アメリカ社会の特徴となった。

　しかしながら、19世紀後半の文脈では、「新しい国」としての建国精神を掲

げたアメリカに魅力を感じ、ヨーロッパの宗教と階級の制約から逃れるために移民したのが、多くのヨーロッパ移民であった。ライシャワーの母方の祖父につながる系譜はアメリカ独立革命直後、その他の系譜も19世紀前半までにアメリカに移民し、イリノイ州南部のドイツ系移民コミュニティで暮らしていた。

第4節　王制を守った国――カナダの建国

　一方、カナダはピューリタンの伝統ではアメリカと軌を一にするものの、王制を支持するかどうか、革命をするか法により改善するかをめぐって袂を分かった人々が建国した。アメリカの建国13州はカナダ植民地(現ケベック州)にも「圧政」をおこなうイギリスからの独立を呼びかけた。しかし、カナダ植民地の人々からすれば、アメリカの掲げる理念はカトリック信仰を脅かすものと見えた。しかもケベック植民地の人々はイギリスの「ケベック法」[9]によって独自の社会、カトリック信仰が保護されることになっていたので、イギリスよりむしろピューリタン信仰を絶対視するアメリカを危険とした。カナダはイギリス植民地として残留することを決めた。

　独立戦争勃発後、アメリカの王党派はイギリスのスパイとして迫害を受け、彼らの多くは独立戦争に加わらなかったカナダ植民地に逃げてきた。これらイギリス系の人々はカナダ西部の地域に植民地をつくり、後に「アッパー・カナダ植民地(現オンタリオ州)」を形成した。彼らは王党派であるがゆえに迫害を受けたため、彼らの反アメリカ意識、反共和制意識は強烈なものとなった。

　そしてこうした流れが完全に定着したのが1812年から2年つづき、結局は勝ち負けなしに終わった米英戦争[10]であった。「圧政からの解放」を掲げておこなわれたアメリカの侵略はカナダ人たちの反撃にあった。当時のアッパー・カナダ植民地首都ナイアガラ・オン・ザ・レイク、ヨーク(現トロント)やロワー・カナダ(現ケベック州)植民地首都ケベック・シティなどは焼き討ちにあった。しかし、反撃したイギリス軍は逆にアメリカ北部の主要都市を焼き討ちし、首都ワシントンの大統領官邸まで焼いた。この戦争の結果アメリカとカナダには相互不信感が残った[11]。

　ノーマン家の祖先はイングランドのサマーセット県の出身[12]だが、サマセ

ットが対抗王朝をつくって内戦に敗れ、ロンドンなどで下層階級として働いていた。彼らは自由と階層上昇を求めて18世紀後半から19世紀前半にかけてアッパー・カナダ植民地に移り住んできた。カナダに移民したのは彼らが「王党派」だったためである。王党派は「連合帝国忠誠派(United Empire Loyalists)」とも呼ばれるようにさまざまな人種・教派出身者の連合であった。そのため少数ながら北米先住民や黒人の王党派もいたし、イギリス国教徒を中心としつつも、その他の教派出身者もいた[13]。一方、ノーマン家が属したメソジスト派はアメリカ大陸で勢力を伸ばし、北米最大教派となった。カナダにもアメリカ合衆国からのメソジスト派聖職者が多数宣教に入った。よってメソジスト派自体はアメリカ的価値観に傾いた人々が多く、共和制への親近感をしめす人もいた[14]が、ノーマン家はそのような傾向を持たなかった。

　カナダは、一方にカトリック教会が社会を支配していてブルボン王朝の制度を引きずっている[15]ケベック植民地、アメリカから移民した王党派連合でさまざまなキリスト教教派のグループを内包するアッパー・カナダ植民地、イギリス的制度を残す大西洋諸植民地、そしてアメリカやヨーロッパからの移民によって開かれた西部地域が、イギリスより与えられた「自治」[16]によって国家を形成していった。

　よってカナダの社会形態はアメリカの宗教的自由や寛容さ、勤勉な生活での階級上昇を共有したが、立憲君主制下の統制された自由をよしとした。1867年の連邦樹立後、初代首相ジョン・マクドナルドがおこなった国策による鉄道敷設、船舶の運用、国営工場、州立大学の設立、公教育の充実などは国家主導型の「特有の社会」をつくりだす源となった。この「特有の社会」はアメリカとヨーロッパの橋渡し的な社会政策をカナダがとることになり、イギリス本国がアメリカ独立革命の失敗に懲りて、カナダを含めたヨーロッパ系主導の植民地に段階的な「自治」を与えて独立へと導く政策をとった。そのためカナダはアメリカの影響を強く受ける位置にありながら、ますますアメリカと違う社会システムを取る国家となった。カナダが「自治領」として成立し現在カナダ・デーとして独立を記念されるのは1867年7月1日だが、その時点では内政自治権しかなかった。第一次世界大戦でカナダからの兵士がイギリス軍の中で勇猛果敢に戦ったこともあって、国際連盟に原加盟国として参加し、1930年に

独自外交権を得てイギリスとは別の「カナダ」という国が出現した。

　しかし、イギリスから分離したカナダ市民権ができたのは1948年、カナダ人がカナダ総督を務めるようになったのは1957年、イギリス国旗と違う現在のカナダ国旗が制定されたのは1965年、カナダ国歌が現在の「オ・カナダ」と正式に宣言されたのは1980年、カナダを治めてきたイギリス議会法「英領北アメリカ法」の改正権がイギリス議会からカナダに返還され、多文化社会に対応した人権規約を含めた「カナダ憲法」が制定されたのは1982年と実に段階的な形でイギリスから「独立」していることがわかる。だがカナダはいまだイギリスと同じエリザベス女王を君主とする立憲君主国であり、「完全な独立」は果たされてないとの見解も存在する。

　カナダは、アメリカのような「新しい国」といった理想をもちあわせない、新大陸に残った欧州的価値観の社会である。しかしアメリカのような巨大な政治力や軍事力を近現代にも持たず、新しい共存スタイルを生み出して国家存亡をかけてきた。第二次大戦後にカナダが主導した「中間国家政策」や1968年成立のピエール・トルドー政権が打ち出した「2言語多文化社会政策」などは世界に先駆けたものであり、違う文化・宗教・社会的背景をもつ人々が共存するための方策として世界で模倣されるにいたった。そういう意味で、カナダはアメリカときわめて「似ている」面をもち、おたがいの影響も無視できない状況ではあるが、「特有の社会」をつくりつづけている。

第5節　19世紀の大変動——大覚醒と世界宣教

　王制をめぐって、同じ歴史と文化を持つが、二つの異なった社会・国家を形成することになったアメリカとカナダであったが、世界宣教の原動力になる大覚醒はアメリカを震源地としてカナダにも広がった。この運動は18世紀前半に始まり、19世紀前半には世界宣教につながる第二次信仰大覚醒に至った。その結果、将来を嘱望された青年たちは競って神学校へ進み、優秀な人物から海外宣教を志す状況がおこった。

　アメリカは「チャンスが与えられた社会」であったが、ヨーロッパのように階級社会が強い場合と比較した話で、実際はアメリカとて地位向上は難しかっ

た。ライシャワー家の祖先が直面した現実はそれを物語っている。

　彼らの状況は、ドイツ語しか話せない[17]ためにイリノイ南部のドイツ系コミュニティでの開拓農業を選択した。折から勃発した南北戦争では北軍兵士として前線に送られた。戦闘従事は勲功を上げれば地位向上につながるが、多くの兵士は戦死や戦傷で苦しんだ。ライシャワーの父方の祖父、ルパートは北軍兵士として戦闘に従事し、九死に一生を得て帰還したが、息子オーガストが9歳の時に47歳の若さで亡くなっている。オーガストは父の死を契機として聖職者への道を選んだとエドウィンが叙述する[18]ことから判明するよう、戦闘従事による社会的地位向上を断たれたドイツ系移民にとって、聖職の道、とくに海外宣教がもう一つの状況打開、社会的な立場強化につながった。このような状況に、大覚醒運動は大きな役割をはたした。キリスト教の価値観を世界に伝えることは「善」である。北米内部にも外部にもいるキリスト教の価値観に触れていない人々に福音を伝えることは「善」だった。聖職者は、どれだけいても困らなかった。

　メソジスト派のように急速に勢力を伸ばした教派は、一人の聖職者が広い宣教地域を騎馬伝道し、たくさんの人々にキリスト教改宗を促して、彼らのキリスト教信仰を継続した。またバプテスト派の場合は、農民として自給しつつ、日曜日の講壇を受けもつ聖職者となり、多数の聖職者を安くまかなうことに成功し、やはり教勢を急進展させた。交通機関が整備されてない19世紀当時において、騎馬伝道は点在する村々を一人で回る活動で、些細な事故が原因で多くの聖職者たちが騎馬伝道中に死傷した。

　それでも騎馬伝道で多くの改宗者を得ることは成功であり、社会的栄誉は大きかった。多くの人々が騎馬伝道に従事した。また自給伝道者も成功した際には名士として賞賛され、多くの人々が争ってそのポストを求めた。国内で成功した宣教システムは、海外宣教に生かされた。

　海外宣教は未知の部分が多いだけに、危険性も国内とくらべて高かったが、成功した場合の栄誉も大きかった。優秀な人材が選ばれて海外宣教に出た。ライシャワーの母方祖父は若い時代に現在のイラン北部のクルド人地帯で宣教師として働いた。その宣教活動は成功には程遠く、エドウィンが語る回想の中では恐怖感の中で孤塁を守りながらわずかに宣教した様子が語られる[19]。エドウ

ィンの父オーガストが日本の仏教社会と深く交わり、おたがいに影響しあったような知的相互理解には程遠かった。実際にエドウィンの母はイラン生まれにもかかわらず、イラン社会からの影響もなければ、生まれ故郷であるイランへの親近感もしめさなかったと記している。

　海外宣教に従事した人々は善意の持ち主であった。しかし宣教地がいかなる状況にあるか、どのような言葉が話され、どのような文化・風習をもっているかに関して多くは無関心だった。結果として実際には西洋文明やキリスト教と並ぶ文化・宗教をもつ多くの国の人々のプライドを傷つけ、その結果宣教活動が受け入れ社会との間で抱える摩擦を増幅した。多くの宣教活動は失敗に終わり、失敗した者のなめる屈辱は大きかった。この状況は、宣教活動の経験が加わるにつれて変化したが、19世紀後半においてもまだまだ存在した。しかしながら「文明の宗教」としてのキリスト教は、英語や西洋文化を学びたい人々が多い東アジアでは歓迎され、多くの知識人階層が入信したり、関心をもった。

　しかし、大覚醒の熱気は20世紀が近づくにつれ、アメリカ・ナショナリズムへとしだいに転化していき、宣教経験の蓄積から個々の宣教師の熱意だけでは宣教活動は継続できないことにも気づいた。さらに教派どうしが必要以上に宣教地で競いあったり、宣教先の文明を低く評価したり、宗教を「劣った異教」扱いしたりすることは、宣教地の人々の疑心暗鬼を招き、新たな方策が求められるようになっていた。こうして20世紀に向けて、新しい宣教のあり方が模索されることとなった。

第6節　世紀転換期の宗教対話のはじまりと世俗的生活態度への流れ

　20世紀を迎える頃になると、熱狂的な「大覚醒」運動も沈静化の方向へ向かい、代わりに新たなキリスト教宣教の方向性が考えられるようになった。この原因としては西部への開拓を進めたが、19世紀後半に「フロンティア」が消滅したことで、アメリカ合衆国の無制限な発展の可能性が止まったことがあげられる。それと同時にカナダが1867年に自治領となり、1871年には大陸国家を完成してアメリカとは違う国家形成を始め、アメリカがカナダを併合して北方に延びる「フロンティア」も閉ざされた。アメリカはアラスカをロシアか

ら買収し、またハワイ王国を倒して自国領としたが、これまでのような「無限の可能性」を秘めたフロンティアではなかった。
　無制限の発展がなくなったが、移民の流れは続いた。20世紀を迎える頃には、欧州の政情不安や食糧不足はますますひどくなり、食い詰めた人々がアメリカ大陸に移民してきた。彼らは移民許可を得て西部に植民したが、すでに開拓に好適な土地は他の人々によって開墾されており、より厳しい生活を強いられた。当然「アメリカン・ドリーム」は実現困難となり、彼らは自分たちにも本質的な機会均等を求めるようになった。一方、ヨーロッパで広まった社会主義・共産主義にもとづく平等思想も、アメリカの自由競争社会を見直させた。
　このような中で、人々は社会主義的色彩をもつ平等思想に可能性を見いだすようになっていった。実際に多くの新移民たちには開拓に失敗し、工場労働者として都市へと出てきたものの、日雇い以上の仕事を得ることは難しく、スラム化がおこっていった。彼らを救済しないことには、アメリカの機会平等思想すら壊れてしまう可能性があった。新移民や都市の貧民層にアプローチしたのは、セツルメント運動であった。シカゴで発祥したセツルメント運動は、フェビアン主義的な社会主義思想と、キリスト教的博愛思想にもとづいて実現した。その後この運動はシカゴ大学で学んだ人々によって伝播され、北米全域、そしてアジアへと広がった。セツルメント運動を担った人々の多くは、キリスト教の牧師や信徒たちであった。彼らの多くは「社会的福音」を信奉し、それこそがキリストの教えであると唱えるようになった。ここから20世紀への転換期を彩る「革新時代」の中核を支えるキリスト教社会主義のアイディアが生まれた。ウォルター・ラウシェンブッシュ[20]が「社会的福音」の代表的な理論家である。
　つぎに世紀転換期に起こった有力な動きは、キリスト教が他の宗教との対話や理解の活動をはじめたことである。ヨーロッパではイスラム教との対話、北米では仏教との対話が起こり、宣教師たちもその動きに沿って研究や活動を進めた。この流れは1910年のエジンバラ世界宣教会議で決定的になり、1948年の世界キリスト教協議会設立へとつながっていった[21]。19世紀からのアジア宣教の中で、キリスト教はアジアの文化・宗教と初めて向きあった。キリスト教をとにかく布教する考えから20世紀初頭には変化が起きた。宣教師以外の

人々の交流も増え、宣教師や本部での状況把握も深まり、中で中国・日本などの文明や宗教は欧米と肩を並べるもので、仏教・儒教などの宗教・倫理も優れたものを内包することを認めた。よってアジアの宗教・倫理を調べて共存することがよい宣教方法なのかを考える必要に迫られた。

　このような文化・宗教を研究し、アジアの人々の心性を理解することなくして、アジアでキリスト教を宣教することは難しいのではないかと考えられた。こうして、アジア文化・宗教の研究に宣教師らが邁進した。オーガスト・ライシャワーはその中で最もすぐれた日本仏教研究者であり、彼の研究がもととなって北米日本仏教研究の礎が築かれた。このような流れは後に世界キリスト教協議会に宗教研究所が設立され、京都に本部を置いてアジアの宗教との対話を積極的に進めていくことにつながった[22]。また北米の神学校にもそれまでのキリスト教教義一辺倒から、他宗教との比較研究を含めた教育に変化した。この流れは多くのプロテスタント・カトリックの宣教師たちに受け継がれ、アジアに派遣される多くの宣教師がアジアの文化・宗教を専攻したが、それにはオーガストをはじめとした先駆的アジア宗教・文化研究者たちの活動を顧みることが欠かせない。このように20世紀初頭のキリスト教会は、それまでのキリスト教絶対主義への懐疑と、社会や他の文化との共存を考えはじめた時代であり、今日につながる考え方がはじまった時代だった。この動きは一部のキリスト教関係者に「キリスト教至上主義」に疑問を抱かせはじめた。

　一方で、20世紀初頭から世界大恐慌にいたるまでの北米は、自動車産業をはじめとした「世界の工場」として、また大穀倉地帯として経済的に大躍進する時代であり、ヨーロッパの身分制度に苦しんで北米に移民した人々から中産階級に上昇する人が増えた。彼らは余裕ある資産をもとに、それまでより裕福な暮らしをし、映画鑑賞や自動車を使った週末のレジャーなども一般化した。このような世俗的生活態度は、20世紀初頭に生まれたノーマン家、ライシャワー家の子どもたちも受けた。親世代が宣教師となり、自らの教派の教義をきちんと守る行動を生涯崩さなかったのに対し、子どもたちほとんどが宣教師への道を選ばず、世俗的に自らの知識を生かす「日本研究者」としての道を歩んだ。唯一宣教師となったハワードも、父と比べて世俗的生活態度に理解があり、自ら国家神道や、芥川龍之介をはじめとした近代日本文学者の翻訳、研究を行

った。このような世俗的生活態度を容認するのは、リベラルな考え方をとるキリスト教各派においては主流となった。

　こうしてロバート、ハーバート、エドウィンの3人は「宣教師魂」を世俗的に継承しつつ、「日本研究者」として立って行った。しかし彼らがそのような道を選んだ当時、研究者、専門家として日本をフィールドとして生きていけるかどうかは不明だった。中東研究を除くアジア地域の研究としては、欧米では伝統的に中国およびインドの研究が盛んであり、しかも古典研究が中心であった。20世紀前半において、インドはイギリス植民地であり、中国は完全な植民地化は免れたが、主要開港地を欧米露日の「租借地」とされた。そのような状況の中で、中国やインドの現状に関して研究・教育することに意義が見いだされなかった。それでも、中国の場合は中華民国を建国した孫文や宋家一族が著名なキリスト者であったため、中華民国政治にキリスト教の影響があった。宋美齢の政策顧問をした欧米の宣教師たちが中国と欧米を結ぶ外交補佐役および諜報役をした。このような状況もあって欧米における中国・インドの専門家の多くは、官僚上がりや宣教師もしくはその子どもが務めた。これと比べ日本に対する注目度はよって低かった。

　エドウィン・ライシャワーが自伝で告白しているように、オーバリン大学からハーバード大学大学院に進学して、「日本研究」をはじめたとき将来は不安定であった。エドウィンより先んじたロバートはプリンストン大学の東洋学講座に赴任できたが、ハーバートは不安定な東洋学講座教授をめざすことに不安を感じ、外交官となった。エドウィンは運よくフランス・日本・中国での留学を終えた後、日本研究および中国古典の教師としてハーバード大学に就任したが、例外的だった。「知られていない日本を、日本生まれであるがゆえに北米に知らせて、よい関係を結びたい」と考え、日本研究をはじめたノーマン家、ライシャワー家の2代目たちは「宣教師魂」を世俗的に読みかえて、継承していった面があるといえるのではなかろうか。そしてそういう世俗的読みかえが可能になったのは、ビクトリア朝時代の厳格なキリスト教倫理が崩れはじめ、他のキリスト教派、他の宗教との連携が可能となってきた20世紀の時代状況による。

第7節　第二次世界大戦の中「二つの祖国」の中で、両家の人々はどう生きたか

　1931年の満州事変勃発、1932年の五・一五事件による政党内閣崩壊と軍部政権樹立がきっかけとなって、それまで「大正デモクラシー」の雰囲気の中で比較的自由にキリスト教の布教やキリスト教主義学校の設立、社会運動などへの関わりをおこなってきた宣教師の立場がしだいに厳しくなっていった。一方、子どもたち世代はこの時点ではほぼ全員が大学・大学院在学中で、日本の状況に直接触れる状況ではなかった。

　親世代に関しては、とくに日中戦争が本格化した1937年以降、「英米のスパイ」として日本の特高警察から監視される対象となりはじめた。ダニエルは、1934年の引退後も軽井沢に居を定めた。そのような彼にも、彼自身が長年賀川豊彦を初めとした日本のキリスト教社会主義者と親交を結んできたことや日本語が堪能で農民や労働者の知りあいが多いことから「英米のスパイ」と見なされ監視対象となった。そのために、彼自身は1940年末にカナダに帰国し、翌年10月には同地で死去した。

　同様な事態は、オーガスト・ライシャワーも襲った。東京女子大学を立派な大学へとつくりあげていくために、オーガストは常務理事として働きつづけた。ところが文部省が外国人が私立学校の役員を務めることは望ましくないと辞任を促した。その結果としてオーガストは東京女子大学の1940年に常務理事職を退いた。同時に、東京女子大学への欧米からの資金援助の道も断たれた。オーガストはそれでも日本で宣教師として在住しようとしたが、妻キャサリンが病気になったことを理由として、1941年3月に日本を退去した。その後オーガストはニューヨークのユニオン神学校教授を務めつつ、日本の敗戦後は欧米の各教派をふたたび組織し直して、東京女子大学への援助を再開した。両親世代は「二つの祖国」の中で、自らが宣教師として仕えた日本から戦時下に激しく迫害されても、日本への愛情をもちつづけていたと判明する。

　一方、子どもたち世代は大学院を修了する頃に太平洋戦争に遭遇することになり、同様に「二つの祖国」のいずれかを支持することなった。早世したロバートを除く3人は、北米の行動を支持し、軍国日本を攻撃した。エドウィンの

自伝がその理由について一番詳しく説明しているが、後の二人も同様な理由からこのような行動をとったと考えられる。

エドウィンは「自分が育った時代は大正デモクラシーの時代で、それが明治維新からの近代日本が本来進んでいく道だったのである。軍国日本はそれから外れた道で、それを本来の道に正すことが、自分たち日本を知るアメリカ人の役目だと思った」と語っている。

ハワードやハーバートはここまで明瞭に語ることはなかったが、ハーバートの名著『日本近代国家の成立』を初めとした明治維新期の日本近代国家の急速な成立とその陰にあった農民や兵士の苦労、ハワードが論文で問題にした「国家神道」や「国体の本義」などの「日本主義」の問題点とそれが打破された後に残るすばらしい「日本文化」に関する評価などは、やはり日本近代国家に潜む問題点を指摘しており、それらを修正すれば日本が「民主主義国家」へ変貌する可能性を示唆している。当時の欧米社会では、1937年の日中戦争開戦時までは日本に関する関心はほとんどなかった。が日中戦争開戦後、とくに真珠湾攻撃による太平洋戦争勃発後は日本は「奇襲攻撃」をおこない、天皇の名のもとに「神風」をおこなうと考えて恐れた。彼らの無知な状況に対して正しい日本に関する知識を与え、日本のこれまでの歩みや文化もきちんと評価したうえで軍国主義が復活しない戦後政策をつくるため、子どもたち世代は戦時中に努力したと言えるのではなかろうか。

こうして見ていくと、両親世代は第二次大戦時代に日本に未練を残し、子どもたち世代は北米の対日政策策定などに協力したということから、「二つの祖国」の一方を明瞭に選んだように単純には見えてしまうが、実際にはどちらの世代も「理想」としていた明治維新から大正デモクラシー、そして軍国日本が打破された後にやってくるであろう民主主義的な日本というイメージの下に、行動していたことがわかる。

第8節　冷戦下での苦しみと喜び

ハワードは1947年に再度日本に派遣され、戦争でダメージを受けた関西学院大学教授として再建に努めた。彼の妻、グエンも関西学院中高の非常勤講師、

カナディアン・アカデミーの理事として、キリスト教主義学校再建に力を尽くした。
　一方、弟たち二人は、どちらも日本専門家として活躍した。ハーバートはGHQに貸し出される形で日本へ駐在することになり、マッカーサー司令部へのアドバイスをおこなっていた。彼の政策として一番著名なものは財閥解体であるが、彼がジョン・エマーソンとともに日本共産党員を含む政治犯たちの釈放に立ち会ったため、後にハーバート及びエマーソンが共産主義同調者と誤解された。しかし、1946年にはハーバートはGHQを離れて駐日カナダ首席代表となり、戦勝国であるカナダ利益代表ではあるが連合国全体の占領政策とは一歩離れ、1950年に日本を離れるまで過ごすこととなった。
　一方、エドウィンは陸軍での仕事をつづけたが、対日政策立案に関わるため国務省に異動した。そこでいくつかの対日政策立案を、ヒュー・ボートンの指導のもとに行った。だが、戦後すぐにおこなわれた日本民主化政策が急速、急激なものであったこともあって、彼らの意見がGHQの活動に用いられることは少なかった。大学と違う国務省の上意下達的雰囲気に失望し、ハーバードの帰任命令が出たことをチャンスとして、エドウィンは大学教員に戻った。彼は、中国近代史専門家であったジョン・フェアバンクと共に、ハーバード大学を中心として北米に新しいアジア研究を立ち上げていくために努力した。また彼らは中華人民共和国を早期に承認する必要を主張した。だが朝鮮戦争勃発後中国が北朝鮮に義勇軍を送ったために、右派勢力は「太平洋問題調査会所属のアジア研究者たちの中に共産主義同調者がいる」とエドウィンやボートン・フェアバンクらを非難した。その結果、彼らがアメリカの外交政策に意見具申をする機会はマッカーシーが死去する1957年まで途絶えた。
　ハーバートとエドウィンの選択した道の違いが、彼らの冷戦下で歩んだ道を大きく違うものにした。ジョージ・パッカード氏やロジャー・ボーエン氏が指摘するとおり、二人は研究者仲間以上の「親友」とまで確言出来ない。しかし二人が手紙の中で愛称で呼びあっているのは「親友」であることを示唆している。また、ハーバートとエドウィンの主張の中心点は、とうぜんのことながら異なっている。ハーバートは戦後に書いた著作や講演の中で、日本の「民主化」継続の必要性を強調し、それが今後の日本に与える影響の大きさについて

語りつづけた。このようなハーバートの行為は、1948年以降の「逆コース」の流れの中で、「共産主義同調者」として受け取られた。

一方、エドウィンは1940年代後半には日本近代に対する定まった見方を確立してはおらず、ハーバートの影響を強く受けた論点から論じていた。当然彼の論調はまったく注目されず、「逆コース」の直接的ターゲットにはならなかった。むしろ1950年代以降はハーバード大学で積み重ねられた新しい研究の影響を受けて、しだいにハーバートの影響を脱し、「近代化論」の立場に移行した。だが、二人の意見が「反対」であるという一部の論者の見解にも賛同できない。二人はこれまでも書いてきたように、同じ時代の日本に宣教師の子どもとして生まれ、同じような経験を共有して育った人物だった。違いはあるが、それ以上に戦後の日本をより良いものとし、日本近代史から何が学び取れるだろうかと探求しあう仲間であった。

二人が戦後直接会ったのは、1948年にエドウィンが東京に学術使節団として訪問した際に、ハーバートと大使公邸で夕食をともにしながらの一回だけ、二人の間の手紙のやりとりも多くはないとエドウィンは主張する。だが、この程度の意思疎通の少なさは当時の通信・交通事情から考えれば、特段に関係がよいとも悪いとも判断出来ない。また1930年代から1945年までの書簡類は、赤狩りを避けるために廃棄または秘匿された可能性が高く、その時代にどんな交流があったかを実証的には証明できない。

冷戦下でハーバートとエドウィンの二人の人生を分けたもう一つの重要な要素が、ハーバートはカナダの外交官であり、エドウィンはアメリカの大学教員であったということである。アメリカはいうまでもなく国連の常任理事国であり、1950年までは唯一の核保有国であった。しかしエドウィンはアメリカの世界戦略に関わらず、ハーバード大学教員として冷戦下を生き延びた。しかし初期冷戦下での経験からの迫害の恐れを感じ、彼の行動を慎重にした。1960年代に日本大使として外交の舞台に立った後、ケネディ大統領の暗殺、ベトナム戦争の激化による自らの人気低下、1968年の大統領選で応援したロバート・ケネディの暗殺の後、彼は政治から身を引き学問の世界に戻った。一方、カナダは国連の創設国の一つであるが、常任理事国ではなく、核はもとより、特別に強力な戦力も保有していなかった。ゆえに「外交力」をカナダは用いて、国

連常任理事国などに対抗する世界外交の中心的存在になろうとした。戦後カナダの外交政策を東西諸国、南北諸国の間をとりもつ政策として「中間国家政策」と呼び、1948年から57年まで外相を務めたピアソンが取り仕切った。この「中間外交政策」を実際におこなうのは、重要な外交官ポストを務めていたハーバートの任務であった。そのような意味で、ハーバートの人生は、カナダの外交政策によって大きく左右されることとなった。またカナダ・オーストラリア・北欧諸国が主導した「中間外交政策」が、米英仏にとって見れば、「共産主義国家を利するもの」と受け取られた。そのためカナダは米英仏から攻撃対象となり、彼らのもとで働く重要人物たちも攻撃された。ハーバートはその攻撃対象になった。そして実際にハーバートは冷戦下で自殺し、ピアソンが外相を務めるサン・ローラン内閣は政権を失って「中間外交政策」は崩壊した。

　このように、冷戦下で二人の人生は大きく違う道をたどった。それは彼ら個人だけの努力でいかんともしがたい面が多々あり、むしろ「冷戦の荒波」に彼らが巻き込まれてしまったと言える。そのような冷戦時代とはいかなるもので、なぜ彼らはターゲットとなったのかを、第3章で詳しく検討してみたい。エドウィンは初期冷戦期を無事に乗り切ったわけだが、彼が1961年から日本大使としてアメリカ外交の舞台に立ったために、ベトナム戦争などへのアメリカの介入を正当化する必要が生じ、その際の言動などから「近代化論」そのものに対して若手の研究者たちから批判が相次いだ。第3章後半では日米の若手研究者による「近代化論」への批判、それに対してエドウィン自身の答えを通して、「近代化論」に関して、またエドウィンの研究や性格について再検討してみたい。

　この論文は形式的にはグエン・ノーマンが死去する2003年までつづくが、実際には彼らの活動の大半は冷戦が終結する1980年代で終わった。ゆえに冷戦期の中での彼らの人生をハーバートの自殺に代表される1960年代までの「前期冷戦期」と、米ソの融和、米中国交正常化などによって情勢が変化し、宣教師などに対して批判の目が向けられるようになった「後期冷戦期」と言うべき1970年代以降と対照しながらも、引きつづく「冷戦期」として検討してみることとしたい。

第1章
偉大なる父たちの影響

序節　ダニエル・ノーマンとオーガスト・ライシャワーの略伝

　この論文では、同時代に生きたノーマン家とライシャワー家の二人ずつをペアにして、彼らが相互影響を与えながら、日本と北米の関係におよぼしていった状況を書く形態をとっている。そのため、二人の伝記的項目が交互に出てくる。これでは個々人の伝記的状況がわかりにくいため、最初にそれぞれの略伝を記す。以下、各章でも同じようにし、読者の理解を図りたい。

　まず、ダニエル・ノーマンは、1864年にカナダ・オンタリオ州ウィットチャーチ村(現在のオーロラ町)で農民の子として生まれた。高校卒業後は住み込みで商家見習いをしていたが、信徒伝道者をしていた兄の死を契機に伝道者を志し、1890年にビクトリア大学(後のトロント大学ビクトリア・カレッジ)に入学。経済学を主専攻して1896年に卒業した後、引きつづき同大学神学部で学び、1897年にカナダ・メソジスト教会の牧師に任命されて日本に派遣された。初任地は東京・本郷の中央会堂で、日本語を学習しながら学生たちの世話にあたった。だが、彼の本格的な活躍の場は、1902年に任命された長野であった。引退する1934年までの32年間、彼は長野市を拠点として北信地方一帯のキリスト教宣教、社会活動、啓蒙運動にあたり、人々から「長野のノルマン」と呼ばれた。退任後は、軽井沢の別荘を本宅とし余生を過ごした。ちょうどその頃、子どもたち家族も宣教師ないし外交官として日本に集結した。ところが太平洋戦争開戦が近づいた1940年には、ダニエルにも特高警察がスパイ疑惑で圧力をかけ、やむをえずダニエル夫妻はグレース夫妻、ハワード夫妻、ハーバートの妻アイリーンとともに1940年末に日本を出国した。ダニエル夫妻はグレース夫妻の故郷であるオンタリオ州ロンドン市に住んだが、病のうちにあったダニエルは1941年10月に同地で亡くなった。

　一方、オーガスト・ライシャワーは、1879年にアメリカ・イリノイ州ジョーンズボロで農民の子として生まれた。父ルパートは祖父マティウスとともに、オーストリアでのルター派宗教迫害を逃れて移民した。しかし、ルパートは南北戦争に北軍兵士として徴兵され、戦傷を受けて除隊。それが原因でオーガストが9歳の時に47歳で亡くなった。オーガストはこれにショックを受け、ド

第 1 章 偉大なる父たちの影響

イツ語学校から英語学校への転校、ルター派から長老派への改宗をし、ハノーバー大学を経て 1905 年にマコーミック神学校を卒業した。その際に教師を募集していた明治学院に宣教師として赴任し、神学と英語を教えた。彼は学校教師として学生たちなどと関わるにつれ、日本文化に占める仏教の影響の大きさに深い関心をもつようになり、日本仏教を研究することとした。1912 年にシカゴ大学神学部で日本仏教研究の成果を論文として神学博士号を得、1917 年には不朽の大著『日本仏教の研究』を出して、英語圏の日本研究の第一人者、キリスト教と仏教との対話を進める活動の中心人物と見なされた。1918 年には欧米のプロテスタント各派が共同で資金を出した東京女子大学の創立に貢献し、常務理事として 1941 年に日本を退去するまで大学運営にあたった。夫人の病気やスパイ嫌疑により日本退去の後は、ニューヨークのユニオン神学校で国際宗教学を定年の 1952 年まで教えた。定年後は、次男エドウィン一家が住むボストン郊外に夫人・長女とともに移り住み、基本的に隠退生活を送った。エドウィンが日本大使に任命された 1961 年 11 月には生涯最後の日本訪問をはたし、東京都名誉都民に選ばれた。エドウィンの帰任後はボストン郊外で同居していたが、1969 年にロサンゼルスの引退宣教師向け老人ホームへ移り、そこで 1971 年に亡くなった。

以下、この二人の人生を交差させつつ、それが当時の社会に与えた影響について考察することとしたい。

第 1 節　農民の子どもダニエル

ダニエル・ノーマンはカナダ・オンタリオ州ウィットチャーチ村オークリッジで生まれた。オークリッジは現在のオーロラ町とリッチモンド・ヒル町の境界付近にある。ダニエルが生まれた頃には、オーロラの人口は 1000 人程度[23]で、現在も残るメイン・ストリート沿いに教会や店舗、家が建ち並ぶ小さな町だった。オークリッジ周辺は現在はトロント都市圏の郊外となり、人口も 10 万人以上だが、当時は農場地帯だった。

ダニエルは 1864 年 3 月 10 日にオークリッジの農場主兼行商人ウィリアム・ノーマンの家に生まれた[24]。13 人兄弟姉妹の 7 番目であった。だが多くの子

どもは幼少期に早世し、大人になるまで生き延びたのは5人、ダニエルのように70代まで生きたのは他に1人だけだった。見かけはそれなりの規模の農場主だが、当時の農業は開拓農業で生産性が低く、天候不順でしばしば収穫は激減した。父ウィリアムは収穫した作物を北隣の町ニューマーケット土曜市場やトロントで行商した。ダニエルは父の行商を手伝った[25]。

　家族全員がオーロラ・メソジスト教会(現在のオーロラ合同教会)の熱心な会員だった。父は日曜学校長を務めており[26]、地元の名士であり彼らがとくに熱心な会員だったことが伺える。オーロラ合同教会は二度の大火とハリケーンによる被害で19世紀の教会記録のほとんどが消失し、現在ノーマン家の洗礼記録などは残っていない。現在残っている教会堂は1872年に建てられたものだが、1883年のハリケーンで向かって左側の塔が倒れてしまい、右側の塔だけが残っている[27]。礼拝堂は300人ほど着席できる大きさで、オーロラ町民の大多数が同教会所属だったことを伺わせる。教会や合同教会史料館には関連史料が存在しないためダニエルが宣教師となるまでの人生は本人が記した身上書しかない。宣教師になってからはニューマッケット・メソジスト教会(現ニューマーケット・トリニティ合同教会)に籍を置いた。

　さて、ダニエルは宣教師として日本からの帰国の際に、ヨーロッパを経由したことがたびたびあった。この際に自分たちの先祖の出身地であるイングランド・サマーセット県を訪ねた。サマーセット県はイングランド南西部にあり、グレート・ブリテン島の中では比較的豊かな地域だったが、1685年5月にモンマス公が対抗王朝として即位、7月に敗れて処刑されると、兵士として戦った住民が処刑され、残りも土地を失ってロンドンなどへ下層労働者として流出した。彼らはメソジスト派に改宗したために、非国教徒としてさまざまな不利益を受け、またイギリスでは「反逆者の子孫」として生きた。結果、信教の自由とチャンスを求めて移民したのであった。なぜノーマン家の祖先はメソジスト派に改宗したのだろうか。ここでイギリスにおけるメソジスト派の歴史を振り返ってみたい。

　メソジスト派の開祖は18世紀にイギリスで活躍したジョン・ウェスレー[28]である。だが彼は生涯イギリス国教会の司祭に留まりつづけた。メソジスト派はイギリス国教会の信仰復興運動としてはじまったからである。当時のイギリ

第1章　偉大なる父たちの影響

スは産業革命が頂点を極める頃で、労働者たちは、男女および子どもと大人の区別もなく、長時間労働に駆り立てられた。彼らはつかの間の休みの日曜日には酒浸りとなった。彼らは難しくて自分たちの生活からかけ離れた教会の説教を聞こうとは思わなかった。国教会は税金で支えられていた。多くの司祭たちは教会に足を運ばない人々を糾弾するばかりであった。

だがウェスレーはこの状況では教会が使命をはたしていないと考えた。救いの手から漏れている多くの人々を救わねばならない。そのためには自分たち司祭は教会で人々を批判するのでなく、自ら人々のところに出向いてみ言葉を語り、彼らの思いをくみ取り、救いの方向をさししめすべきと考えた。こう考えたウェスレーは自ら馬に乗り、人々が集まる場所へと赴き、野外に集まった人々に説教をはじめた。ごく少数の司祭と信徒伝道者がウェスレーの行動に賛同し、同じように馬に乗って巡回説教をはじめた。ウェスレーの説教は理屈っぽくはあるが実際的で、人々の生活に対するすすめを中心としたものだった。禁酒禁煙・節制・貯蓄のすすめをし、礼拝後はレクレーションをおこなった。ついにウェスレーは回心を告白した人々に野外で聖餐式をおこなうようになり、子どもたちへの洗礼も野外で授けるようになった。このような行動は国教会の指導者たちからは分派活動として厳しく非難された。やがてウェスレーは本来主教しかできない司祭按手をはじめ、信徒伝道者を司祭とし、多くの伝道者が洗礼・聖餐をおこなうことができるようにした。こうしてメソジスト派が事実上発足した。そしてメソジスト派はアメリカ大陸に渡り、大きく発展した。

ノーマンの一族の祖先は、ウェスレーら第一世代のメソジスト派宣教師の熱意に直接に触れ、回心して国教会からメソジストへ代わった人々だった。しかしイングランドでは国教会員でないかぎり、法律にもとづき階級上昇できる可能性はなかった。そこで新天地北米大陸へと移民することにした。

だが国王に反逆し、共和国を樹立したアメリカに行くことは、国王を裏切ると考え、王制を維持しているカナダ植民地をめざすことにした。カナダはより北方にあり、アメリカより生産性が低いことは明白だった。しかし王制を尊重しつつ、自らの信仰の自由と階級上昇の可能性を追求できるカナダ植民地こそ、ノーマン家にとって「約束の地」であった。しかし予想以上にカナダでの開拓は難しかった。夏は暑く農業に適していたが、冬の寒さは厳しかった。農作物

の値段は作況に左右され、十分な利益を得ることはかんたんではなかった。そこでノーマン家では作物を直接販売して利益を確保した。日曜日は安息日として尊重し、必ず仕事を休んで教会礼拝に出席していた。父は日曜学校長として人々から尊敬されていた。そのような典型的なメソジスト一家に生まれたダニエルは、家庭事情から大学に行くこともままならず、親の仕事を手伝いながらオーロラ・ハイ・スクールを卒業した。その後はトロントの商店に見習いとして住み込みで仕事をし、やがて一人前の商人となることをめざしていた。そして事情が許せば親と同じように教会の日曜学校長となり、あるいはさらに進んで信徒伝道者として仕事の合間に宣教活動にたずさわることを夢見ていた。

　そんな人生を送っていた 1880 年代、兄のウィリアムが突然信徒伝道者になった。彼はダニエルと同じくトロントの商店で仕事していたが、一念発起して独学で聖書の教えを学び、ウェスレアン・メソジスト教会の準伝道師となったのだった。ウィリアムは行商をしながら自活し、各地で巡回伝道にあたった。ダニエルの理想とする生き方だった。両親も献身に喜んだ。ところがウィリアムは巡回伝道の途中、突然病気になり、1888 年に 28 歳の若さで亡くなった[29]。ダニエルはこのことに深くショックを受け、自分がウィリアムの跡を継いで伝道者として立つと考えた。ダニエルは仕事に励んで資金を貯め、大学に入学した。ダニエルは 1890 年にビクトリア大学(現トロント大ビクトリア・カレッジ)に入学した。すでに 26 歳になっていたので、他の学生たちよりずいぶん歳をとっており、ハンディがあったが、勤労学生として通常修業期間の 2 倍である 6 年をかけて卒業にこぎ着けた。

第 2 節　メソジスト運動とキリスト教社会主義

　ダニエルが所属していたメソジスト派は社会問題に関心が深く、カナダにおけるキリスト教社会主義運動の中心となった人物を輩出した。ダニエル自身もキリスト教社会主義の影響を強く受けていたことが 1980 年代の研究で指摘された。日本人にはなじみの薄いカナダでのキリスト教社会主義について、以下代表的な人物たちの思想と行動を追い、その特徴を見てみたい。ここで言うキリスト教社会主義とは、都市もしくは農村で困窮している人々を救済したり、

第 1 章　偉大なる父たちの影響

そのような政策を実現するために政治活動・労働運動・農民運動その他で活躍することを言う。日本では賀川豊彦の活動などが典型的な「キリスト教社会主義」だ。カナダのキリスト教社会主義は、アメリカの同様なものが都市社会を中心として勃興したのに対して、農村伝道に力点を置いた。これはイギリスのキリスト教社会主義の影響である。彼らの多くは農民、工場労働者、零細商業者の救済からその活動をはじめ、労働組合や農民組合の組織者、そして社会主義政党の政治家として国家の方針に関与していくようになった。中心的な人物はほとんどが聖職者出身であり、現在存在するカナダの社会主義政党（新民主党、New Democratic Party）は聖職者が結成した政党の後継である。とくに聖職者で政治活動もした著名な二人を記す。

　初めて本格的なキリスト教社会主義者となったのは、ジェームズ・シェイバー・ウッズワース[30]がいる。1873年にカナダ・オンタリオ州に生まれた彼は、1896年にマニトバ州ウィニペグ市のウェスレー・カレッジ（現ウィニペグ大学）を卒業し、メソジスト派牧師となった。牧師としてダニエルと同期で、当時きわめて小さな教派だったカナダ・メソジスト教会では面識があった。ウッズワースはマニトバ州農村地帯の騎馬伝道で成功を収めた。その後トロント大学、オクスフォード大学で学び、オクスフォード時代に社会福祉に関心を深めた。

　1905年にはウィニペグに新設されたオール・ピープルズ・ミッション[31]の牧師に就任した。当時ウィニペグは西部の農業生産物の集散地として発展しつつあり、商業・工業がさかんになりつつあった。東欧・南欧出身の移民がウィニペグに多数移住してきていた。ウッズワースの赴任先は、彼ら東欧・南欧出身の移民たちが集まることを目的とし、日々の暮らしの厳しさを訴えを聞くことが、ウッズワースの仕事であった。このような中で貧しい人々の生活改善を訴えたウッズワースと教会本部は対立関係に陥った。牧師辞任をもち出しては慰留されたが、最終的に1916年牧師を辞任した。そしてブリティッシュ・コロンビア州に移り、自ら肉体労働をしながら、労働組合結成と労働者の団結を説いた。ウッズワースは労働組合の機関誌に労働者の団結の必要性と労働争議をおこなう正当性を訴え、これは神の道にかなっていると結論づけた。このウッズワースの言葉に触発されて、1919年6月にウィニペグの労働組合共同して大規模な「ウィニペグ・ジェネラル・ストライキ」をおこした。労働組合

と経営者側の話しあいは平行線をたどった。だが経営者側の要請で警官隊や軍隊も出動して、労働組合側は死者・逮捕者を出した。

　ウッズワース自身も組合機関誌でストライキを示唆したとして逮捕、拘留された。釈放後、ウッズワースはストライキが失敗したのは労働組合側に十分な準備とビジョンが欠けていたためと考え、労働組合教育の進展、それを支える政治活動を準備した。ウッズワースは1921年の連邦下院総選挙で当選した。カナダで最初の社会主義者国会議員であった。以後死去する1942年まで国会議員をつづけ、1926年に結成された社会主義政党、カナダ連邦協同党[32]では党首に選出された。連邦協同党は1926年から1930年までと、1935年以降政権を担った自由党と政策協定をおこない、自らの主張である労働者保護法や老齢年金の制定などの社会主義的政策を実施した。

　だが1939年におこった第二次世界大戦をめぐって、ウッズワースと他の連邦協同党員との間に溝ができた。ウッズワースはあらゆる戦争は人間抑圧に荷担するものだとして第二次世界大戦参戦に反対した。他の連邦協同党員はドイツがおこなっている政策は人間性抹殺に荷担して、これと戦うことは正義のしるしと大戦に連合国側の一員として参戦することに賛成した。ウッズワースは党首討論で一人参戦反対を表明し、ただ一人反対票を投じた。このことでウッズワースは連邦協同党内でも孤立し、1941年には党首を辞任した。ウッズワースは国会議事堂を出て、各地の戦争反対グループで徹底反戦を説いて歩き、1942年3月にバンクーバー市で死去した[33]。

　だが、キリスト教と社会主義の関係はつづいた。1944年に貧しい地域であるサスカチュワン州で、北米最初の社会主義政権樹立をおこなったトミー・ダグラス[34]もまたキリスト教社会主義者であった。1904年にスコットランドで生まれたダグラスは、両親とともに1910年にカナダに移民し、印刷工として下層労働者の生活を体感した。その後大学在学中の1926年にバプテスト教会牧師となった。彼らの貧しい生活を見聞した結果、講壇から説教するだけでは限界を感じ、労働組合の指導者に転身した。1935年の連邦下院議員選挙で当選し、1939年にはサスカチュワン連邦協同党党首に転身し州議会議員となった。1944年の州議会選挙で連邦協同党が過半数を制し、ダグラスは州首相となり、北米最初の社会主義政権を樹立した。以後1961年までサスカチュワン

州ではダグラスが首相としてつぎつぎに政策を実施した[35]。

その内容は道路舗装や橋梁建設、電気の各個配電や家庭暖房設備の充実などの民生充実、電話・電気事業の公営化、公営自動車保険事業の開始、公務員の労働組合合法化などだった。厳しい生活に耐えてきた人々にとって、これらの政策は何よりの「福音」であった。最後に手がけたのが医療費の完全無料化だった。医師側はストライキで抵抗したが、連邦政府の後押しと人々の協力もあり、1962年に実施された。やがてこの医療無料化政策は、連邦全体でも1967年に実施された。1961年にダグラスは連邦協同党とカナダ労働者連合が合併した新民主党首に選ばれ、ふたたび連邦政治に関わった。1962年の連邦下院議員選挙で当選し、以後1971年まで連続当選した。1963年に成立したピアソン自由党内閣は少数与党だったので、ダグラスは自由党と政策協定をおこない、医療費無料化や老齢年金改革などの社会主義的政策を実施に移した。またベトナム反戦運動を主唱し、政界引退後も平和運動をつづけた。彼は1986年に死去した[36]。

このように、多くのキリスト者が良心の問題として社会主義を実践したのが、カナダの特徴である。またカナダ・メソジスト教会の中国宣教師二世として、中国四川省で生まれ、周恩来をはじめとした中国共産党員と深い関係をもち、カナダ外務省の諜報員としてカナダと中国共産党を結ぶことに尽力したジェームズ・エンディコット・ジュニア[37]も代表例の一人である。

ダニエルの社会的関心は、このような人々と身近に接していることで呼びおこされたものであった。そしてその社会的関心は子どもたちにも伝わっていったものであった。

第3節　経済学、農村社会、宣教師志願

ダニエルは兄の遺志を継いで伝道者となるために、大学に入学した。ところが大学では牧師として立つために重要な教養である古典学を学ぶ代わりに、経済学を中心とした近代諸学を中心に履修した[38]。これは異例であった。当時のトロント大学文系主専攻学生たちは、聖職者をめざす者は古典学を、官僚をめざす者は歴史学を主専攻にした。現在でもトロント大学は古典学では世界指折

りのレベルで、宗教改革やルネッサンス期の研究で有名であり、就職には不利でも古典学主専攻の学生は少なくない。19世紀ならなおさら、古典学の位置づけは高かった。なぜダニエルは経済学を主専攻としたのだろうか。当時の日記は残っていないため、彼の学生時代の行動などからの類推となる。聖職者は単に宗教的な言葉を語るだけで人を救えない。経済学を学び、そのメカニズムを知ることで、貧しい人々を心身両面から救済できる。経済学は聖書学と並ぶ救済のためのバイブルである。このように考えて経済学を中心とした近代諸学を学んだと推測する。

　この推測はダニエルが後に書いたきわめて内省的な日記からの印象ではない。内省的な日記[39]は当時の日記では一般的であり、実務的な日記をつけているほうが珍しい。むしろ学部生当時におこなったという社会主義者クラブでの活動や、自らの意思によるマルクスの文献読破[40]と言った活動から類推していくと、この推測の妥当性が強い。ダニエルはノーマン家の貧しく、生まれた子どもがつぎつぎに病気で死んでいった理由を考えた。どうしたら貧しさから脱却できるか。そして人々が心から神に感謝を捧げることができるか。とくに貧しさのサイクルを分析し、それからの脱却をめざしたマルクス経済学を学ぶ必要があると考えた。ゆえに主に当時勃興しはじめたマルクス主義経済学を学んだ。そのため、残された経済学の成績はそれほどよくはない[41]。だがマルクス主義文献の読破の結果、マルクスの共産主義理論には「神の愛」が十分に反映していないと考え、ダニエルはキリスト教社会主義者であり続けた。

　ダニエルは社会主義者クラブに入っていたが、一方では海外伝道に関心をもつオクスフォード・グループでも活躍した。当時の学生たちにとって、海外伝道に赴くことは一番の願望であり、それで成功すれば人生の成功者として称賛を受けた。だが成功は難しかった。ゆえに海外伝道のあり方に関してどのように行動することがよいか学んだ。しかも時は19世紀末、海外伝道に関する宣教師たちの体験なども充実しつつあった。以前のような海外伝道の形態から、現地の状況にあった海外伝道への転換が模索されていた。オクスフォード・クラブにも入っていたことから見れば、ダニエルが当初から宣教師になることを考えていたのは確かだ。ダニエルの出身地は農村であり、当時カナダ人の多くは農村地帯に住んでいた。世界の多くの人々も農村地帯に住んでいると世界宣

教に赴いていた宣教師たちの報告で知った。このような農民たちを心身ともに救うためには、農村社会の仕組みを知り、そこがなぜつねに貧しいのかを知り、その人々を経済的にも救う手だてを考えることが必要だとされた。農村社会学は、後にダニエルが長野で宣教活動をおこなう際におおいに役立った。

　ダニエルのように神学部で学んで聖職者をめざすが、神学関連以外の社会科学・自然科学などの専門分野をもって、その分野にも詳しい者は、当時まだまだ少なかった。宣教医として派遣される人々の一部が神学も学び、キリスト教伝道にもあたるのが例外だった。だが20世紀に入ってからはシカゴ学派の影響を受けて、聖職者は神学だけのエキスパートでは社会の複雑な事象を知って、適切にキリスト教を宣教することができないとの見方が広まった。こうして神学以外の専門分野を副専攻としてもつことが聖職者養成の中で一般化した。その意味で、ダニエルは20世紀の宣教師のあり方を先駆的に体現した人物だったと考えられる。

　最後にダニエルはいつから海外宣教師となることを考えたのかを論じてみたい。海外宣教師は当時の北米で花形ポストだった。聖職者をめざす人はできることなら海外宣教師になりたいと考えていた。ダニエルも例外ではなかろう。だが宣教師のめざす国として、日本は人気がなかった。アジアでは中国が一番人気であった。日本は19世紀末にはキリスト教宣教が困難とすでに知られており、大きな仕事をなして、有名宣教師になることは難しい見られていた。ゆえに第二希望で日本宣教師となるものが多かった。ダニエルの場合がどうだったか不明だ。だがいずれにせよ、経済学を学んだことや、農村社会に通じていることを生かして、任地の日本で活躍しようと決意した。ダニエルが神学部を卒業したとき、すでに33歳だった。

第4節　ダニエル、長野への道

　ダニエルは日本に到着後、東京の中央会堂に配属され、自らは日本語を学習しながら集まってくる学生たちに英語を教えていた。中央会堂はイビーが出した「キリスト教主義連合大学構想」[42]から派生したもので、帝国大学生、第一高等学校生徒、キリスト教系でない各種私立専門学校生たちのキリスト教改宗

を目標として設立された。そのため帝国大学に隣接して施設が設けられ、1892年から活動を開始した。イビー解任後は弟子のハーパー・H・コーツらが宣教師として活動しており、「キリスト教冬の時代」と言われる1890年代の一般的印象に反して、それなりの参集者を集めていた。だが集まってきた人々は男性より女性が多く、主に上流や上層中産階級の出身で、女学校に通っているか、卒業したばかりの人が多かった[43]。帝国大学生などの知識人男性は、海老名弾正が牧師を務める本郷組合教会のほうに多く集まった[44]。それでも現在のキリスト教会にくらべると男性比率が高く、中央会堂は小石川に学生寮を運営していた。帝国大学生は現在の大学生にくらべて年齢層が全体に高く、ダニエルが30代前半であるのは好都合だった。だがダニエルにとって、東京での知識人伝道は彼本来の働きの場とは思えなかった。ダニエルとしては自らのバックグラウンドである農村社会や経済学の知識を生かせ、キリスト教社会主義の理論を実践に移すことのできる、日本の農村での活動を望むようになった。

　そこに募集があった。長野地方部が宣教師を求めてきた。長野は1870年代からキリスト教宣教が各派によって開始されたが、あまりに多くの教派がバラバラに各地に宣教を開始して各派協力体制が整わなかった。また善光寺のお膝元であるため熱心な仏教徒が多く、宣教は困難だった。多くの若く意欲的な宣教師が入っては、失敗して早々に辞任していた。その事例からすれば、ダニエルが長野に行っても「失敗宣教師」の烙印が押される可能性を高かった。しかし彼は、長野異動の話を好機到来として受け止めた。1902年9月にダニエルは長野地方部付宣教師となった。ダニエルの長野での働きは、「長野のノルマン」と後に呼ばれたように、見事な成功をおさめた。長野に土着し、長野の風土を尊重しながらキリスト教の真理を伝えることに腐心した。じつは日本基督教団の『東海教区史』[45]に示されているように、ダニエルは教会を新たに建て、キリスト教徒を増やすという観点からはたいした成功をおさめていない。よって、19世紀に活躍した宣教師・日本人聖職者の活動や第二次世界大戦戦下でのキリスト教苦難の間の時代として軽く扱われているのが真相である。

　ダニエルはそれまでの知識人・中産階級中心のキリスト教宣教から、長野の人口の大半を占める農民・労働者へのアプローチを重視した。知識人・中産階級は社会的な影響力があり、個人の意志でキリスト教入信するので、日本社会

第1章　偉大なる父たちの影響

に対してキリスト教の影響力を増やすという観点からはおおいに意義があった。しかし、日本社会において知識人・中産階級の人々はほんの一握りを占めるに過ぎなかった。ゆえに彼らがキリスト教に改宗しても、日本の人口の大半を占める農民・労働者へ「福音」が伝わらなかった。ダニエルはこのような状況を放置しては宣教師が役割をはたしていないと考えた。ダニエルはキリスト教社会主義者であり、自分の出自である農民や労働者たちへのアプローチをきわめて重視していたから、なおさらこのような問題を考えざるをえなかった。このような観点から、ダニエルは知識人宣教を止め、農民・労働者宣教に力を注ぐことにした。彼は長野赴任当初に委嘱されていた長野中学校英語教師の仕事を早々に辞任し[46]、直接宣教に力点を変えた。だが、短かった長野中学校在籍中に教えたり、同僚だったりした人々から長野などで指導的立場を占めた人が輩出し、後に息子ハーバートが日本の知識人たちと交友を深める際にも父からの遺産として役立った。

　ダニエルはメソジスト派の伝統に従い、新潟県の高田を含む北信地方、長野市周辺、上田・佐久・軽井沢などの東信地方を中心として、巡回伝道をおこなった。ただし、これ以外にも松本周辺から伊那地方へも足を延ばした記録が残されている。ダニエルは当初鉄道を使って各地をめぐったが、1920年頃にカナダの後援者たちからの献金で自家用車を導入し、さらに活動範囲を広げた。彼は各地に農民たちの聖書研究会を各地に組織し、また鉄道労働者の聖書研究会も多数設置した。聖書研究会は多くの場合彼らが自由になる夜におこなわれた。ダニエルは各地の信徒宅に泊まることが多かった。平均して週の半分程度が外泊だったと伝えられる。

　ダニエルの農民聖書研究会はどのようなものだったか。彼の詳しい聖書研究会の様子は伝えられていない。だが1930年代にダニエルの後継者として長野で活躍し、戦後に農村伝道神学校設立に尽力したアルフレッド・ストーンがダニエルとともにおこなった農民福音学校のプログラム[47]や講義内容として伝えられる内容からは、単に聖書の文言を解釈するだけでなく、それが農村社会においてどのような意味をもつかを考えて聖書の語るところを日々の生活に生かすことが話しあわれた様子だ。同様に、鉄道労働者の聖書研究会でも聖書の文言と労働者の実生活の関わりについて語りあわれたものと考えられる。この

ような聖書研究会の方向性は、20世紀初頭には方向性を見せるようになっていたエキュメニズムの流れに乗った活動であった。

さらにダニエルはカナダ東部と長野の気候が比較的似ていることから、カナダの農産物や樹木の移植を進めた。りんごが長野で栽培されるようになったきっかけは、ダニエルの紹介にある[48]という。その他旧信越本線（現長野鉄道）沿線の防風林などにもカナダの影響が見える。

ダニエルはこのような活動の流れのうえに、農村地帯でしだいに伝道所を設立することに成功し、そのうちのいくつかは独立した教会堂をもつまでに成長した。1930年代の岩村田教会（佐久市）の会堂設立の際には、ダニエルが純農村風の日本的な会堂建設を提案したとの証言が残っている。この際の設計図などは残っていない。だが後に実際に純農村風の会堂が建てられた、現信濃町にあった古間伝道所の間取り[49]を参考にすると、当時の長野の農家を模した建物が提案されたものと考えられる。実際は岩村田は佐久地方では都市的で、会員の中心も知識人・中産階級であり、「西洋的」なものへのあこがれは強く、農村的な会堂建築には反対意見が多かった。その結果、岩村田教会は北米農村教会を模した西洋風会堂が建設された[50]。さらにダニエルは賀川豊彦[51]と仲がよかった。賀川豊彦はしばしばダニエルの巡回する長野の各教会で伝道集会をおこない、さらに鉄道労働者などを労働組合に組織したり小作農を農民組合に組織することにも寄与した。賀川はベストセラー作家としても有名であり、彼の伝道集会や講演会には多くの人々が集まった。賀川豊彦との連携活動は、ダニエルがキリスト教社会主義を実践する中から導かれた活動だった。

このように見ていくと、確かにダニエルの活動は長野においては「ノルマンは残ったが、キリスト教は滅びた」と言われるようにキリスト教徒を増加し、強いキリスト教会をつぎつぎに設立するという点では効果をあげなかった。よってキリスト教の勢力拡大という視点から書かれた「東海教区史」ではダニエルの活動が粗略に扱われた理由も理解できる。しかしダニエルが長野の社会に与えた影響、子どもたちを優れた宣教師・日本研究者として育て、日加関係に大きな影響を与えたことを加味すると、彼の長野ではたした役割は大きい。

第1章　偉大なる父たちの影響

第5節　オーストリア移民の子、オーガスト・ライシャワー

　オーガスト・カール・ライシャワーは1879年にアメリカ・イリノイ州南部のドイツ系農民の集住するジョーンズボロ村で生まれた。彼の父ルパートは、1841年に生まれたが、祖父マティアスとともにオーストリア・リンツに近いシャルテン村から1853年に移民してきた。シャルテン村のあるザルツガンマーグート地方管区はカトリック優勢のオーストリアでプロテスタントが集住する地帯であった[52]。プロテスタントと言ってもドイツ系に多いルター派である。この地方は現在オーストリアの中でも有機無農薬農業・牧畜業で有名で、比較的裕福な地帯となっている。だが当時はカトリック優勢のオーストリアにあって、プロテスタントは不利であった。さりとてカトリックに改宗することもできず、出身地の農村に縛りつけられる結果となった。また付近のオーストリアの農村は比較的農地が狭く、どんなに努力しても収入が増えるチャンスは限られていた。そこでマティアスは農民として成功でき、信教の自由も得られる土地を探すことにした。そこはアメリカだった。

　彼らはアメリカに移民し、最初はルイジアナに農地を探した。しかしルイジアナはフランス系中心でカトリック優勢であり、ドイツ系の新移民が入り込む余地は小さかった。またミシシッピ川の河口に近い低湿な土地は、黒人奴隷を使って広大な土地でプランテーションをおこなわなければならなかった。そのような広大な土地と新規の黒人奴隷をルイジアナで得ることは困難だった。

　最後に彼らが到達したのは、イリノイ州南部のドイツ系が多く住むジョーンズボロであった。そこはドイツ語圏の各地から同じように信教の自由と広大な農地を求めて移民してきた人々によってつくられたルター派集住地域であった。夏は暑く、冬は極端に寒かった。それゆえ夏の農業には適していたが、19世紀の粗放農業では厳しい労働を必要とした。またプレーリー地帯からミシシッピ川沿いにかかるところで、耕地は丘が多くて比較的狭く、家族労働でトウモロコシ栽培などをおこなっても、よい収穫を上げることは難しかった。ドイツ系コミュニティなので、英語が話せなくても生活に事足りた[53]。彼らはここに定着し、農業をはじめたが、生活は相変わらず厳しかった。

　だが農業に専念できた時期は短かった。1861年にリンカーンが大統領に就

任し、南部諸州は独立を宣言した。これを認めない北部は宣戦布告し、南北戦争がはじまった。その後リンカーンが奴隷解放宣言をおこなったことで、南北戦争はさらに激しさを増した。ルパートは兵士として適齢だった。またジョーンズボロは1858年にリンカーンが上院議員選挙に出た際、第3回討論会が開かれた町であった[54]。その後大統領にまで駆け上がったリンカーンの北軍に従軍し、戦功を上げることは自分たちが「ドイツ人」ではなく、「アメリカ人」であることを示す絶好の機会と考えられた。彼は北軍兵士となった。戦争は長期間にわたり、1865年に北軍の勝利で終わった。ルパートは1864年に戦傷のため除隊した[55]。戦死せずにイリノイへ帰ることはできたが、心身ともに深い傷を負ってしまった。また祖父たちだけが残されて耕作していた農地は戦争の間に荒れてしまっていた。ルパートは荒れはてた農地を元に戻すために、ふたたび激しい労働をした。ルパートは母や新しく迎えた妻とともに農業に励んだ。その間1879年にオーガストが生まれた。だが激しい労働と、南北戦争従軍がルパートの健康をむしばんでおり、彼は1888年に47歳の若さで病死した。オーガストはまだ9歳で、広大だが十分な手入れが行き届いていない農地と厳しい気候条件の中に残された。

　長じるにおよんで、オーガストはこのような自らの置かれた立場の不条理を感じた。父の死後、彼は神に救いを求めた。彼の目から見ると、英語社会であるアメリカでドイツ語で日常生活をおこなっていることが将来を閉ざす原因だと感じるようになっていた。彼はまずそれまで通っていたドイツ語教育の学校から、隣にあるやや大きな町、アンナにある英語教育の学校に転校した[56]。この町にはルター派以外の諸教派が会堂をもち、熱心な宣教活動をおこなっていた。英語社会との交わりをもったオーガストの疑念の目は次にルター派教会に向けられた。ジョーンズボロの田舎世界、ドイツ語圏の古くさい習慣固守を促しているのはルター派教会であると考えられた[57]。現在でもジョーンズボロにはルター派教会しか存在せず、広場をはさんで役場と向かいあわせ構造で、まったく典型的なドイツ系の街並みである[58]。当時は大覚醒の時代で、キリスト教各派の宣教がアメリカ内部でも盛んだった。オーガストはジョーンズボロより大きく、各派の教会がある中からアンナの長老派教会を選んだ。

　彼は英語が上達し、しだいに学業の向上も見込まれるようになって、長老派

牧師の推薦でインディアナ州南部にある大学ハノーバー・カレッジ[59]に進学した。そこで学ぶうちに、聖職者になろうと決意した。長老派の聖職者になることで、ドイツ系コミュニティの古い世界から脱出できるし、農民以外の社会的な地位を得るチャンスもあった。そこで彼は再び教会牧師の推薦を得て、シカゴ郊外の長老派神学校マコーミック神学校[60]に進学した。この神学校は現在他教派の神学校と連合して、シカゴ大学神学部を形成しており、優秀な聖職志願者たちを集めつづけている。ここでオーガストは学業も、信仰面も優秀で、宣教師として成功する道が開かれた。宣教師に不可欠な語学の才能も、もともとドイツ語教育から英語教育に換わったため豊富にもちあわせていた。オーガストは神学校卒業時、無事に宣教師候補に選ばれた。彼の第1希望派遣地はブラジルだったという。ところがブラジルはその年空きポストがなく、彼の希望はかなえられなかった。第2希望のアジアの中で、日本の明治学院が教師一名の派遣を希望していた。長老派教会宣教本部は、オーガストにこのポストを提示してきた[61]。オーガストはこれを受けて、日本に派遣されることになった。彼は1905年にヘレン・シドウェル・オールドファーザーと結婚し、さっそく東京へと向かった。明治学院では一般学生に英語と哲学、神学生に組織神学を教えた。一方で日本語を学ぶことも宣教師として重要な仕事であった。彼は東京到着間もなく、教師としてまた日本語学生としての活動を開始した。

第6節　ドイツ系にして長老派のパラドクス

オールドファーザー一家も、ドイツ系だった。父方の祖先はドイツ語読みのアルトファーターであり、ベルリンからアメリカ独立革命前後に宗教の自由を求めて移民した。母方ははっきりとした出身地不明だが、南ドイツかスイス貴族領出身だという。いずれにせよプロテスタントではあるが、ルター派だった。ところがライシャワー家と同様に長老派に改宗し、ヘレンの親の代は宣教師としてペルシャ（現在のイラン）北部に派遣された経験をもっていた。ヘレンはペルシャで生まれているので、親子二代にわたってライシャワー家はアメリカ国外で生まれている[62]。ヘレンの父、ジェレマイア・オールドファーザーはオハイオ州モントゴメリー郡に1841年に生まれ、南北戦争に従軍した後、オハイ

オ州のマイアミ大学を経て、レーン神学校を卒業し、1872年にペルシャに渡った。そこで1890年まで過ごした。

　エドウィンが自伝に記すオールドファーザーのペルシャ宣教体験を読むかぎり、キリスト教宣教は失敗だった。彼らは理解されず、クルド族の襲撃を恐れ、貧弱な宣教師館での生活に耐えた。ヘレンをはじめ、オールドファーザー家の子どもたち全員がペルシャ生まれなのに、まるでペルシャのことを懐かしがりもせず、ペルシャ文化の影響も受けていなかった[63]とエドウィンは記している。ここから考えれば、ジェレマイアはほとんどペルシャ人たちと接触できず、彼の宣教はキリスト教徒で現地に在住する人々に限られ、一般のペルシャ在住者とは接触がなかったと考えられる。ペルシャ人たちはイスラム教徒が多く、キリスト教に改宗するのは禁止されていた。それどころか宣教師はキリスト教宣教の名目で欧米侵略の手先と判断され、しばしば危害にあった。オールドファーザー家の場合、ジェレマイア本人や家族が危害にあって死亡したり、けがを負ったりしなかったので幸運な方だ。だがそうなる危険性はつねにあった。ゆえにペルシャ文化から家族がまったく影響を受けなかったと考えられる。1890年にアメリカに戻ったのは、子どもたちの教育のためだったとエドウィンは記しているが、ペルシャでの宣教が失敗したのも原因の一つであろう。ジェレマイアはハノーバーで牧師をし、1910年に講壇で説教中に倒れ、亡くなった。オーガストとヘレンが出会ったのは、ハノーバーの教会であった。

　さて、この章で考えたいのは、彼らはなぜドイツ系でありつつ、長老派に改宗し、宣教師となったかである。このような例が少なかったことは、エドウィンの伝記の中で、母方の祖母がドイツ系にもかかわらず、スコットランド系であるかのごとくに振る舞った[64]と記してある。ドイツ系の多くはルター派かカトリックであり、長老派になることはドイツ系社会からの離脱を意味していた。だからといってドイツ的な読みのアルトファーターという名前を英語的なオールドファーザーに変え、スコットランド系のふりをしたのは、ドイツ系が当時の長老派教会において完全で受け入れられなかったからだ。ドイツ系であることは当時のアメリカ社会においては、二級市民を意味した。彼らが社会的地位を向上するのにはさまざまな障害があった。彼らは長老派に改宗し、さらには宣教師となって、そのような障害を打破しようとした。だが失敗、彼らが

完全にはアメリカ社会で差別を受けずにすむ状態にはならなかった。現在なら多言語を操ることはアメリカでもプラスの価値だが、単一言語で子ども時代に教育されねば言語も完全に操ることができないとの理論が優勢だった19世紀末では、ドイツ語と英語が使えると、両方とも不完全と見なされ、マイナス要因だった。ゆえにイギリス系社会で暮らしていくことを選んだ彼らは出自を隠し、バイリンガルであることを隠して生きていく必要があった。

　そういう彼らにとって、バイリンガルであることを生かしてさらに他言語をマスターし、他の文化を理解して宣教師として活躍することは、アメリカ社会の中で地位を上げるための数少ない手段の一つだった。宣教師であれば多言語運用能力はプラスだし、他文化理解に優れていることは宣教に有用と見なされた。宣教が成功し、多くの改宗者を得られれば成功であったし、宣教地では知識人として現地の上流・知識人階層と交わるチャンスもあった。そういう意味で宣教師こそ、ドイツ系で長老派というどちらの社会からも排除された人々にとって望ましい仕事だった。ジェレマイア・オールドファーザーは成功した宣教師にはならなかったが、アメリカに戻ってからドイツ系改宗者のために英語とドイツ語の2言語で説教のできる牧師として一定の成功を収めた。さらにオーガストは、多言語運用能力をフルに活用した宣教師として成功することを願った。時は20世紀初頭、それまでのキリスト教社会優位の思想から、他の宗教、思想と対話しながら宣教を進めていこうとする考えがキリスト教宣教団の中にも有力となった。そのことがオーガストの多言語運用能力や、さまざまな文化、思想を知っていることとマッチした時、宣教師としての成功の道が開かれた。日本は仏教がさかんで、伝統思想や古い文化をもつ国として、じつはオーガストの資質をフルに生かす場であった。オーガストの成功は、赴任先によって決まった面も多かった。

第7節　オーガストの大著『日本仏教の研究』

　オーガストは1905年に日本に着任し、明治学院で教鞭を執った。長老派では宣教師は教会立学校で教鞭を執り、学生たちを一人前の伝道者に育てて現地人伝道者として宣教にあたらせることが多かった。オーガストもその一例であ

り、直接宣教にたずさわる形態をとることが多かったダニエルら、メソジスト派の宣教師たちとは対照的である。おしなべて、実践を重んじ、教義は実践のガイドライン的な色彩の濃いメソジスト派と違い、長老派では教義こそが教会を支える重要な柱であり、教義の裏づけなき実践にはさまざまな問題がおこると考えた。そのため長老派宣教師は教義に関して厳密なトレーニングを受け、審査を経たうえでないと伝道者になることはなかった。長老派では教義を重んじるゆえに、現地人伝道者に十分な教義教育をおこない、審査して牧師として派遣するほうが望ましいと考えた。だがこのような教育にたずさわる宣教師という背景が、自分の信じる「キリスト教神学」と比較して、「日本仏教宗学」を重視して論じる『日本仏教の研究』を生み出す原点となった。

　だが『日本仏教の研究』ができる背景には、もう一つの重要な要因を必要とした。20世紀初頭のキリスト教と他宗教との対話促進である。この流れはそれまでのキリスト教至上主義の流れに疑問の目を向け、他の宗教やそれを支える他の文化にも一定の真理が含まれていると評価するものだった。この考えが北米の教派指導者側に共有されていなかった場合、彼の研究は日本仏教をキリスト教と並んで救いにいたる一定の真理を伝えるものとして評価しているため、異端ともなりえた。だが時代は変わっていた。宣教地の宗教や文化の理解と比較をおこなって、初めてキリスト教がどのような形で「救い」にいたるかをしめすことができるとの考えが優勢になった。この流れに乗って初めてオーガストの研究は可能になった。

　このように先駆的であり、しかも後世に残る仕事となったオーガストの日本仏教研究であるが、この研究に行き着くまでの彼の変遷を見てみたい。オーガストが最初に出した本は1910年に出た『魂の不滅について』[65]というキリスト教教義の解説書であった。明治学院神学部で教えたキリスト教教義をまとめた著作であり、「なぜキリスト教では死んでも魂は不滅であると説くのか」と記すごく一般的な教義解説書である。そこには後年の仏教研究でキリスト教の教義を相対化する考えは見られない。ところがこの本を出版した後、オーガストは日本人を支える宗教思想、とくに仏教思想の研究と理解なくして、日本人にキリスト教の真理を伝えることはできないと感じた。いくら魂の不滅を説いても、日本人がどう魂をとらえているかを知らずして、伝えることはできない。

第1章　偉大なる父たちの影響

　こうしてオーガストは仏教指導者たちと交わり、彼らに仏教教義を習い、それを理解する仕事をはじめることにした。
　仏教研究をはじめるためには、越えねばならない山がいくつかあった。まずはキリスト教教義の相対化だが、これは両宗教の対話促進の流れで可能となっていた。だがもっと大きな山があった。それまでの宣教師が習ってきた日本語は聞いたり、話したりが中心で、読み書きに関しては不十分だった。しかも仏教経典の多くは漢文で書かれており、教義解説書は古文が多かった。漢字が読めて初めて経典や教義解説書を読みこなすことができる。この時点では欧米向けの漢文・古文教育のシステムが整っていなかった。そこでこの点に関しては専門性の高い僧侶たちの助けを借りながら、オーガスト自ら努力して身につける必要があった。漢文・古文読解力に関して言えば、オーガストの進歩は目を見張るほどだったとされる。彼は1911年に研究休暇でアメリカに帰るまでに、一通りの漢文・古文読解力を身につけ、それを英語で表現できた。そして仏教経典の多くを自ら読みこなすことができ、概要を英語に翻訳した。帰国後、ニューヨーク大学から哲学寄付講座で日本仏教に関する講義をおこなうことを提案され、オーガストはシカゴ大学神学部で日本仏教に関する博士論文をまとめた。結局オーガストは日本での研究の成果と、英語で書かれたわずかな先行研究を参照して、日本仏教研究の博士論文を出した。これは高く評価され、シカゴ大学から神学博士号が1912年に授与された[66]。オーガストは同年からニューヨーク大学で日本仏教講座をおこなうようになった。さらにはプリンストン神学校などでも同様な講座をおこなった。このような講座での反応もふまえて、彼の主著である『日本仏教の研究』[67]が1917年に出版された。注と参考文献を含めて、366ページにわたる網羅的な日本仏教の研究書である。
　『日本仏教の研究』は以下のような構成である。　序文(Introduction)、Ⅰ. 仏教の起源(1. Buddhist Origins)、Ⅱ. 原始仏教から大乗仏教への発展(2. Development of Primitive Buddhism into Mahayana Buddhism)、Ⅲ. 日本での仏教の発展(3. Development of Buddhism in Japan)、Ⅳ. 日本で知られている仏教の戒律(4. The Buddhism Canon as known in Japan)、Ⅴ. 日本仏教の主要教義の概要(5. Outline of Main Doctrine of Japanese Buddhism)、Ⅵ. 仏教徒の倫理(6. Buddhist Ethics)、Ⅶ. 日本人の生活に対する仏教の位置づけ──

過去、現在、未来(7. The Place of Buddhism in Japanese Life―Past, Present and Future)の7章である。キリスト教神学が聖書学、教義学、歴史神学、実践神学の4部門になっているのと対比する形で、欧米知識人が日本仏教の概要を理解できるように構成された。第1章から第3章までの部分が仏教の歴史を取り扱っており、いわば仏教の「歴史神学」に当たる。第4章は仏教経典の問題を扱っており「聖書学」である。第5章は仏教戒律を扱っているところから「教義学」にあたる。第6章は倫理を扱っているから「実践神学」と言ってよい。第7章は全体のまとめとこれからの日本仏教の課題を取り扱っている。全体として、それまでのキリスト教宣教師にありがちだった仏教を「劣った異教」と見なさず、1910年代の最高の研究の成果をつぎこんで、日本仏教の特徴、その多様性、美点と欠点を冷静な視点で記述している。

序章[68]で仏教に関して欧米人が投げかけるさまざまな疑問点、問題点を列記し、それにこの本で答えていくと語る。第1章、第2章は日本仏教理解の前提となるインドおよび中国での仏教の歴史である。第1章[69]ではインドにおいて仏教が釈迦によって形成されるにいたる状況や原始仏教の教義、そしてなぜ仏教が成功した宗教となるにいたったかを概説する。第2章[70]ではインドで栄えたアショカ王時代の仏教がどのようにして釈迦の時代の仏教から大乗仏教へと変化し、それが東に伝わって中国でひろがり、繁栄していったかを論じている。第3章[71]から日本仏教に関する歴史記述がはじまる。古代から現代までの仏教史について語られる。第4章[72]で「経典」について語られる。日本の仏教経典はキリスト教の聖書に比べて膨大で、結果として宗派ごとに特定の経典を重んじ、解釈も大きく異なる。第5章[73]では日本仏教の教義を取り上げ、「誤りを正して理解に導く」考えを取ると示す。教派により救済概念が違うが、釈迦生誕後56億7000万年後に現れる弥勒菩薩が最終的救済者となる。第6章[74]は倫理について述べ、日本では本来の十の徳目から喜捨、徳性、忍耐と自制、勤勉の4つに減らされた。第7章[75]ではこれからの仏教について述べ、神道やキリスト教の在り方を安易にまねず、原始仏教での仏陀の教えに戻ることが重要とした。

オーガストは日本仏教がインドや中国仏教と異なることを強調した。それは日本古来の神道や日本人の倫理思想、そして日本文化の影響を受けて独自の発

第1章　偉大なる父たちの影響

展を遂げ、日本文化に対応する形に変化したためとオーガストは主張する。また、中世末期にキリスト教がもてはやされたが、鎖国時代にはキリシタン禁制のために仏教が国策として保護され、神仏混淆も進んで特殊なものとなったと主張する。そして現代日本では「近代化」の流れに乗れなかった仏教は困難な状況だが、未だ日本人の多くの心をつかむ宗教であり、これを知らずして日本を理解することは困難であることがしめされている。さらには仏教は自ら「革新」されねばならないと主張することで、それまでの宣教師の異文化研究にありがちだった「キリスト教文明の優位性」を完全に乗り越えた。

こうしてオーガストは、日本仏教をキリスト教、とくにプロテスタントと比較して、北米のプロテスタント神学者、牧師たちにも日本仏教の特徴がよくわかるように工夫をした。その試みは成功をおさめ、オーガストはニューヨーク大学哲学記念講座の講師や、アメリカの神学校などで集中講義をおこない、「今後のキリスト教海外宣教は、キリスト教徒の数を競うのが目的ではなくて、現地の状況をよく理解して、そのうえでキリスト教の教えにかなう社会を作り出していくところにある」というオーガストの主張が広く受け入れられる素地をつくった。また引きつづいて多くの宣教師たちが、キリスト教優位論を抜け出して、対等なものとしてアジアの宗教・倫理を研究していくきっかけをつくったことでも大きく評価できる。

オーガストのこの研究は北米社会で反響を呼び、『日本仏教の研究』に影響されて日本の宗教、思想研究が進んだ。この本は1917年の初版以来たびたび再版されており、亡くなる前年の1970年にも再版されたほど息の長い研究書となった。オーガストは英語圏におけるこの分野の始祖かつ重鎮となった。オーガストはつぎつぎに類書を出版した。彼の研究は北米から日本に派遣される宣教師たちの「日本宗教理解」の基本文献となった。

彼の研究テーマは浄土系の宗教、とくに浄土真宗に集中していた。オーガストは浄土真宗の僧侶を中心に、多くの仏教僧侶、思想家と交わった。そして日本アジア協会の副会長を長く務め、英語による日本研究の草分けとして影響力をもった。エドウィンが円仁研究を進展させる際にも父オーガストが仏教サイドと培った人脈の太さが寄与している。まさにオーガストの日本仏教研究なくして彼の子どもたちの研究は考えられないものであり、それがその後の北米に

おける日本研究に与えた影響も大きいと言えよう。オーガストはこの著作によって著名宣教師の仲間入りをし、「アメリカン・ドリーム」を実現した。

第8節　東京女子大学、日本聾話学校の創立とライシャワー家の関与

　オーガスト夫妻のもう一つの功績として、東京女子大学、日本聾話学校を創立し、発展させることへの貢献がある。まず東京女子大学創立までを振り返る。

　オーガストは日本には識見のすぐれた宣教師たちが多く在住し、学校で教えていると知った。また日本人キリスト者もレベルの高い教養と専門知識を身につけた人々が少なくないとも知った。その力を結集すれば、レベルの高いキリスト教主義高等教育機関を設立できるはずだ。日本は教育レベルが高く、政府も教育の拡充に熱心なので、初等教育レベルに関しては全国に均質な公立学校が存在している。中等教育に関してもまだまだ十分ではないが、公立学校、私立学校を合わせるとそれなりのレベルに達している。だがその初等、中等教育の充実と比較すると、高等教育が不十分だ。とくにキリスト教主義学校に関しては、帝国大学や高等専門学校・旧制高等学校の後塵を拝していた。何が問題か。教派単位でキリスト教主義学校が設立されており、財政が脆弱で、せっかくの優秀な人材も教派単位で分断されている。専門学校と言っても、学生数は少なく、教師もいろんな科目のかけもちをしていた。教派の枠を超え、教師と学生を集めてレベルの高い教育をおこなえば、キリスト教主義学校が帝国大学や高等専門学校に対抗できるレベルになる。各教派の優秀な人材と資産を集めて、男子学生を集めるキリスト教主義総合大学を建てるべきだ。こうオーガストは考え、宣教本部にこのプランをアピールした。だが本部はこのプランを採用しなかった[76]。オーガストは過去にイビー、新島襄らが出した「帝国大学に匹敵する」キリスト教主義私立大学構想が挫折した状況を知らなかった。いずれも神学部を含めて統合することをめざし、各教派幹部の疑心を招いた。

　そこでオーガストは、日本政府もあまり着手していない女子の高等教育機関設立という可能性を追求した。中等教育レベルに関しては、キリスト教主義学校がレベルの高い女子中等教育機関として上中流階級の女子生徒を多数引き寄せていた。その結果、多くの上中流階級の女性がキリスト者になったり、キリ

第1章　偉大なる父たちの影響

スト教の影響を受けた。また職業婦人として、学校教師や看護婦、保母などの専門職、あるいは上中流家庭夫人となった。この流れを推し進め、政府サイドがほぼ未着手の高等教育レベルでキリスト教会がイニシアティブをとれば、女性たちの社会進出も応援することになると、オーガストは思案したのであった。こうしてオーガストは、女子教育にターゲットを絞った教派連合高等教育機関の設立を宣教本部に訴えた。東京帝国大学教授、第一高等学校長を務めて日本政府に影響力をもち、後に国際連盟事務次長となるフレンド派の新渡戸稲造[77]という有力者を得て、オーガストの構想は各教派本部が認めた。東京女子大学が、日本初の教派連合事業として1918年に設立された。

東京女子大学設立後、オーガストは同大学に移り、常務理事として新渡戸学長と安井哲学監(第2代学長)を補佐した。各教派から資金を募り、大学の施設を充実したり、優秀な教師を任用したりに尽力した。1925年につくられた宣教師館に、オーガスト一家は入居した。オーガストの尽力で、この他にも図書館などの建設・運用資金を欧米から集めた。オーガストは、日米開戦の直前の1941年3月まで東京女子大学に在籍し、同大学が日本の女子高等教育機関の牽引車となるのに貢献した。ライシャワー家と東京女子大の関係は子どもにも引き継がれ、長男ロバートが博士論文執筆中の1933年から34年にかけて専任講師として西洋史を講義し、さらに弟エドウィンも1955年から56年にかけての在外研究の際に客員研究員となり、日米関係などを教員たちに講演した。

もう一つ、オーガスト夫妻が関わった学校として、日本聾話学校[78]の設立があった。現在も日本唯一の私立聾学校として東京都町田市に存在する同校が設立された背景には、娘フェリシアが、出産時の病気のために聴覚障害者として生まれたことが関係する。フェリシアは小学校就学時にはアメリカに渡り、聾学校で口話法を習ってマスターした。後にフラワー・アレンジメントの技能を身につけ、職業婦人として立った。フェリシアが成長するのを見るにつけ、オーガスト夫妻は日本人の聴覚障害者たちが放置され、教育を受ける機会を得られないのを問題視した。彼らは宣教本部を説得し、1920年に東京市牛込区矢来町の福音教会(現・日本基督教団シロアム教会)内に日本聾話学校を設立して、聴覚障害者児童たちに口話法と基礎学力、技能教育をおこなった。ヘレンが初代校長になり学校運営を軌道に乗せた。同年にアメリカ長老教会の婦人宣

教師クレーマーを専任教員として招聘し、彼女がさらに多くの聴覚障害者日本人生徒を集めた。聴覚障害者の子どもたちを早い段階で教育することで、健聴者に負けない能力開発ができるように、ライシャワー・クレーマー学園という乳幼児段階からの教育施設を1977年に併設している。口話法で教育をおこなっており、会話が可能になった段階で一般学校に移り、普通高校を経由して大学進学する児童・生徒が多いのが特徴である。

このようなオーガストの働きは、女子高等教育と障害児教育の先駆的な例として、日本社会によい影響を残したと結論づけられよう。

第9節　ノーマン家とライシャワー家の人生の交差、軽井沢と大正デモクラシー

ノーマン一家とライシャワー一家は、いずれも軽井沢に別荘をもち、毎年7月から9月にかけての約2ヵ月間を過ごしていた。両家族は礼拝を軽井沢ユニオン・チャーチでおこない、子どもたちはともに遊んでいた。ここでノーマン家とライシャワー家の人生の交錯がおこったことになる。彼らはどのようにして、軽井沢で交わるにいたったのだろうか。

ダニエルは当初、彼が別荘地として開発を主導した野尻湖に別荘をかまえる予定だった。野尻湖は、ふだんダニエルが巡回伝道をおこなっている北信地方にあり、なじみ深い湖でもあった。ダニエルの出身地に近い著名湖水リゾート、ムスコーカ地方によく似ており、別荘地として開発しようとした。すでに軽井沢は別荘地として開発が進んでおり、しだいに混みはじめていた。また軽井沢はヨーロッパや北米の山岳リゾートの趣があり、別のリゾートの形態として湖水リゾートも並行して開発するほうが望ましいと考えた。彼は湖の西北側に別荘地帯をつくり、宣教師と日本人キリスト者を中心に分譲しようと考えた。軽井沢と同様に宣教師と日本人が混住し、真ん中に小さなユニオン・チャーチをつくってともに礼拝する形態をとることを計画した。

ところが、宣教師を中心とした野尻湖の別荘開発組合は、ダニエルが出した「外国人と日本人の混住」プランに激しく反対した。軽井沢はすでに日本人と混住地となっており、軽井沢ユニオン・チャーチにも日本人が出席していた。

第1章　偉大なる父たちの影響

　これに対してダニエルは野尻湖を外国人専用とするのは、日本での別荘開発の趣旨に反すると、敢然と反対した。しかし、野尻湖別荘開発組合に参加した宣教師たちは、軽井沢別荘地の混住状況に不満をもっていた人が多かった。話しあいは平行線をたどり、多数決で、野尻湖の別荘地は外国人にだけ分譲することに決定した。ダニエルは「この決定は日本人に対する差別である。日本に住んでいながら、彼らの土地から日本人を排除するのはまちがっている」[79]と強く反発し、別荘開発組合から離脱した。結局ダニエルは軽井沢に別荘をかまえた。一方、オーガストは軽井沢が東京に比較的近いので、当初から軽井沢に別荘をかまえた。こうして両家は軽井沢で避暑をすることになった。

　ではなぜ、ダニエルは自分が主唱した野尻湖別荘開発から離脱して、あえて軽井沢に別荘をかまえたのか。その理由は、通信施設や交通手段などが不備な当時、避暑期間に宣教師や日本人キリスト者のリーダーたちが集まって、聖書研究・神学研究、教会のあり方、各地の情報交換をおこなったりと、避暑に合わせて会議を集中しておこなうことが目的だったからである。ダニエルにとって見れば、避暑期間に自由に会い、気軽に話し合える人々が宣教師だけでは問題があった。日本人キリスト者のリーダーたちと学びをし、彼らとともに日本のキリスト教、将来像に対して議論を交わすことこそ、本当の避暑の目的であった。もし日本人が排除されてしまえば、彼らからの有用な情報も手に入らず、協同活動も難しい。日本人が一緒に活動に参加して避暑の意義があった。実際に軽井沢には多くの日本人キリスト者が出入りしていた。多くの日本人キリスト者リーダーたちが軽井沢に別荘をかまえていたし、賀川豊彦ら別荘をかまえていない日本人キリスト者リーダーたちもしばしば軽井沢を訪れていた。羽仁五郎は一高から東大法学部在籍時代にキリスト者仲間と軽井沢を訪れ、若き日のハーバートやエドウィンたちがテニスコートで球拾いをする場面を回想記で描写している[80]。ハーバートは通訳官として日本滞在中の1940年前後に、羽仁五郎に日本史を学んでおり、このときの軽井沢の出会いが縁となった。戦後の1948年から65年まで侍従長を務めた三谷隆信の姉、女子学院長三谷民子も軽井沢に別荘をもっていた。エドウィンは三谷家とのつながりで皇室情報を豊富に得ることができた。日本人キリスト者たちは、聖職者やキリスト教関係団体の教師、医師たちだけでなく、政界、財界、官界、学界に広く分布しており、

宣教師たちと彼らとの交わりは日本の将来像を描くうえで有意義だった。

　とくにノーマン家とライシャワー家の子どもたちが物心ついた折は、日本人キリスト者が主導した「大正デモクラシー」がさかんになる時期だった。東京帝国大学法学部教授の吉野作造は大正デモクラシーを鼓舞したが、彼も本郷組合教会員であった。賀川豊彦は1919年に神戸の大争議を指導して労働運動で名をはせ、1921年にユニテリアン教会員の鈴木文治をリーダーとして初の合法的労働組合、友愛会を設立した。また賀川は同じ1919年に適正価格で生活用品を購入して自分たちの生活を守るため、アメリカですでにおこなわれていた生活協同組合運動を労働者たちへ提唱し、1921年に神戸購買組合（現コープこうべ）を設立することに成功した。1925年の普通選挙法成立とともに、労働運動指導者たちは彼らの意見を反映する政党を作った。同年にユニテリアン教会員の安部磯雄を委員長、長老教会員の片山哲を書記長とする社会民衆党がそれだ。このように大正デモクラシーや労働運動、社会民主主義運動のリーダーたちの多くはキリスト教のリーダーでもあり、軽井沢に出入りしていた。とうぜんのことながら彼らは軽井沢の教会でダニエルやオーガストを含む宣教師たちと礼拝をともにし、さまざまな研究会で意見を交わすことになった。日本人キリスト者リーダーたちは宣教師たちを通じて世界情勢を知り、宣教師たちは日本人キリスト者リーダーたちから日本社会の内情を知った。相互の交流が大正デモクラシーの推進に役立った。

　このように軽井沢は重要な情報交換の場であり、日本の民主主義の発展に寄与する場となった。それゆえにダニエルは宣教師たちだけで固まる野尻湖を避け、軽井沢に居を移したのであった。また子どもたちも親の活動や接してくる日本人キリスト者を通して、日本の自制的な民主主義運動の進展を見ることができたのであった。そのような意味で軽井沢に別荘をかまえたダニエルとオーガストの決断は、両家の子どもたちが大正デモクラシーとその後の軍国主義化の動きとを対比させて考える際に、さまざまな意味で影響を与える体験となったのであった。

第1章　偉大なる父たちの影響

第10節　長野のノルマンと農村改良運動

　第3節でダニエルの長野での活動に触れ、彼が農民伝道に力を入れたことを書いた。彼のつくった農村教会は、北信地方に多数存在した。現在は長野市郊外となっているあたりも、1930年代には農村地帯で、彼らを対象とした伝道所が多数存在した。岩村田教会、屋代教会など都市と農村の境界地帯のものは戦後継続したが、その他は戦時下弾圧で消滅した。1930年に長野へ赴任してきたアルフレッド・ストーン[81]は、トロント大学で神学を修めるかたわら、農業経済学を学んだ人物だった。彼は1902年にオンタリオの農村地帯で生まれ、実家は農家であった。祖先はアイルランド系メソジストとしてさまざまな差別に直面し、厳しい条件の耕地で働いてきただけにキリスト教社会主義を信奉していた。ダニエルが小作農として働く長野の農民たちに深い同情心を寄せていることにストーンもまた共感した。そしてその同情心に農業経済学で培った社会科学的な分析が加わった。

　ダニエルの妻キャサリンは神戸のカナディアン・アカデミー奉職のため別居中であり、子どもたちも独立してカナダや日本に居住していたので、ダニエルは一人で長野の宣教師館に住んでいた。ストーンはダニエルから見ると長女グレースと同年齢であり、宣教師館にともに住むことになった。二人は語りあい、賀川豊彦の農民福音学校事業をモデルに、翌年農民福音学校を開設した。ここを農民たちへキリスト教の知識の普及と社会学、経済学などの視点から見た農村問題を学ぶ場とした。第1回の農民福音学校は1931年7月に信濃村の古間伝道所を会場にして開かれ、ダニエルは聖書学やキリスト教史、西洋史などの講義のほか、「キリスト教とマルクス主義」という主題の講座も担当した[82]。この内容を記したメモは現在残っていないが、ダニエルが同主題の著作を読んだ感想[83]は彼の日記の中に記されており、ほぼ同内容だったと考えられる。

　ダニエルの日記によると、キリスト教とマルクス主義は、どちらも人類の救いを最終目標にしている。だがキリスト教はイエス・キリストの救いの力によってそれを実現しようとし、マルクス主義は共産主義革命によってそれを実現しようとしている。だが、愛の教えがないマルクス主義は暴力を肯定し、最大多数の幸福のために少数者の不幸を容認する。よってキリスト教の立場からは、

マルクス主義の理念には賛同するが、マルクス主義の手法には賛成できない。キリスト教の掲げる愛の理念はすべての人が幸福になることを望むものだ。

　一方ストーンは、教義学やキリスト教実践のあり方について、そして農村社会学や農業経済学などを講じた。ストーンの伝記に引用されている農村宣教研究所時代の受講生の回想によると、ストーンの経済学は一般に事例主義であったと見られる。理論を尊ぶ受講生たちから不満の声も出た。この他に幾人かの日本人講師による講座もあった。受講する側からすると、実践的な農業経営などを学べるわけではなく、学問的な水準が高いわけでもなく、中途半端に実践を重んじた内容だったので全般的に不満の残る講座だった。このため農民福音学校は長つづきせず、1934年のダニエルの隠退に伴って中止となった。その後、戦争が激化するのに伴って農民たちからも出征者が増え、また戦時経済下で農村の状況自体が激変したので、復活できなかった。戦後も農民福音学校は長野で復活せずに終わった。ダニエルは老いていて、ストーンは農業経済学に詳しいが、未曾有の大恐慌への対処は思い浮かばなかった。それが戦後の復活を困難にした。

　1934年、ダニエルは引退した。長野市に住んでいては後任のストーンに迷惑がかかるため、ダニエルは長野の宣教師館を引き払った後は、長野市外に転出することにした。しかし、親戚も友人も少なく、なじみも薄くなったカナダに帰る気にはなれず、住みなれた軽井沢の別荘を引退後の本宅として住んだ。引退後は緊急時を除き、説教などもしないと決めた。

第11節　暗転——軍国主義の時代とダニエルの死、オーガストの日本退去

　1934年に引退したダニエルは、日本に残ることにした。ダニエルは軽井沢の別荘族の取りまとめ役を長年務めたため「軽井沢の村長さん」とも呼ばれており、なじみの人物だった。彼は別荘を改良して通年利用し、引退生活を楽しんだ。すでに長女グレースと長男ハワードは宣教師として日本に戻っており、孫の顔を見ながら「第二の故郷」日本で晩年を過ごし、死後は軽井沢の外国人墓地に葬ってもらうように手はずを整えていた。カナダはダニエルにとっては遠い存在で、日本にたくさんの知りあいがいる状態だった。ダニエルは背があ

第1章　偉大なる父たちの影響

まり高くなかったため、日本の老人とまちがえられることすらあった[84]という。

ところが1935年から、状況は暗転していった。1935年にダニエルが宣教本部宛に出した手紙の中で、近年の日本の軍国主義的風潮に批判的な所感を書いた[85]。この手紙は英語の手書きで書かれているが、この書簡が検閲対象となり、ダニエルが日本政府に批判的な見解をもつと判明した。ダニエルは特高警察の監視対象になった。ダニエルは賀川豊彦をはじめとした労働組合、農民組合の指導者たちと長年にわたって交流があり、本人自身も社会主義の影響が濃かった。それゆえ軍国主義の時代になって、労働組合、農民組合運動自体が監視対象となっているため、ダニエルも監視対象となること自体はありうる。しかし、彼はすでに引退した身で、賀川らとの交流も最小限となっていた。ところが、ダニエルは監視対象となり、訪問した日本人たちも取り調べの対象となり、ダニエル自身も何かと身辺調査された。ダニエルがさかんに労働運動、農民運動に加担していた1920年代には、監視対象となっておらず、賀川らとの接触も自由におこなえていたので大きな変化だった。

以下、特別高等警察の視点からダニエルを見ると、このように判断できるということを書く。ダニエルが国籍をもつイギリスは自らも植民帝国でありながら、日本の満州侵略のことを激しく非難している。またイギリスと仲のよいアメリカもまた日本に批判的である。ダニエルは日本語も流暢で日本人の知りあいも多い。賀川豊彦のように反政府運動の指導者となっている人物もいる。ダニエルはイギリスのスパイであり、イギリス労働党を通して国際共産主義を日本でもおこなおうと考えている人物に違いない。ダニエルの考えや彼の出した情報が子どもたちに影響し、ハワードやハーバートの研究がカナダ・アメリカの対日政策決定に影響したという点を含めて「諜報行為」だととらえるのなら、特高警察の論理が完全な的はずれではない。だが、ダニエル自身はイギリスのスパイなどではなかった。カナダ外務省の関連ファイルを見ても、カナダ合同教会側の関連ファイルを見ても、ダニエルを諜報員として直接活用することがおこなわれた形跡はない。

当時カナダは、日本を主要な諜報対象国にしておらず、多くの情報をイギリスおよびアメリカに委託していた。カナダの独自外交は1928年に成立したばかりで、1930年代は一般的な公館業務自体を立ち上げ、日本専門家を養成す

るのがやっとで、きわめて高度な知識と人脈を必要とする諜報機関をもち得なかった。カナダが国共内戦の関係から、1930年代から明確に諜報をおこなったことが明らかになっている中国の場合でも、中国生まれでピアソンの弟子のため、諜報活動の中心的存在であったカナダ人宣教師ジェームズ・エンディコットがアメリカ諜報機関OSSのスパイを兼務していたことが明らかになっており、独自性は弱かった。

　こうしてダニエルは、日本に住みづらくなってしまった。1939年にはハーバートも日本に赴任し、ノーマン家は全員が日本に集結したが、すでにゆったりと住んでいられる状況ではなかった。日米開戦が近づいていることが明らかになった1940年夏、ダニエルは娘、息子家族とともにカナダに帰国することを決意した。ダニエルは病身となっていた。それを押して1940年大晦日に神戸から乗船し、バンクーバーから大陸横断鉄道利用で1941年1月後半、トロントに到着した。長期の旅が日本を追われた心労に加わり、病気は重くなった。長女グレースの夫の実家、ライト家のあるオンタリオ州ロンドン市にダニエル夫妻が住む家が見つかった。彼らはそこに引っ越し、グレースの看病を受けながら最期の日を過ごした。ダニエルは1941年10月にその家で死去した。軽井沢ではその報を聞き、町の代表と別荘族代表らが主催して、追悼礼拝が開かれた[86]。ノーマン家で唯一日本に残っていたハーバートも参加した。

　ダニエルは第二次大戦後の1946年、長野に対する長年の社会奉仕を記念して、長野市名誉市民に選ばれた[87]。彼の名前は「長野のノルマン」として人々のあいだに広く行き渡った。だが彼が晩年に受けた不名誉な取り扱いは忘れ去られた。名誉市民として名誉回復された後、彼の名前は「長野のノルマン」として、親切でまじめな宣教師として人々に思いおこされるようになった。

　一方、オーガストと東京女子大学も1930年代には苦難の道を歩むようになっていた。初代学長で、日本政府にも影響をもった新渡戸稲造が1933年に死去すると、東京女子大学は政府とのパイプを失い、軍国主義化の中で思うように学校活動を推進できなくなった。政府側は外国人理事が入っているのは日本の学校として望ましくないという態度をとり、1940年までに外国人理事は全員交代させられた。さらにオーガストが常務理事として海外の宣教団から資金援助を仰いでいたことも、日本の学校に外国の影響力をおよぼす行為であると

して、望ましくない行為と断定された。その結果、オーガストは海外へ寄付を募ることができなくなり、東京女子大学の発展が止まった。

　さらには、オーガストにも特高警察の監視の目が光るようになった。オーガストと接触した日本人は取り調べられ、彼自身も何かと理由をつけてはスパイ容疑で特高の取り調べを受けた。さらには1937年の長男ロバートの上海爆死事件は、自らの身に戦争の影が押し寄せたと実感した。ダニエルは長男の爆死に深く落ち込み、彼自身が遺骨を受理するために軽井沢から東京駅に出向くなどとても無理だった。次男エドウィンが代わりに受け取りに行き、その後夏の終わりまで両親とともに軽井沢で過ごして慰めた[88]。もちろんオーガストがこの当時スパイ行為を直接おこなっていなかったと、ダニエルの場合と同じくアメリカ側にそのような文書類はいっさい残っていないことで確証できる。オーガストは善意から東京女子大学の発展に力を尽くしてきたし、また日本人のリベラルなキリスト者と交流してきたのであり、スパイ行為を引き受けるような心性はなかった。このような状況がつづく中で、オーガストは日本に住んでいる意義を見失った。1940年に妻ヘレンの病が重くなり、病気療養をする必要が出てきたことを機に、オーガストは日本を退去することにした。常務理事の職を日本人に譲り、東京女子大学のすべての職を辞し、真相を暴露した手紙を送って、宣教師としての退任願を宣教本部に出した。宣教本部はその状況に驚き、辞任を許可した。オーガスト夫妻は1941年3月に35年間住みなれた東京を離れ、アメリカ行きの船に乗った。オーガストの長年の日本での功績は、これまた省みられないままに、日本を退去せざるを得なかった。戦争の現実が、ダニエルと同様にオーガストの身の上も覆ったのであった。オーガストの日本での功績が再評価されるのは戦後、東京女子大学が日本有数の女子高等教育機関として復活する時代を待たねばならなかった。

第12節　帰米後のオーガスト──比較宗教学者として

　失意のうちに日本を去ったオーガストであったが、彼のような優秀な人材はアメリカで引く手あまただった。翌1941年7月に、オーガストはニューヨークのユニオン神学校教授に就任した。1952年6月に定年で引退するまでオー

ガストはここで国際宗教学を講じた。日本仏教を専門的に研究して、この分野では当時第一人者の彼にうってつけの仕事であった。

　オーガストの研究対象はさらに広がっていった。仏教以外の諸宗教の教義を比較し、それぞれの共通点と相違点を講じた。彼の比較宗教研究の到達点として、1966年にタトル社から出版された『偉大な諸宗教の本質と真実』'The Nature and Truth of the Great Religions'[89]がある。ユニオン神学校でオーガストから教えを受けた桑田秀延・東京神学大学長(当時)が序文を書き、オーガストの業績を賞賛している。この本では、キリスト教、ユダヤ教、イスラム、ヒンズー教、仏教、中国宗教および日本宗教がとりあげられた。オーガストはすべての宗教は平等であり、すべての宗教が同じ真理に向かって到達するための違う入り口に過ぎないとまず定義した[90]。そして宗教ごとの神概念、生活規範、人間の運命、真理のあり方などについて比較して書き並べた。オーガストはこの時点で完全にキリスト教を宗教の一つに過ぎず、真理にいたる一つの方法論と完全に相対化した。

　エドウィンが、両親と自分とでは教会に対する態度はまったく違う、と自伝で述べている。オーガストは最後まで教会に対して忠誠な人物であり、長老派の聖職者として厳しく戒律を守りつづけていた。その表れとして、エドウィンの息子ロバートが結婚する際にはオーガストが司式をしたが、相手の家族はカトリックだったために結婚式参列を許さなかった[91]。またエドウィンが松方ハルと結婚する際には、ハルがクリスチャン・サイエンスであるために当初難色をしめした。結局エドウィンに押し切られ、結婚後はハルの人格を見て気に入ったが、クリスチャン・サイエンス自体は異端であると最後まで考えた。そのような自分自身の信仰と、自らの学問的な考えはまったく分けており、どの宗教も公平に扱うという態度で一貫した。

　1917年の『日本仏教の研究』では、確かに日本仏教の教理を冷静に取り扱い、その内容を性格に分析、描写したことで高い評価が与えられるが、結論のところではまだまだキリスト教サイドから見て、日本仏教を評価する面が残っていた。それがどのような変遷を経て、諸宗教を完全に対等なものとして扱うまでにいたったのだろうか。この間にオーガストが出した著作を見ていくことで、彼の思想変遷を確かめてみたい。

第1章　偉大なる父たちの影響

　まず、1921年に、オーガストは西本願寺の西本師が書いた『真宗百話』を翻訳して、『(仏教)新セクトのカテキズム(A Catechism of the Shin Sect, Buddhism)』[92]と題して、ハワイの真宗出版社から出した。66ページの本で、真宗の教義を学びたい英語圏向けの本であると同時に、英語を話す日系二世向けの真宗教育書としても使われた。さらにオーガストは、1925年にプリンストン神学校でおこなった講義をもとにして、『日本での責務——近代の不可避的宣教の研究』[93]をニューヨークのレベル社から1926年に出版した。この本は、これから宣教師として海外へ向かおうと志望する学生たちに向けられた講義録である。オーガストは、キリスト教宣教師が陥りがちなキリスト教至上主義と、他宗教を邪教視し完全否定することは、かえってキリスト教宣教の邪魔になることを示唆している[94]。第3章と4章では、神道、儒教、仏教と、儒教に関連して出てくる武士道の分析をおこない、一見これらの宗教はキリスト教宣教の障害物に見えるが、実際には宣教の基本をつくりだすものであると示した。オーガストがこの講義録で強調していることは以下の3点である。第一に宗教、民族、文化は共存すべきと主張している。つぎに宣教師や現地のキリスト者が口先でキリスト教倫理を唱えるだけでなく、それを実行することがなければ伝道は成功しないと述べている。最後に宣教の目標は現地社会を「キリスト教化」することではなく、「キリスト教的社会形成」をおこなうことであると語っている[95]。

　この内容から見れば、オーガストはこの時点で19世紀的な中身を問わずキリスト教徒を増やす宣教を完全否定し、むしろキリスト教徒が増えることはなくてもキリスト教倫理が実践されることが「宣教の成功」に当たると主張した。この結果として、オーガストが関わった東京女子大学はキリスト教倫理を背景に感じさせながら学問的真理を追究し、それを伝える大学へと目標を定めた。またユニオン神学校に移ってからも、オーガストはキリスト教徒を増やすためだけの神学校教育を否定したのもとうぜんだった。このようなオーガストが学問に対してとりつづけた態度は、子どもたちにに影響した。オーガストの宣教師像は、人柄はよいがキリスト教を絶対的なものとして人々に信仰することを求めていく旧来の宣教師像とはまったく異なった。むしろ学者としての真理を追究することを一番の目標にした。この態度は、エドウィンが後年の著作の中

でアメリカの価値観を至上のものとして尊重しながらも、他の文化社会のあり方を尊重し、共存することを求めていったことと共通する。

第13節　オーガストの晩年――名誉回復と栄光の時代

　戦争という苦難の時代を乗り越えたオーガストの晩年は、それまでの労苦を報いたものとなった。1961年4月に息子エドウィンが駐日大使として東京に赴任したのを機に、オーガストは日本再訪を計画した。80歳の坂を越えていたがいまだ元気であった。1961年9月に訪日し、2ヵ月間の予定で滞在することになった。

　オーガストには日本政府から勲三等瑞宝章が授与された。さらに東京都はオーガストを29人目の外国人名誉都民に選定した[96]。オーガストは東京女子大学、日本聾学校を訪問し、その発展を喜んだ。さらには友人たちがつぎつぎにレセプションを開き、オーガストは主賓としてユーモアに満ちたスピーチをした。当時急速に発展しつつある日本を見て、自分の人生が報われた気持ちがしたらしいとエドウィンは回想している。オーガストは、日本に歓迎されたこの体験は自分の功績が認められた感を受けたであろう。

　だがこの訪問を最後にして、オーガストは体力が衰え、来日チャンスは二度となかった。オーガストは1970年にエドウィン夫妻と同居していたマサチューセッツ州ベルモントを離れ、より暖かいロサンゼルスの隠退宣教師向け老人ホームに入居した。オーガストは翌1971年に世を去った。彼は自分のまいた種が日本で大きく育ち、自分の労苦が報われたことを自ら見た。日本近代史研究者として期待の大きかった長男ロバートが早世したことはつらいことだったが、次男エドウィンが負けず劣らず優秀な日本史家となり、日本大使にも任命されて、それはそれで報われることになった。日本を追われた1941年の時点では想像もつかないことだった。

　そういう観点では、日本を追われたままで亡くなったダニエルとは違う、人生の達成感を味わったものと考えられる。このような二人の明暗は、子どもたちの明暗にも影響した可能性がある。ノーマン家の子どもたちが若干陰鬱な印象を与えつづけるのに対し、ライシャワー家のエドウィンは数々の苦難にも耐

第1章　偉大なる父たちの影響

えて、いつも前向きで明るかった。これは単にカナダ人とアメリカ人の気質の違いだけでは説明できまい。やはり明るい日本を見、苦労が報われる姿を見ることのできた人たちと、それがなかった人々との差である。

　ダニエルもオーガストも、20世紀前半の日本宣教師を代表する偉大な人物であった。それゆえに、その影響はまわりの人々だけでなく、子どもたちにも大きく影響した。偉大な父たちの影を考慮せずに、子どもたちの活躍と苦悩、そして目標を理解することはできない。もう一度彼ら父たちの事績を深く検証することが、ノーマン家とライシャワー家を研究するために重要であると断言してさしつかえない。

第2章
兄たちの戦いと悲劇

序節　ハワード・ノーマンとロバート・ライシャワーの略伝

　第1章と同じく、この第2章でとりあげるノーマン家とライシャワー家の長男どうしの略歴を最初に紹介する。ノーマン家とライシャワー家の中では、この二人の知名度が一番低い。だが実際に検討してみると、二人のはたした役割は大きい。

　ハワード・ノーマンは1905年、長野県軽井沢町で生まれた。小学校課程はカナダのテキストにもとづいて母親が家庭教育をおこない、中学からは帰国中以外神戸のカナディアン・アカデミーで学んだ。1923年にトロント大学ビクトリア・カレッジに進学、古典学を専攻した。大学卒業後は、オンタリオ州ベルビルにあるアルバート・カレッジで教師を務めたが、1929年に奨学金を得て、イギリス・ケンブリッジのウエストミンスター・カレッジに留学した。帰国後、トロント大学神学部で学び、1932年にカナダ合同教会の日本宣教師になった。新妻のグエンとともに日本に派遣され、まず神戸で日本語を学びつつ活動した後、1933年から金沢孤児院園長を務めた。1938年から39年にかけてニューヨークのユニオン神学校に留学し、「日本主義とキリスト教」のタイトルで神学修士論文を書いた。留学後はふたたび金沢に戻ったが、太平洋戦争間近の状況で日本政府からスパイ容疑を受け、両親、姉夫婦とともに1940年末に日本を退去した。カナダ帰国後、1941年から48年までバンクーバーで牧師を務めた。太平洋戦争とともにカナダ政府がおこなった日系人強制収容に反対した。1948年にはふたたび日本宣教師に任命され、関西学院大学神学部教授となった。同年芥川龍之介の作品を英語に翻訳出版もしている。1959年には関西学院大学を辞任し、トロント大学神学部で「内村鑑三」に関して論文を書いたが受理されず、名誉神学博士号が与えられた。1960年からは、長野県松本市に本拠を置いて開拓伝道をおこない、1966年に「塩尻アイオナ伝道所」を設立した。1971年に宣教師を辞任し、カナダ・トロントに居を定め、妻グエンとともにカナダ合同教会の日本宣教関連史料の整理にあたった。1979年にこの仕事からも引退し、1987年にトロントで死去した。

　ロバート・ライシャワーは1907年に東京で生まれた。両親の休暇時以外は、

第 2 章 兄たちの戦いと悲劇

東京のインターナショナル・スクールで小学校から高校までの課程を終えた。1923 年にアメリカ・オハイオ州にあるオーバリン大学に入学。さらに 1929 年にはハーバード大学大学院に進学して、日本近代史を専攻した。1934 年に「日本における外国人の土地保有制度の変遷」で博士号を取るまで、1932 年から約 2 年間東京に滞在し、立教女学院や東京女子大学で英語や西洋史を教えた。博士号取得後はプリンストン大学の東洋学専任講師に就任した。1937 年には『日本古代史、紀元前 660 年から 1332 年まで』を出版したが、その年の夏に日本と中国に研修団を連れて訪問した際、上海で爆撃機の誤爆巻き添えとなり死亡した。死後、彼のプリンストンでの最後の講義録をもとにして、1939 年に『日本－政府と政治』が刊行され、日本近代政治に関する重要な著作として、対日政策立案に用いられることとなった。

この二人の事績を時代ごとに交錯させ、二人の事績と弟たちへの影響を描く。

第 1 節　ハワード・ノーマンとロバート・ライシャワーの幼少時代

ハワード・ノーマンは 1905 年 9 月に軽井沢で、ロバート・ライシャワーは 1907 年 5 月に東京で生まれた。父らの後継者として嘱望されて育てられた[97]。

ハワードは「二代目宣教師」へ育った。小学生課程の教育は自宅で、教員資格をもつ母キャサリンがカナダの教科書と国語国定教科書を使っておこなった。1917 年、神戸のカナディアン・アカデミー[98]に入学し、寄宿舎生活をしながら教育を受けた。神戸にカナディアン・アカデミーができた理由は、1907 年にカナダ・メソジスト教会が関西学院へ宣教協力として教師を派遣し、兵庫県在住の宣教師が増えたためだ。関西学院はカナダ人教師の加入によって、それまでの南部メソジスト教会（アメリカ）単独運営時代より、トロント大学卒業生などが加わり、教育レベルが向上しリベラル色が強まった。結果関西学院が旧制大学の資格を満たし、神学部を除いて昇格[99]した。カナディアン・アカデミーの教育は国定教科書を用いる日本語教育を除いて、すべてカナダの公教育に準じた。またカナダ・メソジスト教会の設立ということから、キリスト教主義学校の色彩を帯びていた。中国や朝鮮にはカナダ人向け中等教育機関がなく、現地在住のカナダ人宣教師子女らも同校で教育を受けた。中等教育として

は、本国の高水準ハイスクールと遜色なく、宣教師たちが本国に帰った際には本国のハイスクールで教育を継続し、帰任後はふたたびカナディアン・アカデミーに編入した。ほぼ全員が大学進学を希望しており、大学進学予備課程であるグレード 13 を受けた後、本国の大学に入学した。ハワードは順調に課程をこなし、1923 年にトロント大学ビクトリア・カレッジに入学した。

　一方、ロバート・ライシャワーは小学校課程から、帰国時の本国学校編入や一年間の家庭教育を除いて、東京のインターナショナル・スクール[100]で教育を受けた。インターナショナル・スクールもまた、国定教科書利用の日本語教育課程以外はアメリカの一般的カリキュラムに準じていた。とはいえ、多国籍の生徒が在籍しているため、露骨なアメリカ愛国教育は控えられた。ロバートは学業面でとくに優秀であった。ロバートもハイ・スクール課程まで修了し、1923 年にオーバリン・カレッジへと進学した。

　二人は弟たちと同じく、軽井沢の教会とテニスコートでパートナーとして仲よしになった。先述したとおり、軽井沢は外国人と日本人共通の避暑地として開発された。キリスト教と大正デモクラシーは密接な関係があった。大正デモクラシーのリベラルな気風を担った人々が、軽井沢のキリスト教人脈と関わり、宣教師たちと親交を持った。ノーマン兄弟、ライシャワー兄弟は、「大正デモクラシー」を推進した日本人キリスト者と子ども時代から間近に接した。彼らは日本には自立した民主主義の胎動があると感じた。

　さらに、第一次世界大戦の日本への影響も考えねばならない。ヨーロッパ社会では第一次世界大戦は本格的な戦闘が長期間継続し、それまでの繁栄と平和な社会が一変する事件だった。その苦しい体験が非戦主義の動きを加速するとともに、敗戦国への過酷な賠償条件が大恐慌の引き金ともなり、ファシズムもたぐり寄せた。ところが、日本の場合は第一次大戦勝利で「一等国」として世界から承認された。もちろん戦後不況はあったし、農村地帯の生活レベルは低かったが、戦場となったヨーロッパのように深刻ではなく、むしろ政治大国として誇りを持ち大正デモクラシーをさらに促進させる条件ともなった。このような「躍進する日本」を実地に見て育ったノーマン家とライシャワー家の子どもたちは、依然として固定観念でアジアを見ている北米社会で青年時代を送ることになり、逆カルチャーショックを受けた。つぎにそのことがおよぼした影

響を、史料が残っているハワード・ノーマンの場合を中心として、見ていきたい。

第2節　ハワードの学生時代とキリスト教社会主義への目覚め

　ハワード・ノーマンはカナディアン・アカデミーからトロント大学ビクトリア・カレッジに進学した。ビクトリア・カレッジはカナダ・メソジスト教会（後のカナダ合同教会）が設立した大学で、父・姉につづいた。ハワードは古典学を中心に履修した。これは父ダニエルが経済学を中心とした近代諸学を履修し、神学校時代に改めて古典学を履修したのと好対照である。速やかに聖職者となるつもりで入学したと考えられる。すでにダニエル・ノーマンは成功した日本宣教師として有名で、教会側は子どもたちが二代目宣教師となるのを期待していた[101]。

　ハワードが入学した1920年代前半のトロント大学は、どのような状況だったのか。ビクトリア・カレッジは州立トロント大学と連合して30年が経とうとしていたが、いまだ単独大学時代の教派色が色濃く残っていた。入学者のほとんどはメソジスト派の学生で、1925年のカナダ合同教会成立によってメソジスト派以外の合同教会員の子女も入学するようになったが、「教会立大学」でありつづけた。また、第一次世界大戦が大学へおよぼした影響も甚大だった。1914年の第一次世界大戦勃発の際、カナダは自治領として連合軍に加わった。カナダ軍は英帝国軍の一部を形成し、10万人以上の志願兵がヨーロッパ戦線で戦った。カナダは、ケベック問題のため徴兵制でなく志願兵でまかない、その多くが「ノーブレス・オブリッジ」を感じていた英系大学生で占められた。第一次大戦で勲功を挙げて、より大きな自治権を獲得したいと考えたカナダの意向は、イギリスに利用された。カナダ軍人はヨーロッパ大陸各地の激戦地に多く送られた。第一次世界大戦ではカナダ軍全体で一万人以上が戦死した。この数は当時800万人程度の人口しかなかったカナダにとって、きわめて大きな犠牲だった。このような犠牲のもとに第一次大戦後、カナダは国際連盟の原加盟国となり、1925年のウエストミンスター宣言で自主外交権を獲得するなど、実質的な独立国となった。しかしそれは多くのカナダ人青年の血と家族の苦し

みで贖われたものだった。

　この犠牲者の比率はカナダが他に参戦したボーア戦争(1902-03)、第二次世界大戦(1939-45)、朝鮮戦争(1950-53)をはるかに上回り、カナダが多数の兵士を派遣している国連平和維持活動戦死者の10倍以上におよぶ。この大きな犠牲がカナダ社会におよぼした影響は無視できなかった。

　大戦に従軍した学生たちは大学に復学し、従軍期間を修学期間扱いするなどの優遇措置を受けて卒業した。だが第一次大戦の戦場体験は彼らの人生観を完全に変えてしまい、九死に一生を得た体験から体や心を病んだものが多かった。このような学生たちが大学上級にいる中に、ハワードは入学した。ハワードはエリートとしての自分の使命を厳しく問われた。つぎに、当時のカナダ・メソジスト教会を覆っていた社会的関心の、学生たちへの影響を語らねばならない。カナダは第一次大戦の戦勝国となり、有為ある若者を戦死させたが、ヨーロッパ諸国と違って国内への打撃はまったくと言ってよいほどなかった。よって、戦争景気でカナダ自体は成長し、商工業も発展して、先進国の仲間入りをはたした。カナダはヨーロッパ諸国と並ぶ国家として成長した。だが、先進国になったとは言え富は偏在していた。植民地時代からの富豪や新興実業家は政治とつながって多くの富を独占し、人口の多くを占める農民や工場労働者らは貧困にあえいでいた。その状況は新移民たちにとくに顕著だった。新移民の多くは条件の悪い開拓地で農業をするか、低賃金労働者に甘んじた。このような人々に対して関心をもち、宣教をおこなったのが先述したとおりカナダ・メソジスト教会の方針であり、ウィニペグのオール・ピープルズ・ミッションの牧師をしたウッズワースはその急先鋒だった。先述のとおり、ウッズワースは1919年のウィニペグ・ジェネラル・ストライキを指導して逮捕された後、1921年の総選挙で連邦下院議員に「社会主義」の旗で当選していた。ハワードは父がウッズワースと同期の牧師であることもあり、彼を尊敬していた。彼は父と同じく大学の社会主義者クラブや学生キリスト教運動に関わった。

　当時のビクトリア・カレッジは、メソジスト教会の活発な宣教運動と教派合同への勢いを受けて、キリスト教学生運動がさかんだった。キリスト教学生運動はメソジスト教会の社会的関心と連動し、節制運動、移民へのセツルメント活動、海外宣教研究などをおこなっていた。また学生寮では若い教師が住み込

第2章　兄たちの戦いと悲劇

みで教育をおこなったが、ピアソンが 1925 年から加わった。後にピアソンの妻となるマリオンはピアソン・ゼミの学生だったが、ウィニペグ出身の彼女もまたキリスト教学生運動で新移民たちへの奉仕活動を熱心におこなった。ハワードはこのような環境の中で、海外宣教と社会的関心に目覚めた。海外宣教については、彼のような日本生まれでないと、日本社会を正しく認識できないことを、大学生活を通して理解した。20 世紀も 20 年以上過ぎ、カナダ・メソジスト教会は世界に先駆けて教派合同した。エキュメニズムのアイディアの中には、19 世紀半ばまでのキリスト教宣教に見られた独善性を排し、宣教地の宗教・文化・社会を理解しながら協調して宣教することを目指した。しかし、実際の宣教地の理解となるとおぼつかなかった。当時のトロント大学では、東アジア講座は中国古典の解釈程度だった。中国と日本の混同は知識人でもふつうだった。それならば宣教熱をもち、しかも日本を知っている自らが宣教師となることが一番望ましいのではないか、とハワードは考えるようになった。

　ハワードは 1927 年に大学を卒業し、オンタリオ州ベルビルにあるアルバート・カレッジ[102]の教員となった。同校には結核から回復した弟ハーバートが編入し、直接兄の授業を受けた。その後ハワードは 1929 年に奨学金を得て、イギリス・ケンブリッジのウエストミンスター・カレッジに留学した[103]。そこでの 1 年間の学業のあいだ、イギリス労働党の活動や、イギリスのキリスト教社会主義の流れに触れ、またイギリスを広く回った。その中で、当時グラスゴー港湾付近で労働者・移民向けセツルメント運動をしていたジョージ・マクロード[104]の活動を知り、このグループがめざす方向で日本宣教活動を夢見た。上記のキリスト教グループは 1938 年にアイオナ島に残るキリスト教布教遺跡の再興、超教派的運動、そして社会正義をめざす「アイオナ運動」[105]として正式に発足し、現在もグラスゴーとアイオナ島を中心として、世界に影響を広げている。

　ハワードは 1929 年にカナダ合同教会宣教本部に、将来日本宣教師として立ちたいと志願している[106]。1930 年、カナダ帰国後にトロント大学エマニュエル・カレッジに入学し、32 年 6 月に学位を得て無事牧師となった。卒業と同時に日本宣教師に任命され、結婚したばかりの新妻グエンとともに 7 月、日本に向けて出発した。

第3節　ハワード、2代目宣教師となる

　ハワード・ノーマンは日本宣教師となることに希望を抱いていた。1918年に本格的な政党内閣、原敬内閣を発足させた日本は、1925年からは「憲政の常道」として政党内閣継続に成功した。同年には普通選挙法が通り、男子普通選挙が実現した。1928年には普通選挙が実施され、3人の社会民衆党員が当選した。その中には片山哲、鈴木文治のキリスト者が含まれ、他に山本宣治がいた。社会民衆党からは1930年、33年とさらに多くの議員が当選した。その中には、キリスト教徒で社会主義を標榜する人物が大勢含まれた。政友会と民政党の二大政党が交互に政権を担当する動きも、憲政の常道にかなっていた。この時代の日本の動きは「憲政の常道」にかなっていると、ハワード・ノーマンは考えていた。

　ハワードが日本へ出発する直前、五・一五事件がおこって政党政治は終わりを告げたが、欧米では大きな社会変化とは察知されていなかった。ハワードは五・一五事件の詳しい状況も知らないまま7月に神戸に到着した。ところが、実際に到着した日本は大きく変貌していた。大恐慌以来、日本は経済的に苦境に立ち、しだいに軍部が勢力を伸ばしていた。政党は賄賂や身内優先で腐敗していると民衆にみなされ、影響力を失いつつあった。クーデター以来の緊急避難措置のはずだった軍人内閣も恒常化した。民主主義を体現していた日本の姿は消え去り、経済苦境と社会統制が本格化した。

　ハワードは東京での日本語研修の後、金沢孤児院園長に任命された。金沢など北陸地方は大恐慌の影響を深く受けた地域だった。農産物価格は暴落し、農村の状況は悲惨をきわめた。孤児院へ預けられる子どもたちは急増したが、政府は無策だった。一方では、金沢は加賀百万石以来の文化と伝統を誇っていた。旧藩主の前田家は資産と権威を保ち、高等教育進学時の奨学金や東京県人寮運営などをおこなった。天領・旗本領・小藩を集めた長野県出身のハワードには旧藩主の影響力が残る地は初体験で、彼はいまだ日本に「封建制」が残っていると実感した。彼は『日本主義とキリスト教』の中で、前田家の東京の邸宅に招かれた際の印象を論難した[107]。さらに北陸地方は、中世以来の浄土真宗が

さかんな地で、長野以上にキリスト教宣教は難しかった。浄土真宗の論理からすれば、キリスト教は「邪教」であり、「破邪」されねばならなかった。北陸地方でのキリスト教勢力は極めて小さかった。軍部が政権を握り、経済が急降下する中で、一時は隆盛をきわめた労働組合運動や農民組合運動も力を失い、弾圧も増えた。父ゆずりで賀川豊彦以下労働組合指導者たちと親しい関係にあったハワードだが、彼らから聞かされる話は給料カットと労働時間の長時間化、労働災害の増加、組合運動による解雇の頻発だった。このような状況も、1920年の神戸大争議の成功によって、曲がりなりにも労働保護法規が成立し、不十分ながら労働運動も認知されはじめた1920年代とはまったく異なった。

このように、変化した1930年代の日本にハワードは当惑した。期待を抱いて日本へ渡ってきただけに、鬱になりはじめた。妻グエンが、到着半年にして「ハワードの精神的ブレークダウン」を両親宛に報告[108]している。ハワードは宣教師辞任すら口にした。ハワードはこのような状況を他の人々と分かち合おうとした。ちょうど博士論文を書いている友人、ロバート・ライシャワーが日本に住んでいた。ハワードはロバートと会った際に日本の現状を語り、問題意識はロバートの著作に生かされた。

第4節　ロバートの日本近代史研究

ロバート・カール・ライシャワーは1907年、東京に生まれた。1923年にオハイオ州のオーバリン大学に入学した。オーバリンを卒業したあと、ハーバード大学大学院に入学、日本史を専攻した。当時のハーバード大学東アジア学は充実してはいなかった。ロバートは東京の両親の下に身を寄せ、立教女学院で教鞭を執りながら日本近代史の研究をつづけた。この間、江戸っ子の西洋人というペンネームで、凸版印刷から 'The Sovereignty of Japanese Mikado; a study of its history in the Kojiki and Nihongi' を1931年に出版した[109]。この本では古代天皇制における天皇統治権の変遷とその原因を分析し、後の研究に見られる鋭い分析能力と高い日本古文読解能力がすでにあらわれている。いったんハーバードに戻り、博士候補生試験にすべて合格した後、1932年に東京へ戻り、博士論文の執筆をおこなった。ハワードとは1932年と1934年に東京

で会い、親交を深めていった[110]とエドウィンは説明する。東京滞在中は、東京女子大学助教授として西洋史を講義した。博士論文のテーマは日本における外国人の土地保有権であり、居留地制度や不平等条約改正後の外国人土地所有に関して論じたものだった。1935年に'Alien Land Tenure in Japan'[111]として提出され、博士号が授与された。この論文は1936年に日本アジア協会報第2巻13号として出版された。2004年には再版されている。英語によるこの問題に関するまとまった研究である。

　ロバートは博士号取得後、すぐにプリンストン大学専任講師として採用され、日本史を講義。教え方が上手で、めんどう見もよいため学生からの人気は高かったと伝えられている。研究活動も引きつづきさかんにおこない、1937年には'Early Japanese History, c.40 B.C.–A.D.1167'[112]をプリンストン大学出版会より出版している。この本はオクスフォード大学出版会からも後に再版されていることから、貴重な研究として扱われたことがわかる。内容は、古代大和政権が近畿地方の大王として勃興したとされる紀元前40年頃から、平清盛政権の成立で権力が天皇家から武士へと移るまでの日本政治史を叙述したものだ。こうして、若手の日本史研究者であり、実力と人気を兼ね備えて教員となったロバート・ライシャワーだったが、思わぬ結末を迎えた。

第5節　ロバートの最期と『日本——政府と政治』

　1937年7月、ロバートは妻ジーンと15人ほどの司書や大学院生たちを連れ、東アジア研修旅行に出発した。まず東京に寄り、両親の住む東京女子大学の宿舎に泊まりながら研修をおこなった。次に京都に寄り、エドウィンの家に泊まりながら研修をつづけた。盧溝橋事件で日中戦争が勃発したばかりだったが、その時点では戦闘は北京周辺に限られており、彼らは日中全面戦争に拡大するとはまったく考えていなかった。中国の成都基地から飛び立った爆撃機による日本空襲がはじまった頃で、一夜は灯火管制がおこなわれたとエドウィンは記している。蒸し暑い京都の夏が完全に締め切った暗幕でさらに蒸し暑く、皆が雑魚寝をし、寝苦しかったと回想がある[113]。

　ロバート一行は当初北京へと向かう予定だったが、戦闘がつづいているため

第2章　兄たちの戦いと悲劇

上海に変更した。ところが、到着直前に折悪しく第二次上海事変が勃発した。ロバート一行は8月14日、上海に到着した。パレス・ホテル（現在の和平飯店北楼）だったという。ロバートがロビーでチェックイン手続きをおこなっているとき、軍用機が上海港に停泊している海軍艦船を狙った誤爆がおきホテル近くで炸裂した。この軍用機の国籍などについては諸説がある。弾頭の破片で割れたホテル・ロビーのガラスの破片がロバートのくるぶしに当たり、急いで病院に運ばれたが出血多量で死亡した。30歳になったばかりだった。ロバートは上海で火葬に付され、日本政府は遺骨を東京駅へと運んだ。オーガスト夫妻は軽井沢で避暑中であり、エドウィン夫妻が軽井沢に急行した。両親は憔悴しきっており、エドウィンが代わりに行って遺骨を受け取った。東京女子大学でささやかな告別式がおこなわれ、多磨墓地に埋葬された。

　ロバートの死は親友ハワード・ノーマンにも痛手だった。もともと軍国主義台頭が引き金となって鬱がひどくなっていたハワードは宣教師辞任を口走り、あわてたグエンや宣教師仲間が一時帰国によって状況打開をはかろうとした。こうしてハワードは一年の研究休暇を得、ニューヨークのユニオン神学校で研究をすることとなった。ニューヨークには太平洋問題研究会研究員として弟ハーバートがおり、宣教本部は親友を亡くしたハワードの心を慰めるのには好適と判断した。ニューヨーク滞在中の1938年、ハワード、グエンの夫妻には3人目の子どもとして男子が与えられた。ハワードは亡き親友の名前と父の名前をとってロバート・ダニエルと名づけ、親友を記念した。後エドウィンに息子が生まれたときもロバートと名づけており、それだけ両家にとってロバートの死は重かった。

　このようにして、ロバートはその才能を発揮する機会を夭折によって奪われたが、彼には当時まとめていた研究があった。プリンストン大学の講義録をもとにしたもので、大筋はできあがっていた。妻ジーンがロバートの友人だったコロンビア大学のピーク教授とニューヨーク大学のラバット＝サイモン氏の助けを借りて完成させ[114]、1939年に出版した。それが'Japan: Government, Politics'（『日本──政府と政治』）である。ニューヨークのNelson and Sons, Robartsの2社が出版したが、どちらも内容は同じである。

　187ページの小さな本だが、1930年代の日本の政治状況をまとめた好著とし

て、長年にわたって多くの研究者らが参照した。ハーバード燕京図書館収蔵の4冊の本を調べると、多くの書き込みがなされており、1948年以降80年代までの貸出し記録がある。燕京研究所の図書は、戦時下の貸出し記録は残っていないので誰が読んだか不明だが、戦時下にはおおいに対日政策立案や日本軍国主義研究のために読まれたと見てさしつかえないだろう。

　では『日本——政府と政治』はどのような内容か、以下概略を説明したい。

　第1章は「日本の政治理論と政府」と題されている。「政」という字は、英語のgovernmentの翻訳語だが、倫理的意味や哲学的なニュアンスが入っている。第1節では日本政治の5つの特徴が定義されている[115]。第1は「社会が個人より大切である」とあり、日本人は誰もがその思想信条に関わりなく一つの社会に統合され、その最高位には天皇がいる。第2は「人間は元来不平等である」とし、女性より男性、無名一族出身者より有名一族のほうが優位な人間である。第3は「政治は倫理と近いものである」とし、日本では哲人王が政治を執ることを理想とする。第4は「人治が法治に勝る」とあり、1に法律を執行する人物の人格が問われ、2に支配者と被支配者が画然と分かれており、3に支配者にはより高い倫理的な態度が求められる。第5は「族長家族による政治が理想的国家を作る」というもので、天皇をトップとして、族長たちが支配する階層的な政治構造がある。国際的な視点から日本政治哲学を見ると、西洋の影響を受けつつも、やはり「哲人政治」の考えは続いている。だが西洋の影響がより強まった現代、日本では「哲人政治」では納得せず、欧米的な民主主義を求める人々も増えつつある。第2節から第4節は、古代から1930年代にいたる政治体制の変遷を説明している。第2節は前近代[116]、第3節は憲法体制成立まで[117]、第4節は憲法体制下の現在の政府[118]である。

　第2章は「日本政府はどのように機能してきたか」と題してあり、大日本帝国憲法発布の1889年から1939年にいたる憲法体制下での政治の実態を叙述している。ロバートは大日本帝国憲法体制をドイツの憲法体制に学んだもので、天皇大権をはじめとした政府の恣意的な解釈がまかり通り、それが日本政治の特徴とあいまって恣意的政治を招くと明確に指摘している。日本の憲法体制が独裁体制に近づくか、民主主義的体制に近づくかは、政治勢力同士の。そしてその力関係は民衆がどの政治勢力を倫理的と判断するのに関わる。

第2章　兄たちの戦いと悲劇

　ロバートの日本史理解は、マルクス主義的な明治憲法体制を半封建的専制国家による民衆の圧迫と搾取と規定もしないが、明治初期、大正デモクラシーとつづいた民主主義的な流れが日本の歴史的本筋であり、「超然内閣」による元老支配や軍国主義政治を一時的な歴史の逆流と見る近代化論にも与しない。元老政治が政党政治に変わったのは、政党政治が「政治として倫理的」と人々が支持したからであり、さらに軍国主義に流れたのも政党政治の腐敗や大恐慌への不適切な対応が、民衆の支持を軍部に集めた原因だとしている。しかしながら軍国主義は、クーデターで政権を奪ったうえに、その政権を維持するためにさまざまな規制を行った。国民の意識を規制し、一定の方向に向かわせるための施策をおこなった。それが『国体の本義』刊行と、国民精神総動員運動であり、政党の解散と大政翼賛会設立であった。このような施策は日本人が自国を「神の国」として特別視し、天皇を「神聖不可侵」な神として天皇の命令を絶対視する国家体制をつくりあげている。

　以上のようなロバートの認識は、彼のどのような体験から来ているのだろうか。ロバートは1907年に生まれており、16歳でオーバリンに入学するまで基本的に日本で暮らした。彼が物心ついた時期に吉野作造の論文で大正デモクラシーがはじまり、原敬による本格的政党内閣が発足した。オーバリンに入学した後の1925年には政党政治が「憲政の常道」となり、普通選挙法が成立している。つまり彼の日本体験は大正デモクラシー期だった。その彼が博士論文を書くため戻った日本は五・一五事件に代表される軍事クーデターによって軍国主義の気風が強まった時代であった。その変わりようにロバートは衝撃を受け、状況を分析し検討しようとした。このようなロバートの分析は、1930年代後半という時代における欧米サイドからの日本研究としてはきわめて特異なものである。日本情報が少ない当時、欧米諸国は日本の軍国主義と中国侵略、天皇神格化を見て、日本を専制国家と見なし、その状況は明治維新以降ずっと継続してきたものと考えた。ゆえに、ロバートの論文に見られるような明治憲法体制の一定の評価は「必要以上の日本礼賛」と見なされ出版も危ぶまれた。それゆえ協力者たちが書いたと序文では「この本は日本を礼賛するものではない。日本の歴史を正しく見、そのことによって日本がなぜ軍国主義に陥り、自国礼賛になっているかを知ることが、日本問題を解く鍵になる」[119]と断っている

ほどである。

　ロバートの遺作である『日本――政府と政治』を読むにつけ、ロバートの日本近代史に対する深い洞察力と情報収集力に驚く。エドウィンの自伝での「もし生きていたら、兄こそが日本近代史の専門家として対日政策立案に関わったはずである」[120]との評価は正しい。エドウィン自身は戦後近代史の叙述をはじめるが、やがて近代化論に落ち着いた。このような鋭い感覚をもったロバートが生きていれば、違う傾向を持った学説が影響した可能性もあり、日本近代史研究への大きな損失であったと結論づけられる。だが、ロバートの論考は思わぬ形で引き継がれた。それは親友ハワード・ノーマンの国家神道に関する論文の歴史認識という形であった。

第6節　ハワードの国家神道研究――『日本主義とキリスト教』

　キリスト教宣教困難で有名な北陸を任地とし、軍国主義の進展と国家神道による日本精神の絶対視、親友ロバート・ライシャワーの死が追い打ちをかけて、ハワード・ノーマンの鬱はさらに進んだ。彼は1937年秋にカナダ合同教会宣教本部に宣教師辞任を申し出た。しかし宣教本部は慰留し、規程より早めの休暇を許可して、北米で神学修士取得を提案した。ハワードは研修先として、弟ハーバートが住むニューヨークのユニオン神学校を選んだ。宣教本部に提出された当初の研究テーマは「キリスト教と共産主義」であった。ところが、ユニオン神学校では結局『日本主義とキリスト教』[121]という題の論文を書くことになった。なぜテーマが変わったのか理由はどこにも書かれていない。神学校側が日本研究をおこなうことを求めて、変更になったのかと推定される。

　後述することになるが、当時の北米での日本研究は端緒についたばかりで、日本語が読める研究者は少なく、図書が充実した研究機関は数えるほどだった。それゆえ、日本研究に従事する研究者は限られていた。しかし1930年代後半には日本のアジア侵略がどんどん進み、日中「戦争」状況になっていた。日米交渉も困難をきわめ、近い将来の日米開戦予測が優勢をしめた。対日戦を戦うためにも日本研究は急務だった。ハワードが太平洋問題研究会研究員のハーバートの兄であり、宣教師として日本の地方都市に駐在し、孤児院園長としてさ

第2章　兄たちの戦いと悲劇

まざまな日本人と交流し、日本の古典や宗教に詳しく、日本語読解能力も高かったことを考えれば、当時の日本を知りたいアメリカ側からすれば、貴重な情報源だった。

では、ハワードの論文はどのようなことを主張しているのか。まず序文で日本は軍国主義のもとで悪い方向に向かっているとし、その方向へ導くために日本精神、武士道、天皇崇拝が強調されている。第1章から5章までがハワードによる日本主義の定義とその背景説明であり、6章以降はその状況に対してキリスト教はどう対処すべきかを論じたものである。神学の立場からは6章以降が論文の主題と考えられ、5章までは状況解説となる。だが現実的には、5章までの日本の宗教と国家の関連に関しての現状分析が対日政策を練る際の貴重な参考文献となった。ハワードの論文の5章までに書かれた国家神道に関する研究は、英語圏では類例がなかった。軍国主義の背景として国家神道を定義したことは、とうぜん北米の対日政策に重要なアドバイスだった。ユニオン神学校に保管されている論文原本が戦後何度も借り出され、この論文が国家神道に関する基本研究の一つとなったと推定する。この論文が1945年12月に出された「神道指令」の原案策定のたたき台の一つとなった可能性を、私は以前に示唆した[122]。

アメリカ占領政策策定過程に関する公文書を確かめていないので確定できないが、占領政策確定に大きな影響をもたらした論文を書いた弟ハーバート・ノーマンが3ブロックのところに住んでおり、両者がよく会って意見交換していた[123]ことがはっきりしており、影響があったと考えられる。ハワードの研究が採用されたきっかけは、フレンド派日本宣教師の経験をもつ日本史家、コロンビア大学のヒュー・ボートンが戦後対日政策を策定する委員会に1942年から関わったことにある。ボートンとハワードも同じ大学界隈にいてとうぜん面識があった。ボートンを経由してハワードの研究が戦後日本宗教政策策定に用いられた研究の一つとなった可能性が濃厚である。

論文の内容を概説する。第1章はIntroduction(序文)[124]と題され、ハワードは「日本主義」という言葉の意味を定義する。それは国体、国家神道、武士道、儒教の複合体であり、それぞれをばらばらに検討し、定義したのでは図り知ることができない。新しい言葉でトータルな状況を見ることにしたと述べる。

第2章は The　Setting(状況設定)[125] で、前半では徳川幕府の成立から明治憲法成立までの日本史を取り扱う。この歴史叙述は、弟ハーバートの『日本近代国家の成立』の展開を流用している。後半では日本国が弱体化し、一等国としての体裁を整えるのが難しく、それが軍国主義を後押ししていると述べる。第3章は Shinto(神道)[126] と題してあり、ハワードは神道について定義している。国家神道が「国家儀礼」とされた理由は政治的理由であった。明治政府がキリスト教を公認したが、キリスト教が社会に浸透して日本が植民地化するのを防ぐために国家神道を設けた。第4章は Kokutai no Hongi; The Real Meaning of National Polity(国体の本義)[127] とタイトルがつけられている。ハワードは1936年に刊行され、日本全国の小学生、中学生に配布され、学習することが義務づけられた『国体の本義』を紹介した。国体の本義とは天皇崇拝、祖先崇拝、儒教と深く結びついている。第5章は Values of Japanism(日本主義の価値)[128] と表題がつき、明治憲法成立後の1889年からの日本政治を叙述している。この部分はロバートからの借用である。

　第6章は The Cultural Psychology of The Japanese (日本人の文化的心理学)[129] と題され、日本人はあらゆるものを日本化して受容する。さらにクーデターや要人の暗殺が日本人を軍部に従わせることに一役買っている。だが日本人は美を愛し、宗教的な人々でもある。第7章は Utopia in Japan(日本のユートピア)[130] だが、ほとんど第1章から6章までの要約である。第8章は The Japanese Church Faces Crisis(日本の教会が直面する危機)[131] という題で、政府がキリスト教会指導者たちに、教会内で天皇崇拝を認めことができるかどうかと質問した問題を取り上げた。第9章は A New Dynamic of Japanese Church(日本の教会の新しい動き)[132] と題され、プロテスタント教会の合同運動が論じられる。教会合同運動そのものは明治期からプロテスタント教会指導者たちの目標だったが成功しなかった。その理由は、欧米宣教本部が合同を歓迎しなかったためだ。だが政府が各教派に宣教団との関係を断ち切らせ、合同が急に現実化した。この論文には最後に Kami and Deity in Shinto(神道における神と聖なるもの)[133] という付録がついている。神道における神を説明したもので、ポリネシアの「マナ」と同じく、自然崇拝であるとする。そして古事記や日本書紀における神々の特徴を説明している。そしてこれらの古神道と天

皇崇拝を求める国家神道は一致しない。

　ハワードは学者ではなく、牧師であった。それゆえ彼の分析はほかの3人とくらべると荒く、印象批評の面が多い。当時の日本の軍国主義へ向かう流れを精神的に支える国家神道の内容を説明し、国家神道と天皇崇拝を「国民儀礼」としてキリスト教徒を含めた日本国民全員に強制している状況は「洗脳」に近いと語る。しかし、日本国民自体はファナティックな考えを常に持つ国民ではない。この考えは日本への穏健改革を主張したグループが利用し、彼の意見を改革のたたき台に使われたと推測できる。ハワードが古神道からつづく一般神道と国家神道の違いを明確にしたことで、占領政策の中では神道全般が禁止されず、国家神道だけが解体された。この点でのハワードの神道理解と説明は、結果的に現在の神社神道を存続させる理由づけとなった。国家神道もろともすべての神社存続が禁止されずにすんだという意味で、正確な理解者を得たと日本側からも一定の評価をできよう。

第7節　戦時下の戦争協力——日系人強制隔離反対運動参加の真相と暗号文翻訳

　ハワード・ノーマンは1939年6月に神学修士の学位を得、日本へ帰任した。ほぼ同時期に弟のハーバートは博士論文の執筆を終え、東京のカナダ公使館に三等書記官待遇の通訳官として赴任してきた。姉のグレース・ノーマン・ライトも夫とともに宣教師として静岡へ赴任しており、ノーマン家は全員が日本で活動した。彼はふたたび金沢孤児院の園長に就任した。しかし、すでに日本の軍国主義は外国人宣教師の自由な活動を許さなかった。引退後は軽井沢で晴耕雨読、悠々自適の生活を送り、生涯を終えようとしていた父ダニエル・ノーマンにも、特高警察の監視がついた。ハワードが賀川豊彦をはじめとした日本の労働運動の指導者たちとは会えなかった。そのようなことをすれば逮捕され、国外追放の可能性すらあった。ハワードはふたたび鬱状態になり、宣教本部に辞任の意向を伝えた[134]。グエンは必死になってハワードを支えたが、ハワードの鬱が激しくなるのを食い止めるのがやっとだった。グレースやハーバートへも監視の目が光っていた。

ハワードの宣教師辞任の意向に対して宣教本部は慰留をおこない、少なくとも開戦まで日本に留まることを求めた。しかし、ハワードは耐えられず、父一家とともにカナダへ帰国することを決意した。1940年10月、ハワードは金沢孤児院を辞職し、神戸に移って帰国準備を進めた。同じ頃、父ダニエル夫妻、グレース夫妻も家を引き払い、帰国準備に入った。ハーバート夫妻だけは外交官の職業柄残った。戦争が近づいた1941年4月には、ハーバートの妻アイリーンもカナダに帰国して、ハーバートだけが職務上東京に残った。1940年12月31日、ハーバート夫妻を除くノーマン家全員が、神戸からカナダに向けて帰国の途についた。カナダ帰国後、ハワードは合同教会本部のあるトロントで、ふたたび辞職願を1941年4月に提出した。今回は受理され、6月の宣教本部の会議でハワードの宣教師辞任は正式に認められた。すでにカナダ合同教会の日本宣教師は戦乱を予測してほとんどが帰国しており、辞任していた。ハワードはブリティッシュ・コロンビア州バンクーバーの聖ジョージ合同教会に1941年7月に赴任した。当時バンクーバーはカナダ太平洋岸の拠点として、日系人が多数在住していた。ハワードの日本語力と日本での経験が日系人宣教のためにも用いられる予定だった。

　ところが同年12月にカナダは太平洋戦争に参戦し、日本とカナダは敵国となった。香港駐留英連邦軍内のカナダ軍人約200人が、日本軍の占領と同時に捕虜になった。さらに弟ハーバートを含むカナダからの外交官、日本に残っていたカナダ人宣教師らも日本政府に抑留された。カナダ側も日系人によるスパイ行為の可能性を考え、太平洋岸に住む日系人全員を内陸の強制収容所に抑留した。当時日系人の多くは職人や商店主などとして成功し、土地家屋他の資産をもっていた。その資産は政府に抑留され、多くはきわめて安価な金額で同地在住のカナダ人に払い下げられた。こうして日系人の多くは営々として築いてきた資産と職業をとりあげられ、砂漠地帯の監獄にも似た強制収容所で戦争終結までを過ごした。ハワードは、このような政府の措置をきわめて不当だと主張した。日系人へのスパイ疑惑は、自分や両親が日本で戦争直前に受けた不当なスパイ疑惑とまったく同じである。ハワードはバンクーバーで客死したウッズワースこそカナダ最高の良心と深く尊敬し[135]、戦争自体に反対し、強制収容にも反対した。

第2章　兄たちの戦いと悲劇

　ハワードはさらなる問題点を感じていた。百歩譲ってファシズム・軍国主義に対する戦争はやむをえないとしても、敵国出身者に対する差別待遇がおこなわれていることに問題を感じた。カナダは連合国側なので、日本だけでなく、ドイツやイタリアとも戦争をおこなっていた。軍人派遣数から行けば、対日戦線には200名の派遣で、カナダ軍の大半はヨーロッパ戦線で戦っていた。スパイ疑惑ならヨーロッパの敵国であるドイツ系・イタリア系の方が可能性が高い。ところがドイツ系・イタリア系を抑留しなかった。よってスパイ疑惑ではなく、人種差別意識からおこなわれたとハワードは記した。

　ハワードは仲間を集め、日系人救済活動に関わった。彼は「市民的権利のためのバンクーバー市民の会」を組織し、代表世話人の一人となった。ハワードはパンフレットや講演会で日系人強制収容はけっしてスパイ疑惑が理由ではなく、人種差別から来ていると主張した。さらにこの問題を放置することは、自由と平等を愛するカナダ人が自由と平等を侵害することを容認しているとし、このままの状態では何らかの理由をつけて誰もが市民的権利を侵される可能性があると論じた。ゆえに自由と平等を愛するカナダ人は誰でも、日系人強制収容を座視してはならないと主張した[136]。ハワードの運動はかなりの賛同者を集め、多くの寄付金も集まって戦後の強制収容解除までつづいた。しかしながら、世論の多数派は強制収容を容認していた。結果として強制収容は戦時下に解除されることはなく、解除された後も日系人に補償がおこなわれず、彼らが太平洋岸地域に戻ることも認めなかった。日系人の多くは強制収容の結果、日本に戻るか内陸部の新しい土地で再出発となった。さらに日系人として集住していたり、日本語と文化を伝承したため、スパイ疑惑につながったと考えた。言葉と文化を失った日系人コミュニティは移住の過程で弱体化した。

　ところが、このハワードの活動には裏があった。ハワードは実はカナダ王立騎馬警察のスパイとして、日系人社会の中に潜む日本側スパイを探るために日系人擁護活動に参加した面もある。彼は、超国家主義者で日本政府のスパイと疑われた日系二世のギャンブラー、モリイ・エツジが黒龍会の機関誌『祖国』に書いた論文を英語に翻訳し、彼が超国家主義者で、中国大陸などでスパイ活動をおこなっている黒龍会員だと、1943年前半に政府に通報した。この活動が決め手の一つとなり、モリイ・エツジは日本軍のスパイとして1943年11月

逮捕された。逮捕を伝える地元新聞では、ハワードの功績によってスパイ活動を未然に防止したと称え、政府は相当な功績と評価された。実はモリイ・エツジはギャンブラーとして元来警察とはコネがあり、強制収容の中での不当な仕打ちを緩和すべく、政府と交渉をする中心人物であった。モリイの逮捕により交渉はできなくなり、日系人には不利になった。結局のところ、ハワードはカナダ連邦政府の日系人に対するスパイであり、その隠れ蓑として「日系人強制収容反対運動」をおこなっていた可能性が高い。さらにハワードは「カナダへの愛国心」を示すために、1943年夏に1ヵ月間休暇を使ってオタワへ赴き、ボランティアで日本語暗号文の解読作業にたずさわった。彼の役目はローマ字化された日本語暗号文を英語に翻訳する作業であった。この間に弟ハーバートとも幾度か会食し、戦争の話などをした、とボーエンへの手紙の中に記している[137]が、この中にはモリイの件も含まれていた可能性が高い。彼もまた「日本生まれ」であるがゆえにおきる疑惑を晴らすために、過度なまでのカナダに戦争協力したのであった。

しかし、「日本生まれ」の「親日家」という一般的イメージは剥げず、ハワードはカナダ社会で小さくなって暮らした。戦時中のカナダへの失望の裏返しもあり、ふたたび日本宣教師となり、日本に真の民主主義の国をつくることに夢を託すこととした。幸いにして弟のハーバートはマッカーサーのアドバイザーとして1945年10月に日本へ戻り、民主化のための行動を推進していた。これはハーバートとコンビになった戦後の対日諜報活動の一環である可能性があるが、現在史料は未公開で、これ以上語ることはできない。

第8節　ハワードの芥川龍之介作品翻訳——自由との苦しみで自殺したのか

ハワードは日本着任直後の1948年に、岩波文庫版をもとにして『地獄変』などの芥川龍之介の主要著作を英語に翻訳した。このうち一部はドナルド・キーンの芥川龍之介作品翻訳・編集版に転載された[138]。1984年には芥川の遺作となった『歯車』や『蜘蛛の糸』なども翻訳している。ハワードが1948年になぜ芥川の翻訳をおこなったか。日本駐留オーストラリア軍の機関誌[139]が紹

介しているので、それをもとに彼の考えを見てみたい。

　ハワードは芥川をシェークスピアやエドガー・アラン・ポーと並ぶ天才的な才能をもった日本近代の作家だったと評価した。『地獄変』の表された人間の愛憎、狂気、芸術至上主義、そして繊細さなどは、欧米の著名作家と比肩できると説明した。芥川は仏教徒であったが、キリスト教への理解もあったし、自由を愛する人物であった。しかし芥川の生きた時代は、彼のような「自由主義者」を十分許容するような時代ではなく、彼は芸術への「自由」と国が求めてくるものとのあいだで苦しみ、自殺した。しかし、敗戦後の日本は、芥川が生涯求めた「自由」を体現する国となりつつある。「自由」を表現し、かなわずして若くして命を断った芥川龍之介を知ることは、日本人だけでなく、「日本には元来自由を求める人々はいなかった」と誤解する連合国の人々にとっても重要である。日本人の「自由を求める精神」を芥川の作品を通じて学んでほしいので、この作品集を翻訳したとハワードは語る。

　ハワードの日本語読解力、とくに近代文学への理解力や、芥川文学の背景にある中世仏教説話などに対する理解がかなりのレベルだったのは、この翻訳から立証できる。カナダから日本に帰ったばかりの時期であるので、彼の日本語読解力の大半はユニオン神学校の修士論文で国家神道や国体の本義に関して研究した際に習得した部分が多いと考えられる。中世仏教に関しての知識はオーガスト・ライシャワーから直接教わった部分も多いし、その他の宗教者や文学者などとの交流の中で得た知識もある。いずれにせよ、ハワードの芥川の作品群翻訳に関しては、宣教師・大学教授としての多忙な日々を縫いながらおこない、立派な業績である。だが、はたして芥川の自殺を「自由を求める心と、軍国主義国家の対峙の中でおこったできごと」と結論づけたハワードの見解は正しいか。芥川は自殺の数年前から、体が衰弱し、睡眠薬を常時服用していた。彼の遺書の言葉は「ぼんやりした不安」であった。この遺書の言葉から、ハワードが結論づけたような見解を導き出すのは飛躍がある。芥川の自殺は1927年であり、二大政党の時代、男子普通選挙法がはじまる時代であった。軍事政権が跋扈していなかった。

　一方、ハワードは、1927年の時点ではトロント大学の最終学年であり、翌年にはイギリスへ留学、帰国後はトロント大学エマニュエル・カレッジで修

学して牧師資格を得、1932年7月に久しぶりに日本の地を踏むことになった。前節で書いたように、「民主国家日本」への期待をもって到着したときには、満州事変と五・一五事件後の軍事政権によって、変貌していたわけであった。彼の「芥川への自殺」の読み込みに飛躍があるのは、彼が1927年時点の日本の状況をよく理解していなかったことと関係している。また、ハワードが芥川を「日本の自由の象徴」として英語に翻訳したことと、弟ハーバートが安藤昌益を「日本自生の民主主義」として称揚したのはほぼ同時期であり、カナダの国策であった「日本における民主主義の高揚・定着」を二人が探し出す役目に関わっている。それぞれの分野で「日本民主主義の先駆者」を探し出し、彼らを紹介して日本人を鼓舞するとともに、連合国の人々に「日本自生の自由主義・民主主義を発展させることが、これからの日本の進歩・発展の道である」と説明するためのやや無理な解釈と考えられる。後節でハーバートの『安藤昌益』に対して家永が批判したように学術的には少々無理があると言えるが、民主主義推進から反共の防波堤に変えられつつあった日本の状況に、ノーマン兄弟が批判の矢を放った行為であろう。

第9節　戦後、ハワードの日本宣教師としての状況

　1946年に入って欧米民間人が日本に渡航することを占領軍が認めた。その報を聞いてハワードは早速日本宣教師の志願書を宣教本部に提出した。マッカーサーが日本をキリスト教国にしたいとの強い意志をもっていたこともあり、宣教師の来日と日本宣教団への援助を占領軍本部は歓迎していた。

　日本のプロテスタント教会各派は、日本政府の宗教統制方針にもとづく「宗教団体法」と教派内部の合同方針から、1941年10月に合同し日本基督教団を結成していた。この教団には日本聖公会の一部を除くほとんどの教会・教派が参加した。戦後、一部教派や教会は日本基督教団から離脱したが、多くの教会は日本基督教団に残った。米加を見れば、アメリカはいまだに多くの教派が分立しているが、合同への方向性を持っていた。カナダは1925年にメソジスト教会のすべて、長老教会の半数と会衆派教会すべて他、プロテスタント3派中心に合同してカナダ合同教会を結成したため、日本基督教団の維持発展はおお

第2章　兄たちの戦いと悲劇

いに希望するところであった。ハワードにとっても、合同教会である日本基督教団に派遣されることは望ましかった。

　予算の都合や戦後日本の混乱もあり、宣教本部は男性単身での派遣をまず認めた。カナダ合同教会はまずアルフレッド・ストーンを1946年7月に派遣した。ストーンは占領軍の日本再建方針の一つであった農村の振興のため、農村伝道に尽力する聖職者を養成する活動を期待された。実際、ストーンは日本人聖職者と協力して、東京町田市の郊外に農村伝道神学校を設立した。農村伝道神学校は神学的教育と同時に農業実習や農業経済学、農村社会学などの教育を重視した。これは、農村地帯に派遣されることの多いカナダ合同教会系大学神学部をまねたものだ。ストーンは日本全国の教会を訪問して北海道から帰る際、1953年9月の洞爺丸台風に遭遇し、洞爺丸と共に遭難死した。ストーンに引きつづき、元日本宣教師たちがぞくぞくと日本宣教師として再任命され、ハワードも1947年8月に日本に着任した。彼の新しい仕事は、関西学院大学神学部教授としてキリスト教主義大学を再建することだった。彼は48年11月に家族の渡航が実現するまで、単身で宣教師宿舎に住み、大学教育の再建にあたった。当時は復員者たちが大学に押し寄せる時期であり、教室は意欲に燃える学生で満ちていた。弟ハーバートは東京のカナダ政府代表部で首席代表を務めており、日本の民主化と平和国家樹立というカナダ政府の対日占領政策を実現しつつあった。冷戦が始まる前で、中国内戦も国民党軍優勢だった。アメリカ占領政策はまだ民主化推進の方針をとっていた。ハワードにとって夢にまで見た「民主日本」が実現しつつあった。

　当時のハワードの書簡を見ると、彼が実に高揚していたと判明する。熱意のある学生たちへの教育は教師として楽しいものだったし、キリスト教ブームの影響で満員の教会や大学礼拝堂での礼拝は宣教師冥利に尽きた。彼は日本への希望を手紙に書きつづり、1年間に4回、東京のハーバートを訪れて、楽しい時を過ごしていた。手紙には食事会、テニスの試合、ハーバートとアイリーンが関わる社会的なことがらなどが記されている[140]。だが二人が時を同じくするように翻訳や著作を書いたことから考えても、会った際に日本の将来について語りあったと推定される。また関西学院や関西地区で軍国主義者の残党がいないか報告していた可能性もあるが、史料的には証明できない。当時日本に派

遣された人々はすべて「軍属」扱いのため、何らかの諜報活動をおこなっていたと考えられるが、実証できない。息子ダニエルが語るように、単身赴任の寂しさから弟をひんぱんに訪問した面もあるが、激しい鬱状態がつづいたハワードが高揚した状態なのは、彼が夢見た時代がこの時代だったためと推察できる。

だが、この高揚した時代は長くつづかなかった。48年2月のマッカーサーによるゼネスト禁止をきっかけとして「逆コース」の時代となった。朝鮮半島の分断が本格化し、中国の内戦では共産軍がしだいに攻勢を強めつつあった。アメリカは日本を共産主義からの防波堤とし、共産主義者の公職追放や労働組合指導者、左派ジャーナリストらを監視対象とした。ノーマン兄弟が夢見た民主日本の理想は潰えはじめた。ハワードは、家族が来日したにもかかわらず、ふたたび鬱となった。ハワードの東京訪問は、48年10月が最後になった。そして50年8月に弟ハーバートがなかば更迭されるかのようにオタワに呼び戻され、国際共産主義運動の諜報員疑惑でカナダ王室騎馬警察による特別尋問が開始されたため、ハワードは絶望的な気分になっていった。

この後、1955年9月に1年の研究休暇で来日したエドウィン・ライシャワーが松方ハルと出会い、1956年1月に結婚を表明したことは、ハワードにとって暗い時代に明るい光をともすものだった。エドウィンから頼まれ、ハワードは東京まで出向いて、2月4日に二人の結婚式の司式を執りおこなった。アメリカを代表する日本史家と、ジャーナリストであり元老の孫の「国際結婚」をマスコミが注目したため、司式をしたハワードも記者会見にかり出されたことが家族宛の手紙[141]に記してある。ライシャワー夫妻は1956年7月に日本を離れる際、神戸から船旅で出発したが、その前日にはハワード夫妻の宣教師館に泊まり、四方山話に花が咲いたとエドウィンが述懐している[142]。

だが翌年57年4月、最大の悲劇がハワードを襲った。ふたたび勢いを増した赤狩りが、弟を自殺に追いこんだ。ハワードは、ハーバートから送られた遺書[143]をもとに、弟ハーバートは若い時代にキリスト教から離れ、共産主義に親近感を寄せた時代はあるが、結局のところキリスト教に立ち戻り、国家に忠誠を誓って生きたので、スパイ疑惑をかけたアメリカの赤狩り勢力が不当である、と力説した。彼のもとには多くの弔問書簡が届けられた模様だが[144]、カナダ合同教会史料館に残されたハワード・ノーマン・ファイルからは廃棄され

第2章　兄たちの戦いと悲劇

ているため、全貌はわからない。大変な痛手だった。しかし、弟の自殺がハワードに与えた心労は大きかった。6月の連邦下院総選挙で進歩保守党が勝利し、アメリカとの協調、反共主義を掲げるディーフェンベーカー内閣が発足した。弟を庇護したピアソンは下野した。「赤狩りの不幸な犠牲者」であると見ていた世論は、ディーフェンベーカー政権の「自由党スパイ容認疑惑」捜査発言で、「自由党内閣自体が容共で、ノーマンはスパイでピアソンがごまかしていた」という見方に変わった。

　ハワードは極端に落ち込んだ。酒量や喫煙量が増えたと、当時近くにいた人々は証言している。さらには勤務する関西学院大学が発展するにつれ、キリスト教精神が薄れ、一般大学化していくことにも我慢がならなかった。彼は1960年3月に大学を辞職し、休暇をとってカナダに戻った。

　トロント大学神学部での1年間の研究期間に、彼は内村鑑三の無教会主義の意義について論文を書き、神学博士号請求論文として提出した。内村が教会から疎外され、無教会主義という形で救いを求めていった過程に自らの今の心境を反映させた論文であった。しかし、神学修士論文『日本主義とキリスト教』がもったインパクトや独創性に大きくおよばず、また立証度が低いため神学博士論文として受理されなかった。代わりに名誉神学博士が1961年6月に与えられた[145]。ハワードはカナダには安住の地を得られずに日本に戻り、長野県松本市で開拓伝道を開始した。1965年には隣の塩尻市で教会用地を確保し、教会・幼稚園・宿泊研修施設をもつ「塩尻アイオナ伝道所」を開いた。アイオナとは、既述のとおりジョージ・マクロードが1938年に正式発足させたスコットランド・アイオナ島に本部を置くキリスト教超教派の共同体である。ハワードはアイオナ共同体支部として名称使用許可をとった。

　ハワードは1971年3月までこの牧師を務めた。しかし、当時からの会員たちの証言によると、ハワードは弟自殺のショックから立ち直れず、アイオナ運動の意義についてはほとんど触れることがなかったため、一般的な教会として形成されてしまったという[146]。ハワード自身が「共産主義の同調者」として監視下にあった時代、キリスト教社会主義をはっきり掲げることは彼を窮地に追い込むものだった。彼は社会主義的な色彩を隠した。それは、ハワードが1965年に書き、日本で私家版で出た父の伝記、『長野のノルマン』[147]にもあら

― 87 ―

われている。この本の中に書かれているダニエル・ノーマンは、本来彼が心酔していた社会主義の片鱗すら見せず、ただ博愛的な「よい宣教師」のイメージで通している。ダニエルがマルクスの文献を大学時代に読み、社会主義者クラブに顔を出したことが軽く触れられた程度だ。ハワードはノーマン家全体が共産主義の同調者とされた疑惑、カナダ政府から監視対象におかれている可能性から、事実を曲げた。

第 10 節　忘れられた宣教師——晩年のハワード

　1971 年 3 月、ハワード・ノーマンは日本宣教師を退任し、カナダへと戻った。1976 年まで病院付牧師とトロント大学ビクトリア・カレッジ付属カナダ合同教会文書館嘱託を兼ねていた。文書館では妻グエンとともに日本宣教関係文書の整理と解説の作業にたずさわり、1981 年にはグエンと共著で 'One Hundred Years In Japan, 1873-1973' として、カナダ合同教会の日本宣教に関する著作をまとめた。現在も私家版で同文書館等にコピーが残っている。教会は長年ハワード夫妻を支援してきたトロント大都市圏エトビコ市にあるハンバークレスト合同教会に籍を置いた。晩年のハワードは蓄えも少なく[148]、宣教師として長年日本に住んだためトロントには友人・知人も限られていた。しかも、自殺した弟は復権されるどころか、一部の人々からはソ連のスパイ疑惑をかけられたままで、最愛の弟亡きさびしさもあって不幸な引退生活だった。

　そのような彼に 1977 年に接触してきたのが、当時新進気鋭の日本近代史家だったロジャー・ボーエンだ。ボーエンはカナダ・バンクーバーのブリティッシュ・コロンビア大学でジャン・ハウズ教授指導のもと、明治時代の政治史を博士論文とし、当時アメリカ・メーン州のコルビー・カレッジ助教授だった。ブリティッシュ・コロンビア大学日本史教授は、もしハーバートが自殺しなければ就任する予定だった。北米における明治政治史研究はハーバートにはじまり、1970 年代にはそれまでの「近代化論」一辺倒だった北米日本史研究がジョン・ダワーらによって見直され、明治近代国家の先進性と封建性を分析したハーバート・ノーマンが再度注目されていた。ボーエンはハーバートの伝記を書こうと思い、兄ハワードに照会した。ハワードは、ボーエンの細かな質問に

答える形で、ハーバートのさまざまな側面を語っている[149]。共産主義との関わりに関しては、自らの家系がキリスト教社会主義者で、学生時代にハーバートが家族に宛てて「キリスト教脱出」を論じており、イギリス留学時に共産党に関わったかもしれないと述べる。しかし、ソ連スパイ疑惑に関してはまったくの誤りと強調している。日本語読解能力などについては、日本史を専攻するまではハーバートは日本語を忘れており、ハーバード大学時代にかなりの努力をして会話能力と読解力をつけたと語る。兄から見たハーバートは愛する弟であり、高校時代の教え子でもあるため、「兄弟」であり「師弟」関係でもあったことが手紙に記されている。ハワードはしだいにボーエンに親近感を寄せ、ついには自分の死後に自らの伝記も書いてほしいと頼んでいる。ボーエンは弔辞を述べることができても、ハワードの伝記を書くことは任が重いと答え、自伝をまとめることを手紙で薦めた[150]。しかし、このやりとりの過程で、ボーエンはハワードがハーバートの謎を解く鍵であると確信し、ハワード自身も論評するに値する人物だと考えるようになった。後にまとめられたハーバートの伝記 'Innocence Is Not Enough'[151] で、ハワードに特段の謝辞を述べるとともに、彼の伝記が書かれるべきだと述べている。

　ボーエンは日本の国際交流基金の援助とカナダ政府の後援を得て、カナダ・ハリファクスのセント・メアリーズ大学を会場にして、1979年10月に「ノーマン・カンファレンス」を開いた。基調講演はエドウィン・ライシャワー、その他多数のハーバートゆかりの人々が講演をおこなったり、参加したりした。招待者の中にはとうぜん兄ハワード・ノーマンと、ハーバートの妻アイリーン・ノーマンもいた。ハワードとアイリーンの仲を考慮したボーエンは「エドウィン・ライシャワーが来ます。彼がぜひ会いたいとのことです。よろしければアイリーンとは別のホテルを準備しますし、別のセッションに出ていただいてもけっこうです。名誉議長として出席をお願いします」[152] と強くハリファクス行きを頼んだ。また、エドウィン・ライシャワーからも、ハリファクスでぜひ会いたいという手紙が送られた。しかし、ハワードは最後まで「この会合は政治的過ぎる」[153] と言って招待を断った。ハワードからすると、弟はソ連のスパイではないのに、政治家・官僚たちがあまりに保守層におよび腰で、自らの判断で復権するのをためらっている。会合を開くことで復権につながる

世論をつくってそれに乗ろうとするものだと考えた。結局ハワードは関西学院大学90周年記念式典参加を理由にハリファクス行きを断り、代わりに日本へ行った。

　だが、このことでハワードとボーエンの関係は崩れなかった。ボーエンはさらに研究をつづけるとともに、ハワードと連絡をとりつづけた。1984年末にボーエンは、ジェームズ・バローズ、トロント大学政治学部教授が「ハーバート・ノーマン・スパイ説」に立って本を出版する予定だと聞き、ハーバート・ノーマンはスパイではなく、無罪であるということを強調する意味を込めた表題、'Innocence Is Not Enough'（無罪だけでは不十分）[154]にすることを通知し、ハワード夫妻はこれを受け入れた。ボーエンの本は1986年に出版された。だがハワードは既に重い病だった。翌1987年2月、ハワードは死去した。81歳、ささやかな葬儀が営まれた。カナダ政府が日系人強制収容は誤りだったとして公式に謝罪し、被害者個人への損害賠償をおこなったのは1988年であり、ハーバート・ノーマンが政府に忠誠であったとして正式復権となったのは1991年であった。こうしてハワードが人生をかけて問いかけた課題に対する答えを生前に受取れなかった。

第3章
弟たちの栄光と悲劇、そして忘却

序節　ハーバート・ノーマンとエドウィン・ライシャワーの略伝

　第2章までと同じく、この章でとりあげるハーバート・ノーマンとエドウィン・ライシャワーの略歴を以下に記す。この論文でとりあげる中心人物8人の中で、一番有名で研究も豊富なのが、この二人である。もちろんこの二人の研究やその評価についても重視するが、今回の論文では彼らの研究の背景となる時代状況、体験、そしてこの二人と他の6人の思索・活動の関連に力点を置く。

　ハーバート・ノーマンは1909年9月、長野県軽井沢町で生まれた。姉グレース、兄ハワードと同じように、小学課程はカナダの教科書にもとづく母からの家庭教育、中学からは神戸のカナディアン・アカデミーへ進んだ。1925年に結核感染が判明し、軽井沢の療養所に入った。1年たっても軽快しないため、1926年にカナダ・カルガリーの療養所に移り、さらに1年療養した。その後軽快したため、兄が教師をしていたアルバート・カレッジで高校生活を送り、1930年にトロント大学ビクトリア・カレッジに入学した。1933年卒業後は、奨学金を得てケンブリッジ大学トリニティ・カレッジに進学し、歴史学修士号を1935年に得た。その後アメリカのハーバード大学で東洋学を専攻し、1936年に修士号をとり、ニューヨークの太平洋問題調査会研究員となった。1939年のハーバード大学博士論文『日本近代国家の成立』は翌年に出版され、日本を理解するための基本的な著作として、彼の名を有名にした。その後も1949年に書いた『忘れられた思想家――安藤昌益のこと』まで、つぎつぎに日本史研究の著作を発表した。

　一方、彼は、学究ではなく外交官として生きることを選択した。1939年にカナダ外務省に入省した後、まず通訳官として東京公使館に派遣された。1941年の太平洋戦争開戦で敵国民として抑留された。1942年に交換船でカナダに戻り、首都オタワの外務省本部で対日政策の検討をした。1945年の日本敗戦後は日本占領軍の一員として9月に東京へ到着し、財閥解体などの政策具申をおこなった。1946年1月から1950年8月まで、カナダ政府首席代表として東京に駐在した。ところが、駐在終了間際にノーマン・ソ連のスパイ説疑惑が出、帰国後約半年間カナダ国家騎馬警察による尋問がおこなわれた。しかし、彼が

スパイである証拠は出ず、日本講和条約の次席代表などを経て、1953年に彼をニュージーランド駐在高等弁務官に任命した。さらに1956年にはエジプト駐在大使に任命したが、ちょうどおこったスエズ紛争でカナダ軍を平和維持活動に駐在させるためのナセル大統領との交渉に疲労し、ふたたびアメリカでおこった「赤狩り」の中で、自分がターゲットだとのうわさで精神的な打撃を受け、1957年4月に大使公邸近くのビルから飛び降り自殺をした。

一方、エドウィン・ライシャワーは、1910年5月に東京で生まれた。兄ロバートと同じく、小学校から東京のインターナショナル・スクールに通い、オーバリン大学に進学した。大学院もまた兄と同じく、ハーバード大学の東洋学専攻であった。パリ大学からハーバード大学へ移籍したエリセーエフ教授につき、1933年にまずパリ大学、1935年から37年にかけて東京帝国大学と京都帝国大学、1938年に北京での修学をし、1939年に円仁の『入唐求法巡礼行記』の翻訳と訳注でハーバード大学から博士号をとった。彼はハーバード大学専任講師となり、日本学・古代中国学の教師として生きた。だが日本エキスパートとして政府に求められ、開戦前後からの国務省・陸軍への政策具申、陸軍からの受託学生への日本学教育、そして大学教員を休職して、陸軍士官として日本軍の暗号解読の指揮を執った。第二次対戦終了直後は国務省で引きつづき対日政策具申の仕事に当たっていたが、ハーバード大学からの帰任命令が出て戻った。その後、東アジア学を中国近代史のフェアバンクとともに充実させる一方、『日本——過去と現在』などの通史、円仁研究、アジア政策に関する著作を発表した。1960年に日本を研究休暇で訪れ、安保闘争に関しての分析「損なわれた対話」を『フォーリン・アフェアーズ』に書き、外交通の民主党上院議員たちの推薦で、1961年のケネディ政権発足後に日本大使として起用された。彼は大使在任中「日米パートナーシップ論」を唱え、ケネディ人気とあいまって日米友好ムードを促進した。

しかし、1963年11月のケネディ大統領暗殺、翌年2月の彼自身への刺傷事件、アメリカのベトナム戦争介入による日本人の対米不信増大で彼の人気も低落した。結局1966年8月に大使を辞任し、ハーバード大学に戻った。彼が深く尊敬したロバート・ケネディが1968年6月に暗殺された後、彼は政治との関係を絶ち、研究・教育と執筆に明け暮れた。1981年にハーバード大学を定

年退職した頃から肝炎に悩まされるようになり、晩年はカリフォルニア州サンディエゴ郊外に移り、闘病生活を送った。彼は1990年9月に死去した。

　この二人の生き方を重ねあわせ、当時の状況の中で、彼らが「何を主張し、どう行動したか」、そして二人の考えや活動はどのような点で類似し、どのような点で違うかを、以下各節で分析する。

第1節　ハーバートとエドウィンの交友

　ハーバート・ノーマンとエドウィン・ライシャワーの交友は、兄たちと同じく軽井沢にはじまる。両親に連れられて避暑にきた軽井沢で、ユニオン・チャーチの礼拝をともにし、その後テニスコートなどで遊んだ。羽仁五郎の回想では、二人は大人たちのテニス中にボール・ボーイとして小遣いを稼ぎ、その小遣いでテニスを楽しんだ。羽仁は「良いところの子どもなのに、自ら稼いで遊ぶのは親のしつけが行き届いている」と書く[155]。実際は北米流しつけの標準であり、宣教師は日本では上流階級風だが、本国では宣教師は中流階級で給与は安く、金銭的しつけには親も神経質になったと考えられる。エドウィンは軽井沢でのハーバートとのテニス場交友が長くつづいたように記憶しているが、実際には数年のことに過ぎなかったと自叙伝に記す[156]。実際にハーバートとエドウィンの交友関係が深かったとされる割には、両者の間で残っている書簡類は少ない。その書簡もだいたいは事務的である。よって二人の交友関係を疑い、実際には二人はそれほど仲良くなかったとの議論も出てくる。しかしながら、家族ぐるみのつきあいの中での関係を見ると、二人の交友関係は深かったと考えられる。実際にハーバートからエドウィンは子ども時代から強い印象を受けたため、軽井沢のテニスコートのエピソードがエドウィンの回想の中で出てくるようだ。自伝を読んでいくかぎりでは、東京のライシャワー兄弟のまわりには同じ年代の子どもたちが少なく、ほとんど兄弟以外と遊ぶことはなかった。当時の日本人の子どもたちは「異人」の子どもと遊ぼうとせず、親たちも無制限に子どもたちと交流しては悪い影響が出ると、宣教師・牧師・キリスト教の著名人の子女に限定していた。しかし、それらの子どもの多くは郊外に住んでおり、宣教師派遣もしばらく中断した後の第1陣だったので、ライシャワ

第3章　弟たちの栄光と悲劇、そして忘却

一兄弟と釣りあう子どもは少なかった[157]。

　日本のキリスト教史では、1890年の学校令でキリスト教主義学校の徴兵猶予が取り消され学生数が激減し、キリスト教会への逆風で教会から日本人の足が遠のいた。結果、1890年代は大多数の教派が宣教師派遣を減らした。20世紀に入って「大挙伝道」がおこなわれ、キリスト教主義学校の徴兵猶予が実質的に認可され、教勢が回復すると多くの教派が宣教師派遣を再開した。ただ一つの例外として、メソジスト諸派はこのような状況にもかかわらず1890年代も援助をつづけ、宣教師も派遣しつづけた。ノーマン家は例外であるメソジスト派に属していた。ゆえにダニエル・ノーマンはキリスト教への圧迫が厳しい19世紀末に来日し、宣教師としての活動を開始した。そしてちょうどライシャワー家に釣りあう「兄貴分」の子どもたちがいた。

　新潟県高田の聖公会宣教師の子どもとして生まれた日本近代史家シリル・パウルズの著述[158]によると、ノーマン家のいた長野市には聖公会の宣教師一家が郊外にいたが、都心に住んだノーマン家とはつきあいが深くなかった。ノーマン家は地方在住のため地域社会が安定しており、子どものつきあいを規制せず、ノーマン家の子どもたちは日本人の子どもたちとよく遊んでいた。よってノーマン家のほうが日本語の話し言葉は長けており、日本の風習などにも詳しかった。ライシャワー家の子どもたちはノーマン家を通して日本を知った面も多かった。しかもハーバートは知性の面でも優れていた。エドウィンがハーバートの『日本近代国家の形成』に深く魅了され、若い時代の著作には彼の影響があると正直に告白している[159]ことは、「影響」をしめす注目すべき点である。

　さて、ここでハーバートとエドウィンの少年時教育をおさらいしたい。二人の教育は基本的に兄をなぞったもので、ハーバートの場合も兄ハワードと同じく、小学生課程は母キャサリンが自らおこなうカナダの教科書による家庭教育、ハイスクールは神戸のカナディアン・アカデミーで履修した。ハーバートは文武両道で、学業もトップクラスでスポーツも万能だったという。ただしロジャー・ボーエンが注意しているが、キャサリンが寮母として神戸に移り住み、母子関係が特別に濃密だったとしている[160]。ハイスクールになると子どもが一人学寮に入り、集団生活しながら学習するイギリス系紳士淑女教育の伝統から外れている。一方、エドウィンは東京のインターナショナル・スクールで小学

生からハイスクールまでを過ごし、その後オハイオ州のオーバリン・カレッジに入学した。学業もできたが、スポーツに熱中したという。高等部時代にバスケット部のキャプテンとして活躍したのを、後に夫人となる松方ハルが小学部に在籍してあこがれの目で見たという。その勢いは大学時代もつづいたようで、大学時代の思い出は学業よりもスポーツでの活躍が中心だ。スポーツから学業へ、そして世界情勢へと関心が変化したのは、大学の卒業研究に『ペリー遠征記』をとりあげたことである。その後ローズ奨学生試験に落ち、採用された国際連盟インターンが財政事情から取り消され、ハーバード大学大学院に進学して学問への関心が深まった。

　二人もまた、両親を通じて日本のキリスト教指導者、上流階級と深くつきあった。彼らの少年時代はまさに大正デモクラシーの最盛期であり、そのリーダーたちと両親との会話を横で聞く立場にあった。そのことが彼らの日本観に後に影響することになった。また二人は生まれ故郷である日本、そして長野と東京を愛し、誇りとしていた。いずれにせよ、二人の視点もまた一般のカナダ人、アメリカ人と違う複眼的なものとなった。

第2節　青年時代のハーバート──結核、大恐慌、マルクス主義

　ハーバートの幸せな少年時代は、16歳で結核に罹患し中断した。カナディアン・アカデミーを休学し、軽井沢の結核療養所に入所した。当時日本では結核は不治の病だった。スポーツは禁止され、家族との面会も制限され、とにかく安静にして体力を高めることだけが、生き延びる唯一の道だった。正しい人、よい人が生き延びるとは限らなかった。父の語りつづけた「全能の神」と「正しく生きることが救いにつながる」というメソジスト派的教えに疑いが生じるきっかけだった。軽井沢での一年の療養ではハーバートの病状は好転せず、カナダ・カルガリー郊外の結核療養所に転院しさらに療養をおこなうこととなった。そしてカルガリーでは「無神論」を主張する療養者と出会った[161]。「無神論」を考えたことがなかったハーバートは、無神論について延々と考えつづけた。

　エドウィンもまたハーバートと同じく、両親の熱烈なキリスト教信仰から離

第3章　弟たちの栄光と悲劇、そして忘却

れ、キリスト教もあまたの宗教・思想と同様な「人間の自己救済手段」と考えた。エドウィンの育った東京には無神論者や世俗主義的な人間がおり、父は1917年には『日本仏教の研究』を著わして、宣教師でありつつキリスト教の教義を相対化した。キリスト教信仰自体の相対化は父の考えを進めただけだった。それとくらべると長野は善光寺の門前町であり、少数のキリスト教徒や一部の新宗教信徒を除くと、ほとんどが熱心な仏教徒だった。無神論や世俗主義が入り込めなかった。父ダニエルは、キリスト教の絶対性を疑う余地なく信奉していた。カナディアン・アカデミーはカナダ・メソジスト教会が建てた学校で、宗教教育が徹底していた。そのような「宗教心の純粋培養」の中で育てられたハーバートにとって、死と向きあう中で出会った「無神論」は強烈だった。

　ハーバートは幸いにして2年目の療養で結核の症状がほとんど治まり、ハイスクールに復学した。兄ハワードが教師として教えるアルバート・カレッジに編入し、兄を含めた住み込み教師たちの指導を受けながら残りの高校生活を過ごした。そして同学年の者より2年遅れて、姉や兄と同じくトロント大学ビクトリア・カレッジに入学し、古典学を専攻した。神学教育で必須となるラテン語がとくに得意だったとされ、「二代目宣教師」となるつもりだった可能性が高い。そのため「無神論」に触れた彼はたびたび「真のキリスト教」という問題意識を発した。兄ハワードがいう「社会的福音」がそれではないかと考えをめぐらせていたが、兄の説明では満足できなかった[162]。

　時代は1930年代にさしかかり、大恐慌の影響で失業と貧困が満ちあふれていた。大恐慌勃発時は自由党政権だったが、政権交代で保守党のベネット政権となった。ベネットは英連邦ブロック経済化を進め、銀行や大資本企業を援助することで恐慌から回復しようとした。結果ますます失業者が増え、農民たちは収穫に見あった収益が得られず離農した。人々はストライキやデモで示威行動をし、牧師出身のウッズワースが初代党首となったカナダ連邦協同党が西部諸州で勢いを伸ばした。ロッキーのふもとアルバータ州では「社会信用」理論と純福音的キリスト教運動が合体し、ポピュリスト的な考えを提唱した社会信用党が結成され、1935年9月に州政権を取った。アルバータ州から選出されていたベネットは、アメリカの「ニュー・ディール政策」を取り入れようとしたが、すでに政権の基盤が弱体化し翌月の総選挙で自由党に敗北した。自由党

のウィリアム・リヨン・マッケンジー・キングが首相に返り咲き、連邦協同党と政策協定して、福祉政策を導入し、ニュー・ディール政策カナダ版を推進した。こうして大恐慌の影響は薄れ、マッケンジー・キング内閣は第二次世界大戦後の1948年までつづいた。キング引退後はサン・ローランが引きつづき自由党内閣を組織し、1957年まで長期政権がつづいた。

　このような大恐慌時に、ハーバートは学業に励んでいた。元来社会的福音の影響が大きいビクトリア・カレッジでは、学生たちの社会的関心は貧困問題解決に集中し、ハーバートも議論の輪に加わった。しかし、ハーバートは思索中心で、兄や仲間のように実践に進まなかった。ハーバートは「真のキリスト教」の姿を求めてキリスト教社会主義の理論をマスターしたが、不完全と考えた。彼はマルクス主義著作を学んだ。トロツキーの解放理論[163]に一度は理想像を得た。しかしながら、トロツキーの理論にも疑問をもちはじめた彼は、マルクスの考えこそが、「真のキリスト教」がめざす姿ではないかと考えた。それを実践している国がスターリンのソビエト連邦なのではないかとも考えた。ハーバートは従来のキリスト教信仰を「離脱」し、マルクス主義に真の「救済」の姿を見ると家族に宣言した[164]。「二代目宣教師」になるのは取りやめた。また同級生でハミルトン出身のアイリーン・クラークと、卒業時に結婚した。

　ハーバートは兄ハワードに引きつづき、奨学金を得てケンブリッジ大学トリニティ・カレッジに留学した。ハーバートはここで西洋史を学ぶかたわら、マルクス主義の学習会に参加し、恐慌時に国力を発展させたスターリンのソ連に関心を抱いた。この時代にイギリス共産党秘密党員入党説がある。「アジア友の会」事務局長となり、留学中の中国人らを共産党に誘ったという説もある[165]。当時のイギリスと自治領諸国どうしでは参政権は共通であり、カナダ国籍自体がなかった。よってカナダ参政権はイギリス参政権として用いることが出来た。よってハーバートはイギリス国民として問題なく政治に参加できた。だがここでもハーバートは「思索の人」でありつづけた。多くのケンブリッジの仲間たちはスペイン内戦に共和国軍義勇兵で志願し、戦死したり戦傷や心の病を得た。彼らの活動に心動かされつつも、ハーバートはついにスペインへは行かなかった。そしてさらに思索を深め、30年代のヨーロッパを覆いはじめていたファシズムの流れの意味と将来の世界を考えた。彼は北米に帰り、ハーバード大学

大学院に進んだ。

第3節　青年時代のエドウィン——日本研究への目覚め、ファシズムとの遭遇

　エドウィンが進学したオーバリン・カレッジはアメリカを代表するリベラル・アーツ・カレッジの一つだが、当時の科目の中にはほとんどアジア関連の講義はなかった。エドウィンの自伝によると、一つは中国古代王朝の変遷史、一つはアジアの現代情勢[166]で、どちらも日本在住歴の長いエドウィンには学ぶ部分が少なかった。エドウィンはアジアをよく知る経歴を生かし公的な分野で働きたいと願った。卒業後、最初はローズ奨学生になることを志願したが失敗した。つぎに国際連盟のインターンを希望し、いったん内定したが、日本脱退で予算が大きく削られた国際連盟は内定を取り消した[167]。結局、兄と同じく、1931年にハーバード大学大学院に進学した。当時アジア研究がまともに機能していたアメリカの大学はコロンビア大学、スタンフォード大学、カリフォルニア大学などで、ハーバードはアジア研究の場としては見劣りがした。それでもハーバードを志願したのは、兄がハーバードから奨学金を受けており、奨学金受給で学生生活が成り立つと判断したのだった[168]。

　実際のところ、当時のハーバードの陣容では、古典中国学などは多少学べたものの、日本史や近代アジア研究などはほとんどなかった。中国語の学習などでずいぶん苦労したようすが自伝から見える。幸いパリ大学のエリセーエフが客員教授でハーバードを来訪し、そのまま教授として転入したことでエドウィンの研究はずいぶん進展した。エリセーエフは東京帝国大学文科大学を卒業した経歴をもち、日本文学や美術に深い造詣をもっていた[169]。さらにはフレンド派の宣教師として日本滞在の経験をもち、後にコロンビア大学の日本史教授となったヒュー・ボートン[170]などが、日本研究の大学院生としてハーバードのゼミにもあらわれていた。エリセーエフとともに日本語教材などをつくる仕事を手伝いつつ、大学院の講座を受講しているうちに、エリセーエフがフランス・日本・中国での研修の後、博士論文を書いてハーバードの日本学教員になることを提案。エドウィンはこの提案を喜んで受け、1933年にパリ大学に留

学した。

　ここで、歴史学的に大変重要な史料的制約に関して書いておかねばならない。エドウィンの1930年代から1945年にかけての史料は、ハーバード大学史料館のエドウィン・ライシャワー・ファイルの中には一切存在していない。まだ無名だった1946年からのファイルは残されているし、子ども時代の史料なども、アメリカン・スクールの日本語授業で使った当時の国定教科書などが存在している。それなのに1930年代のものが存在しないのは、意図的抹消の可能性が高い。第二次大戦中のファイルに関しては彼が情報将校であったため、「アメリカ政府の機密保持」の可能性が高い。が、一大学院生だった1930年代部分がないのは説明がつかない。このため、自伝にもとづく叙述しかできない。エドウィンは当時フィアンセだったアドリエンとパリとウィーンの間で送りあったラブレターがないことについて、自伝でこう釈明している[171]。

　　一週間して彼女がドイツに去った後は、私たちは毎日休まずに手紙の書きっこをし、それは一年間つづいた。恋と勉強を兼ね、私はいつもフランス語で、彼女はドイツ語で書いたが、むろんごく他愛ないものであり、20年後のアドリエンの死のあと（注；1955年）、私の判断で火中してしまった。

　しかしながら、留学中にはエドウィンはアドリエンにだけ手紙を書いたはずはなく、日本にいる両親や、当時ヨーロッパ各地の大学にいた北米の日本研究者（ハーバートを含む）に手紙を送ったはずだ。留学生たちは手紙だけが通信手段で、それなしで他の人を訪問したりなどできるはずがない。しかしこれらの手紙もすべてない。その手がかりとして、『都留重人著作集』の月報の中で、都留重人とハーバートの間で交わされた書簡で残されたものがなぜ少ないかを釈明した箇所がある。都留によると、マッカーシズム時代に狙われているのを知り、まわりのアドバイスで1930年代から40年代初頭の太平洋問題調査会関係者との書簡をすべて始末した。太平洋問題調査会に関わっていたエドウィンも、指示を受けて「当時の書簡類を始末した」可能性が高い。

　エドウィンは自伝ではあまり社会主義には賛同した覚えがないように書くが、自伝には日本留学時の経験としてつぎのような記述があるところからも、一時

第3章　弟たちの栄光と悲劇、そして忘却

は社会主義に希望を見出していた可能性は否定できない[172]。

　私は左翼の勢力が進出し、また二大政党の一つである民政党が「議会主義か、しからずんばファシズムか」のスローガンを掲げて1936年と翌37年の選挙に勝ったのを、好ましいと思いながら見ていた。

　パリ大学時代の思い出は自伝などに詳しいが、ちょうどヒトラーが権力を掌握する時代で、アメリカでは体験したことのなかった全体主義的傾向にエドウィンは神経をとがらせた。親しいフランス人の友人などはほとんどできなかったと記しており、フランス人は排他的だとの感想をもった[173]。しかも当時はアメリカがドル安となり、留学費用が厳しい状況だが「金持ちアメリカ人」と見られた。必死にフランス語会話を学び、東欧移民に見せかけようとした。アドリエンはドイツに留学していたので、ドイツにもしばしば行ったし、ライシャワー家の故郷オーストリアもまわったが、ドイツだけでなく、フランスにも広がっていたファシズムの傾向に深く心を痛めた[174]。しかし「外国人」であるエドウィンは政治活動ができず、観察するだけだった。この点ではイギリスでも自由に政治活動ができたハーバートとはまったく違った。

　2年の留学の成果に関しては、パリ日本館の前田陽一に頼まれて翻訳した『史学雑誌』などの論文や、ファシズム期の大陸ヨーロッパに住んで、組織化された社会ができあがっていることにアメリカとの違いを感じ、古い歴史をもつ日本が大陸ヨーロッパの制度を受容した理由がわかったこと、そして恋愛の話で、パリ大学での学業から受けた影響は相対的に小さかった[175]。ただし、円仁を扱うきっかけはポール・ドゥミエヴィル[176]の示唆によるという。2年間のパリ留学中に、オランダに留学しているヒュー・ボートンやイギリス留学中のハーバート・ノーマンなどのところを訪問し、親密に意見を交わしたことが自伝には記されている。1979年にハリファクスでおこなったノーマン・カンファレンスの講演で、自分はファシズムに傾く大陸ヨーロッパの風潮に嫌気を感じたが、フランスの政治に関われる可能性があるとも考えなかった。しかしハーバートは同じ英連邦なので、イギリス政治に関わっていたのに驚き、同時にうらやましさを感じたと語る[177]。完全な「独立」前のカナダゆえに可能

になったことがらだが、ハーバートのもつ大英帝国のバックグラウンドに羨望を感じてもいた。ヨーロッパでは当時日本の情報はほとんど手に入らず、エドウィンは自分が向かうアジアの大変動を、まだ把握していなかった。

　1935年春に東欧、ソビエトを経由し、シベリア鉄道の三等車に乗って日本へと向かった。ソビエトの実情をこの目で見たことは、後にマルクス主義者の友人たちからスターリンの圧政情報を知ったこととともに、1930年代に他の学究仲間ほどマルクス主義を信奉しない傾向を持った。満州、朝鮮半島を経由して下関で日本に上陸し、一路東京へ向かった。ところが実際の日本は日中戦争にのめり込んで、軍国主義化が進み、大正デモクラシーの時代とはうって変わった状況だった。エドウィンはそのことに大変驚いた。父の司式で8月にアドリエンと結婚し、東京女子大学宣教師館に住んだ。結婚と同時にハーバードの奨学金が打ち切られ、アドリエンが立教女学院で教師をして生計を立てた。

　一方、学業のほうは東京帝国大学文学部特別研究生として国史学科の辻善之助のもとで研究したが、辻やその門下生の国粋主義的な言動には反発を感じていた。だが、円仁研究の協力者として、天台宗僧侶で当時東京大学文学部研究生だった勝野隆信を紹介され、彼の助けを得て円仁の『入唐求法巡礼行記』を読み進めた[178]。勝野は後に大正大学文学部教授として、多数の日本古代史研究書を執筆した。1936年夏に予定通り京都に移り、京都帝国大学文学部特別研究生となった。やはり国史学科の西田直二郎の門下となった。東大国史ほど国粋主義的でなく、所帯も小さかったためか、エドウィンは他の学生たちや若手研究者たちとかなり仲よくなった。いっしょに訪ねた各地の史跡旅行のことを含め、同窓生たちを懐かしく感じると述べている。京都では古代史や古代文学、美術史をはじめとした広い日本研究分野の教養を身につけ、日本人研究者と共同して『十六夜日記』をなど日本古典の英訳をおこなった[179]。

　ところがこの間の1937年8月、京都を訪問した後上海に向かった兄ロバートが爆死する事件がおこり、エドウィンがライシャワー家を代表して遺骨を東京駅で受け取った。ロバートの死にショックを受けた両親と軽井沢で残りの夏を過ごし、9月に中国に向かった。ところが当時のアメリカの一般パスポートでは中国入国は禁止されていた。専用パスポートを手に入れるまでの2ヵ月間、日本領だった朝鮮で過ごした。この間に、朝鮮語をローマ字で記す標準方式と

第3章　弟たちの栄光と悲劇、そして忘却

してマッキューン＝ライシャワー方式を制定した。そして朝鮮が独自の文化・歴史をもつ異質な国であることを「発見」[180]し、そのことが戦後韓国問題に対するエドウィンの原点となった。また特別高等警察の監視対象となったこともエドウィンに「戦争の予感」を感じさせた。

　北京に到着したのは12月になろうとする頃だった。当時の北京の悲惨な状況をエドウィンは自伝などに記し、1981年にNHK番組収録のために北京を再訪した際に、人々が安心して生活する北京を見て「進歩」[181]と評価している。1938年当時の北京は戦乱によって社会生活がずたずたで、多くの知識人は北京から逃げ去った。燕京大学はキリスト教系だったので一応機能していたが、市内から遠いためときどき通うだけだった。北京は経済が混乱していたため、欧米人たちで自らの社会を追放された白系ロシア人亡命者や一発屋、同性愛者らが、隔離されたコミュニティをつくり、使用人を雇って王侯貴族のように生活していた。エドウィンはそのようすに相当驚いたようだ[182]。北京滞在は1938年の6月に終了し、日本を経由してハーバードへ向かった。エドウィンは38年9月からハーバードで中国語の講師を務めつつ、円仁研究で博士論文をまとめた。現在公刊されている円仁研究の予備研究的性格を持ち、『入唐求法巡礼行記』全4巻のうち第一巻を英訳し、解説をつけたものだった。これによって1939年6月に博士号が授与され、エドウィンは専任講師となった。同時に博士号を受けたハーバートが著書発売とともに一躍有名になったのと比較すると、エドウィンの論文は学問的な価値はあるが、話題になる研究とは言えず、無名の一大学教員だった。

第4節　ハーバートの博士論文の形成と反響

　ハーバート・ノーマンはケンブリッジの留学から1935年夏に戻り、ハーバード大学大学院に入学した。ここで日本近代史を専攻すると決めた。ノーマン一族は日本語を話すことはできたが、日本語の読み書きはできなかった。ダニエル・ノーマンはかな文字すら読めなかった[183]が、宣教師活動には支障はなかった。ハーバートは子ども時代に日本語を話すことはできたが、17歳で日本を離れてからまったく違う分野を学び、この当時日本語を読むのはおろか、

日本語を話すことすらできなくなっていた[184]。それでも専攻を決めてからの日本語の上達は早く、1年ほどで一般的な日本語の文章を読めるまで上達した。専門論文を読むには不十分だが、当時の日本語教育ではよいほうだ。彼は1936年夏に修士号を取得し、ニューヨークの太平洋問題研究会研究員となった。

さてハーバートは1930年代の日本情報をどのようにして手に入れたのであろうか。そしてその情報がどのように用いられて、『日本近代国家の成立』となったのか。まず考えるべきことは、1926年に軽井沢の療養所を出て以来、ハーバートは日本に戻ってなかった。1938年7月から軽井沢の両親宅で数ヵ月を過ごしたのが1927年以来唯一の来日体験[185]は、すでに論文提出直前で、その時の観察だけでは十分な社会変化を読み取ることは難しかった。よくて論文の微調整程度であったろう。よってハーバートは、1930年代の日本の情勢を間接情報でしか手に入れていないことになる。1935年に東京と京都で2年にわたって留学体験をしたエドウィンが、あまりの情勢変化に驚いたことを記している。ヨーロッパや北米ではほとんど日本情勢の変化は報道されず、関心ももたれていなかった。

では、間接情報の出所はどこか。一番は家族である。父夫妻は1934年の引退後も軽井沢に住んでいたし、兄ハワードは金沢で活動していた。そのハワードは1938年にニューヨークに在住して、最新かつ報道されにくい地方の情勢を直接話した。ハワードとハーバートの住んだアパートは、たった3ブロックしか離れていなかった[186]。当時のニューヨークは治安がよく、食事をともにして話しあう機会は多かった。つぎに日本人や他の日本在住外国人の情報が用いられたであろう。都留重人の名前が特筆されており、彼の貢献は日本のマルクス経済学的な研究の紹介に加えて、1930年代の日本の情勢を知らせてくれた。死ぬ直前に似たような問題を取り扱っていたロバート・ライシャワーの情勢報告も、おおいに参考にされた。ロバートは1932年から34年の日本在住後も毎年日本を訪れていた。

そのような間接情報をハーバートはどう受け止めたか。あれだけ隆盛をきわめた大正デモクラシーは消え去り、軍国主義の流れが強まり思想統制が強まっている。「長野のノルマン」と人々から愛され信頼された父が、スパイの疑いをかけられて手紙を検閲されたり、身元調査されたりするようになっている。

第3章 弟たちの栄光と悲劇、そして忘却

労働運動、農民運動は弾圧されている。ハーバートは日本の最新情勢を長期にわたって直接体験したわけではないが、ヨーロッパ・ファシズムの情勢を実際に体験していたので、それと比較した。とうぜん関心は日本の近代化の脆弱性、封建的側面に向かう。そしてその歴史分析を可能にする理論はマルクス主義の手法しかなかった。ハーバートは都留らの手助けを得て、講座派日本経済史分析の理論を学び、自らの研究に生かした。政治史の分野に関しては、自由民権運動とそれに対する政府の弾圧の歴史理論が、日本問題をよく説明していると考えられた。これをジェームズ・W・モーリの言うようにハーバートはマルクス主義的で、ロバートやボートンらはリベラル路線と定式化できるか。ノーマン兄弟の論説をボートンが重視したことからわかるように、両者とも基本的な方向性を共有しており、彼らの後継の研究者が違うとするほどに懸隔は大きくないと私は考える[187]。

　両者とも基本的には1930年代以降の「日本の民主化・近代化への失敗」を問題視しながら、講座派の明治近代化の定式とカナダではアメリカより少しは容認されていた社会主義・共産主義との遭遇もあって、新しい日本近代史像を結んだ。ロバートや自らも宣教師であったボートンの場合は、社会主義や共産主義との共感体験が小さい。また当時のアメリカの大学での博士論文の主流からして、ボートンの場合は明治期日本の全体像を描くより、細かい史料調査にもとづいた日本史の事例研究が博士論文の内容として望ましいと考えた。明治近代史を概観するような大研究は、大御所が弟子たちを総動員して実証的におこなう仕事と考えていた。また、ボートンは非戦主義、徴兵拒否を貫くフレンド派（クエーカー）宣教師として日本に滞在しており、彼の反戦主義的見解とハーバートの「大日本帝国」拡大礼賛的な論調との相克が、日中戦争を助長すると見えて論難の遠因となった可能性もある。このハーバートとボートンの立場の違いが、ハーバートがこの論文を一度はボートンを指導教官としてコロンビア大学に出したが、「オリジナリティの欠如」を理由として却下され、ハーバード大学に出しなおして博士号取得という結果につながった。この後ハーバートはカナダ外務省に入省したため、カナダおよび連合国の利害を代表した言動をとり、著作にもそれが反映する制約がかかった。『日本近代国家の成立』はハーバートが自由に書くことのできた唯一の主要著書である。この著書とその

後の著作の違いに関しては、その状況の違いを了解して評価せねばならない。

　以上のような理由から、ハーバートの主著であるこの本を本来は精査すべきだが、この研究の主眼は『日本近代国家の成立』の著書の是非、現代のさらなる精査な研究から見たこの著書の意義や問題点の指摘には力点がない。またハーバート自身が1953年の新版への序文[188]に記している通り、1939年当時の研究環境と1953年で日本研究は大変貌を遂げており、増補、改訂を若手研究者の研究を参照しながらおこなうつもりだった。しかし改訂版が出ることはなかった。1939年の限られた著作、乏しい情報の中で、とにかく明治近代国家成立の全貌を描こうとしたこの本を、今の研究密度で批評すれば問題があるが、やむをえない。

　またハーバートが講座派の研究を多く引用したことに関して、彼の当時共産主義者疑惑と絡めて論じられるが、講座派の研究を紹介した都留自身がマルクス経済学者でありつつ近代経済学にも理解があり、エドウィンが1979年のノーマン・カンファレンスで述べたように、この時点では日本近代経済史の系統的解釈は講座派しかなかったため、共産主義論争と論文内容が直結しえない。ハーバートに関するカナダ外務省調書では「民間人時代の調書は存在せず、また論ずべきでもない」と主張しており、この問題に関しては決定的なことは言えない。当時「危険な軍国主義国家」とみなされていた日本に対して、近代史のまとまった研究はごく限られていた。明治維新期の諸勢力の関係や、それがヨーロッパ史か中国史などと比較しながら特徴を探り出したため、欧米の第二次大戦中の対日政策に決定的な影響をはたすほどとなった。日本生まれとは言え、大正デモクラシー期以降の軍国主義日本に関しては、家族や都留・角田・ボートンらの間接情報を使った、若い学究によってなしえた作品である。ゆえに著作の内容に関してはかんたんに触れるに止める。

　ハーバートは序論[189]の中で、日本の現状分析を中心とせず、明治維新期から始めるのが重要か強調する。日本は専制的であり、寡頭的に力をもつ諸勢力が妥協しつつ、世界状況を見ながら敏速な行動をとった。ゆえに、小さな犠牲を払うだけで大きな国益を得て近代国家となり、さらに欧米列強並みの植民帝国に成長した。武士層と商人層の妥協による資本蓄積が江戸後期に行われていたため、植民地化の危機を乗り切り、帝国となることに成功した。さらに官僚

第3章 弟たちの栄光と悲劇、そして忘却

システムが急速に発達し、政治家にコントロール出来ないものとなった。この国の支配は維新を進めた支配者、重商主義的な商人たち、軍人を含む官僚たち、郷紳を代表する民党政治家たちの妥協的活動によって寡頭支配された。そのことが民主主義の成立を遅らせた。また、民党の代表であり、普通選挙即時実施を唱えた自由党が実は急進派と保守派の連合であり、後に同党が政府と結託して保守的な政策を推し進める政友会へと変化する結果を生んだ。

以下の各章は、過去に精査な研究があるので、かんたんに触れる。ハーバートはつねにヨーロッパ近代国家の成立との比較において、日本近代国家の成立はどのような特徴があったかを論じた。第2章は「明治維新の背景」[190]として江戸時代の歴史や制度の概観、外国からの開国要求の中で日本はどのような動きをとったか論じている。第3章は「明治維新」[191]であり、商人連合、藩独占性と商人との関係、雄藩を中心に江戸後期から資本主義が浸透しはじめたこと、長州藩を例にとった近代官僚制成立、明治初期の農民運動が江戸時代からの一揆の流れをくむものであると説明する。下級武士のうち、明治維新の中枢やそれと協力した者は栄達したが、他の多くは窮乏し、それが武士の内乱を触発して西南の役にいたった。最後に明治維新は実際には藩ごとに異なっていた制度の統一、秩禄処分、近代的諸制度の確立を一気に進めたことを記し、結論にいたる。

第4章は「明治初期の工業化」[192]に関して論じられている。江戸時代に貨幣が都市部での交換手段となっており、手工業分業制が発展し、資本蓄積を商人と高利貸しがしていた。次に日本では重商主義で工業化が進んだのは、日本の工業技術は貧弱で、政府保証なしに工業に資本を投じる者がなかったためだ。信用創出に銀行資本が資本家と工場経営者とを媒介した。不平等条約の中で、外国資本に安易に頼ると植民地化の可能性があり、外債の募集は最低限とした。軍事的および輸出産業育成の立場から戦略的な工業化が進められた。この結果、イギリス産業革命とは逆に日本は機械工業や造幣工廠などの重工業が優先され、その後に輸出産業となる紡績業などが発達した。工業生産における国家統制のありかたは、まず軍事的でない分野の工業が1880年代から一部の民間業者に払い下げられた。国家主導の工業化は官僚支配を意味した。

第5章は「土地改革とその社会的帰結」[193]と題されている。まず1872年の

田地永代売買解禁によって土地の私有化が進んだが、それは自作農育成ではなく、他国と同様、地主と小作農の関係を生み出した。つぎに日本とイギリスとを比較しつつ、日本では工業が農民たちを吸収する力をもたず、彼らの多くは小作農として留まった。その結果、不当に高額な地代と土地細分化が進んだ。一方、人手を必要とする工業労働の多くは紡績業であり、それらは若い婦人労働による低賃金労働が定着した。さらに都市への移住は短期的だった。この結果として、地主と資本家は利害を一致させた。日本農業は寄生地主のもとで、多くの農民がますます零細な土地を耕作しており、過剰な人口圧力の中、農業の高度化などの試みはなされなかった。日本の小作農は保守的であると同時に急進的な側面ももつ。農村の過剰人口のうちの一部は紡績業などの婦人労働や、男性の片手間仕事によって収入を補ったが、都市に出た者の多くは非熟練労働者となった。このような過剰人口が日本の場合は移民排斥のため海外進出が閉ざされ、厳しい労働条件を受け入れざるをえなくなった。このような国内農村の疲弊状況は、日本の工業生産の大半を輸出に頼ることとなった。

　第6章は「政党と政治」[194]である。1877年から83年にかけての特権的財閥に対する地主層の異議申し立てが、即時国会開設を求める自由党の設立につながった。自由民権運動は明治維新に貢献したが薩長閥ほど恵まれなかった土佐、肥前の指導者層と、小農民、小作人、都市貧民の双方に支持され、自由党は両者を糾合した政党となった。つぎの節で議会開設までの日本の政党史が説明される。自由党は議会開設にあたり再建されたが、制限選挙であったために穏和化し、後に政友会へと変質した。このような政党の興亡のあいだに、政府側は伊藤博文を中心として憲法制定を始めとした改革を行い議会開設に備えた。憲法は欽定憲法で絶対主義の道具となった。選挙権は議会開設後にしだいに門戸が広げられたが、これを無産階級におよぼすことは既存の政党では無理だった。警察の弾圧を受けつつ米騒動などを受けて制限がゆるめられ、1925年の男子普通選挙決定で日本の議会民主主義は頂点に達した。

　つぎに外交政策と国際関係が述べられ、富国強兵の名のもと、近代的陸海軍創設が1873年の徴兵令をバネとして進められた。この軍隊が西南叛乱を制圧し、1894年に日清戦争がおきて日本は勝利をおさめたが、三国干渉を受けた。1899年の不平等条約改正成功までの困難な道のりが、国民的自覚を促し

た。日本の政治指導者たちは自らが征服者にならなければ、被征服者化して中国やエジプトと同じ運命になると悟った。日本は列強とともに中国の利権争奪戦をおこない、国民から大きな支持を受けた。日本は1902年に日英同盟を結び、1904年におこった日露戦争で勝利をおさめた結果強国として認められた。一方、20世紀に入ってからは政府への異議申し立てはあるが、官僚機構がうまくバランスをとっている。結果真の民主主義を実現することもないが、ファシスト勢力の勝利も妨げている。これが外部から日本観察する人間たちに、日本が不可解に見える原因である。ハーバートは短い「結論」[195]を書いて、短期間に急速な近代化、発展を遂げた日本が他の近代国家と違うさまざまな困難や苦しみをも抱えていると述べる。今後日本近代史に現れる豊富さと困惑させられる多様性、鋭い対照を読者が読み取ることを期待して、筆を置いた。

『日本近代国家の成立』はきわめて短時間に、きわめて広範囲な明治憲法国家の歴史を中心として分析した書物である。ボーエンによれば、歴史家による明治憲法体制成立の論文としては、日本を含めて世界で最初だった。そしてこの本の真価は、日本の軍国主義体制がなぜ急速に発達しえたか、という1930年代の問題意識をもとにして読みとれる。その時代背景を理解したうえでこの本を読めば、彼の分析に一定の説得力があり、日本の近代化の負の側面を描きつつも、急速に強国となりえた理由についても説明している。日本が当時の一般的な欧米人が思い描くような「野蛮人が住む強権的軍国主義の国」ではないと説明する。こうした理由から、この本が北米で大変大きな反響を呼び、戦後すぐに出た『菊と刀』と並び、アメリカの日本観に大きく影響して対日占領政策策定に影響した理由が分かる。エドウィンもハーバートの分析の鋭さに舌を巻き、彼の理論にもとづいて戦後初期の日本近代史分析をおこなった。その分析が現在そのまま妥当なものかどうかはともかく、当時としてはきわめて驚異的かつ影響力があった。この研究はヨーロッパ史を現地で学んだ豊富な知識と、古典学による先哲の箴言がベースとなって、彼の日本近代史分析が実現できた。

ハーバートは確かにこの研究の経済史部分を、講座派的な分析の影響を受けて書いてはいるが、講座派が明治維新を絶対主義革命とみなしたのとは違い、自分なりに解釈してでこの著作を書いた。むしろ日本特有の歴史的展開を重視し、欧米近代化との比較対照で類似性と対照性を詳しく論じている。また最終

章で、日本の対外膨張や軍国主義的傾向を断罪していない[196] ところに、彼が日本に対して持った「生まれ故郷への愛着」がある。同時期に書かれた兄ハワードの論文が日本の当時の対外膨張を激しく非難したのと比較しても、その筆致は穏やかである。これはハワードが宣教師で日本在住、一方ハーバートは研究者で北米在住という違い、そして軍国主義の状況を身をもって体験したか否かによる皮膚感覚の違いが生んだ現象と考えられる。

第5節　ハーバートの外務省採用後の研究——『日本の兵士と農民』『日本政治の封建的背景』を中心として

　ハーバートは1939年6月にハーバード大学から博士号を授与されるとともに、カナダ外務省に採用され、三等書記官となった。翌年1月、彼は日本公使館通訳官に任命され、5月東京に着任した。以前の章で述べたとおり、両親、姉夫婦、兄夫婦ともこの時点では日本に在住し、ノーマン家は全員日本に戻った。しかし、時代は変わっており、第1章で述べたように、日本に骨を埋める覚悟で軽井沢に墓を用意した父ダニエルがスパイ容疑者として特高の監視下にあった。賀川などと歩調をあわせて労働運動、農民運動を支援していた兄ハワードも監視され、動けなかった。カナダは連合国側に属しており、すでにヨーロッパでは始まっていた第二次世界大戦で、日本が同盟するドイツとは対立する立場だった。ゆえに東京のカナダ公使館のスタッフも自由に動ける状況ではなかった。それでもハーバートは、別荘族の縁で羽仁五郎と1940年夏を軽井沢で過ごし、日本史理解を深めた。

　ダニエルはすでに病重く、これ以上日本にいることは無理と悟り、ハーバート夫妻以外のノーマン家全員が1940年末をめどに日本を退去した。その頃には「日米戦争不可避」との観測は在日外国人に広まっており、連合国側の宣教師、貿易商らは日本を後にしていた。永住覚悟で日本に帰化した者も厳しい監視を受けた。そのような「軍国主義日本」の重圧は日本で生まれ育ち、「大正デモクラシー」を日本近代化のよき事象と評価して『日本近代国家の成立』を書いたハーバートに、日本近代化や大正デモクラシーの評価をもう一度問い直すこととなった。同時期に兄が書いた『日本主義とキリスト教』のきびしい論

難とくらべて、ぐっと穏やかな筆致なのも『日本近代国家の成立』は大正デモクラシー期の日本をイメージしつつ、日本近代化の急速さとその弱点を間接情報によって描いたためだ。しかし、日本に滞在してみると事態は兄が書いていた内容に近いと判明した。ハーバートはカナダ外務省のスタッフとして、「軍国主義日本」がなぜできたのかを考える必要に迫られた。このような中で、幕末維新期に農兵を用いた西南雄藩が明治維新を成功させ、それが徴兵制につながる研究をする必要性が、カナダ外務省との共通認識になった。このようにしてハーバートは、1940年後半から41年前半にかけて幕末維新期の農兵研究を完成し、日本アジア協会に刊行を付託した。ところが同協会の紀要が出版されぬまま太平洋戦争に突入し、ハーバートらは捕虜として拘禁された。ハーバートが書いた最初の原稿も失われた。

　1942年8月にハーバートが交換船でカナダに戻ってから、彼は残っていたノート類を整理し、さらに農兵制度がどのように徴兵制につながり、専制支配を許す日本軍を生んだか。この状況を日本敗戦後に打破し、永続的な民主主義を打ち立てるには日本軍をどうすべきか、そのためには徹底した武装解除と再軍備の禁止をすべきとの連合軍の戦略のために書き直した。これが太平洋問題調査会の機関誌'Pacific Affairs'の1943年6月号に掲載された『日本の兵士と農民』であった。この著作は日本語でも1947年11月に発行された。

　この論文には、サンソム卿の長い序文[197]が付けられ、一見現代の日本の危険な軍国主義を理解するのと関係のない、武士の発生から兵農分離、封建制崩壊期における農兵のはたした役割と徴兵制の発案に長々とページを費やしているのを高く評価した。それは「葉だけを見て根本を見ないと本質は理解できない。日本史の場合も同じである」からとする。これはまことに的確であり、当時の欧米人が日本の現状という「葉」を見て日本を評価していることを諫めているものだ。

　内容に関しては、他の主著と同じく、簡略に説明するに止める。まず第1章[198]の「旧時代の日本における兵士と農民」では武士とは元来武器をもった領主的農民であり、ヨーロッパの封建領主と似た面があった。第2章[199]は「秀吉の刀狩」であり、これが武士と農民を分けるはじまりとなったと記している。第3章[200]は「ヨーロッパと日本の農民戦争」と題し、ヨーロッパ中世の農民

戦争と日本中世の農民一揆との類似点・相違点がしめされる。第4章[201]は「農兵」と題され、熊沢蕃山らの社会学者が古代日本に農兵が存在し、平時は自ら土地を耕し、戦時には中央政府指揮下に戦う独立自営農民たちとしている。これと室町時代に存在した農兵たちはまったく違うが、両者を知っておくと後の理解に役立つとした。第5章[202]は「江川太郎左衛門と農兵」であり、徳川末期の江川が高まる諸外国との緊張の中で兵制改革の必要性を訴え、農兵の利用や砲術の進化を主張した。第6章[203]は「武士の帰農計画」であり、一部事例をしめしている。これが失敗に終わったのは、武士が農耕技術に未熟で、農村を疲弊させたためとし、熊沢らの見解が空論なのを証明した。第7章[204]は「郷士」であり、農民と武士階級の中間として小規模地主が西南諸藩を中心として存在したことを記す。ハーバートは薩摩の郷士をとくに紹介し、農民支配、防諜員をするチューダー朝の治安判事と似た役割と記す。そして西南戦争の主力がこの郷士層から出ていることも注目している。第8章[205]は土佐藩の、第9章[206]は紀伊藩の幕末期における農兵募集とその活動について記している。

　第10章から第12章[207]までの「長州の奇兵隊」「農民解放と奇兵隊」「大村益次郎」は、倒幕勢力の中心だった長州で高杉晋作の指導のもとにつくられた初の農兵集団、奇兵隊がどのようなものだったか、奇兵隊に農民が入り、戦闘に参加することで封建制度が崩壊することを促進した。兵士としては幕府の武士たちとくらべて圧倒的に未熟だが、洋式武器の使用によって優勢な戦果をおさめた。高杉は幕末に病死するが、彼以上に創意に富む大村益次郎がこの戦果が明治維新成功につながったと確信し、徴兵制を考案した。第13章[208]は「反革命の勝利」とあり、各地でおこった農民一揆が幕府軍戦線を分断して官軍の勝利を助け、封建制が崩れれば希望にみちた国になると官軍が宣撫した。しかし、実際に明治維新が達成された後は、農民たちは新政府によって過酷な負担を強いられ、その結果農民一揆が頻発した。徴兵制を主導した人物たちは、武士による兵隊の忠誠心には疑問を抱いた。そしてこの危惧は第14章[209]の「薩摩の叛乱——1877年」で現実となり、西郷率いる士族の刀の戦いは、農民中心の兵隊たちが銃火を使う力の前には無力と実証され、それ以後士族の反乱は終わりを告げた。

　第15章、第16章[210]の「徴兵とそれに対する反対」「徴兵に対する民衆の抵

抗」は、ときの政府が農民一揆取り締まりで初期の徴兵をおこなったこと、徴兵された若者たちは村の長老から引き離され、「日本国家の目的」に沿った教育を兵営内で受けた。農民たちは一番働き盛りの若者を3年間徴兵されるが、この徴兵は富裕層や高学歴層には免除ないし軽減され、「血税反対一揆」が頻発した。そのような一揆や武士の叛乱、日本侵略の可能性もなくなった1880年代に山県は大軍拡に着手した。第17章、第18章[211]の「日本の徴兵制度——反動と侵略の前兆」「日本の軍国主義——アジア諸民族への脅威」は、徴兵令の制定と主要改正はどちらも国会開設以前におこなわれた。ゆえに日本の軍隊は専制と圧政の道具となった。こうして日本の徴兵制度は、民主主義を守るためのヨーロッパの徴兵制と違い、専制的性格を帯びた。山県がつくった「軍人訓戒」にもとづいてアジア侵略の道具となり、結果的に自国を滅ぼす方向にある。このような仕組み自体を取り除くことが、アジアを日本の侵略の脅威から救い、日本人をも救うことになると結論づけた。

　この論文に関する批判や問題点は、精緻な研究の進んだ現代から見れば存在する。しかし、この論文は本格的に「日本軍国主義」と向きあったハーバートが、それまでの生まれ育った国が驚くべきほどに「近代化した」との評価を捨て、きびしい態度で日本を「非軍事化」することが本来の日本をよくする道との宣言に意義がある。史料的に明らかに限界があり、しかも外務省業務をこなしながら書いたので、限界はある。これにしめされた考えはハーバート個人のものではなく、カナダ政府および連合国の考えを「日本研究者」であるハーバートという姿を借りて表明したものと考えるべきだ。

　さて、つぎに発表された『日本政治の封建的背景』は、もっと問題性を含んでいる。この論文は1944年の秋から冬にかけて書かれ、1945年1月の太平洋問題調査会で報告された。しかし当時は極秘文書扱いで公表されず、後日改訂の上太平洋問題調査会から刊行される予定であった。だが、同年夏に日本が敗戦し、ハーバートは日本占領軍のスタッフとして、さまざまな改革を行うため改訂は遅れた。さらに逆コースの流れで、ハーバート自身が日本研究を断念した。結果として1946年に「福岡玄洋社」の稿が雑誌に紹介された[212]以外は、この論文は生前はおろか死後も長く出版されなかった。この研究が世に出されたのは、大窪とダワーが共同して彼の研究を英語および日本語で出版すること

に決めた1973年であった。彼らの用いた底本は明白な誤りや正確を期するための訂正などを除いて、原文のままとした。執筆当時戦争状態にあった「敵国」日本に対して、ハーバートが日本専門家として敗戦後の日本でどのような形で「封建的背景」を退けていけばよいか、カナダ政府代表も兼ねてしめしたものとして読むのが有効であろう。

　まず内容の概略をしめし、それまでの2著との違いと、1945年1月時点の連合国の立場を色濃く投影した太平洋問題調査会でハーバートのこの論文がどのような「改訂」を求められた可能性があったか推察する。

　ハーバートは第1章[213]で、末期封建制度の状況とその問題点を素描する。農民たちは相互監視され、土地に縛られて米などをつくらされる搾取階級だった。一方、幕府も秘密警察組織をもち、諸藩を取り締まった。そして秘密主義と思想統制が江戸幕府の基本姿勢だった。しかし洋学の影響が入り、古神道の復活と天皇中心主義を水戸派が進め、人民の不満は「ええじゃないか」や「おかげ参り」などによって示された。第2章[214]では、こうして封建制度は行き詰まり崩壊したが、その後の新体制づくりを担ったのは西南雄藩の下層武士たちであった。彼らは自藩の体制立て直しに成功して実権を握り、他の倒幕勢力と連携して尊皇攘夷運動に走った。しかし攘夷が不可能と知り、イギリスと結び尊皇開国へ現実的に転換した。彼らは、明治維新後は「新たな権威」として謀略に走った。結局、人民は積極的に参加する機会を持てなかった。

　第3章[215]では、明治維新は、フランス革命やロシア革命と違い、旧勢力が倒されて人民による新しい政府が樹立される「革命」ではなく、江戸幕府や大名から西南雄藩の下士出身者たちと公卿へと中心勢力は変わったが、封建制との連続性を保った。江戸幕府の中心メンバーの中でも厚遇を受ける人物があり、新政府や財閥で活躍した人物がいた。旧大名層も秩禄処分の際の一時金を投資して資本家となり、安定した貴族として生き延びた。だが農民は、新政府でも貧しい生活で、農民一揆を起こしては鎮圧された。また多くの武士たちは特権を失い、新たな仕事へ適応できず、一部は不平士族となって維新政府に叛乱を起こした。また政府も征韓論をめぐって二分し、敗れた人々は下野した。彼らは西南地方に集中しており、その最たる人物は西郷隆盛であった。彼はカリスマであり、政府を辞めてつくった私学校で薩摩の郷士たちを集め、西南戦争を

おこした。これ以外にも土佐の板垣が自由民権運動をおこし、肥前の江藤が膨張主義を唱えた。第4章[216]は、西南戦争が官軍の勝利と西郷の死で決着し、山県有朋が陸軍を完全に掌握し、後の対外膨張に向かって軍備拡張をはじめた。山県は、官僚のトップである伊藤博文と共同歩調をとり、日本を専制的な近代国家にする道を選ぶ。もちろん自由民権運動側も抵抗をつづけたが、政府に対抗できなかった。伊藤はドイツ式の憲法と官僚制を選び、国家に従順な人民を育成する教育に着手した。そして国家の意思が伝わるように、中央集権的な地方行政制度を敷いた。また、内務省と特高警察による思想統制がふたたびおこなわれた。こうして日本には国家主義が浸透し、やがて国力の充実を待って周辺諸国の侵略へと進んだ。それゆえ、日本は破壊すべき民主主義運動および労働運動をもたず、ファシズム運動なしに人々を侵略戦争に動員できた。

　第5章[217]は、《日本帝国主義の源流》と副題のついた「福岡玄洋社の研究」である。福岡玄洋社や国竜会は暗殺などで人々を恐怖に落とす集団であった。玄洋社の実質的支配者は西郷隆盛の後継者とされる頭山満(1855-1944)である。彼の出身地である福岡は膨張主義、排外主義者を多数出してきた土地で、頭山もその一人である。頭山は自ら暗殺事件に関わらず、利殖に長け、野望実現のために人々をまとめた。またアジア各地からの反政府運動による亡命者を匿い、彼らが政権を握った時の傀儡化をねらった。しかし、孫文や蒋介石に見られるごとく、頭山の世話になったが、政権の座に着いた後は日本と対峙した例もある。玄洋社は政府と結託し、自由民権運動弾圧に協力した。また彼らのグループから大陸浪人が多数出て、その中で無事帰還した者は日本の大陸侵略に有用な情報を与えた。

　この内容を読むと、調査会の席上で異論が出た可能性が高い。日本近代国家への歩みは1939年の『日本近代国家の成立』のほうが明らかに説得力がある。この論文ではあまりに単線的に封建社会から明治元勲たちの専制国家成立がつながれ、その間に模索された動きに関しては無視された。また、日本が大陸侵略国家になり、問題を巻き散らしていることに関しては、連合国側の参加者たちには異論がないが、1945年の時点ではヨーロッパの植民地支配が主に糾弾されており、多くの植民地が第二次大戦後の独立を準備していた。その中でハーバートがヨーロッパの近代革命と植民地支配との関係をまったく無視して

いることには異論が出た可能性は高い。ヨーロッパの植民地支配は、一部はハーバートが「真の市民革命」として賞賛していたフランスによって「市民革命を世界に広げるために」おこなわれ、ハーバートが属する英連邦も「文明を世界に広げるために」世界帝国をつくった。ハーバートは紛れもない英連邦の外交官であり、その利害を代表する立場であった。探検家や宣教師が「大陸浪人」と同じように世界をまわり、その後に軍隊が占領していった。そのような状況をすべて無視して、日本だけが「絶対悪」であるように論じたこの研究に関しては、独立を準備していたインドや、半植民地状態の中国の代表などからは異論が出たであろうし、また他のアジア研究者からも「再考」の必要性を求められたと考えられる。

　この内容では、このまま発表したのでは異論渦巻く著作となったであろうことは想定できた。反響からハーバート自身がもう少していねいな分析をし、改訂する必要を感じていた。その結果、1970年代までほとんど人目に触れない状況となった。だが、1970年代にそれまで隠されてきたこの論文が初めて「復刊」されたのは、ハーバートの政治的復権問題、カナダの共産圏との国交回復問題が絡んでいる。実際に、中華人民共和国承認や、「スパイ疑惑」の人々の復権が進んだのは1968年に政権を引き継いだピエール・トルドーの時代である。トルドーは元来社会民主主義者であり、若さもあって彼が率いる自由党は圧倒的多数党となり、彼は他党の意向をさほど気にせず政策を進めることができた。1968年におこったキング牧師、ロバート・ケネディ、マルコムXの暗殺や反戦運動の高まり、ベトナム戦争の泥沼化で、アメリカが影響力を落としたことも幸いした。

　カナダは1969年に中華人民共和国と正式に国交を樹立し、貢献した元外交官のチェスター・ロニングは国賓待遇で中国を訪問した。医師・牧師の子・カナダ共産党員だったノーマン・ベチューンは、1974年に中国との関係をとりもった国家的英雄と認定され有名になった。当時存命であったジェームズ・エンディコットの復権に関する調査もはじまり、子息でトロント市のヨーク大学の中国史教授だったスティーブン・エンディコットが父の詳しい伝記[218]を書き、それに使用した史料を国立公文書館におさめて、父の「無実」を証明した。この著作にもとづき、同年のカナダ合同教会総会でジェームズ・エンディコッ

トの牧師資格が復活して生前復権した。ハーバートの国会議決による「正式復権」はさらに遅れ、1989 年、進歩保守党のマルルーニ政権下でおこなわれた。正式復権への足取りは、1973 年の『日本社会の封建的背景』の刊行、1979 年の連邦政府主催でハリファックスのセント・メアリー大学で開かれた「ノーマン・カンファレンス」で準備された。しかし、復権への準備から正式復権まで十数年の時間がかかり、今なおハーバートの「スパイ疑惑」に関しての議論が絶えないのは、彼の任務が重要であり、戦時下や戦後の活動を一般人には十分開示できないことが一因である。しかし、私が他の節で記したとおり、1939 年のカナダ外務省採用時点はともかく、彼が外務省の重要な業務をおこなっていた際にカナダ政府および連合国に忠誠だったと確認でき、彼の「正式復権」は問題がないと認証できる。

第 6 節　ハーバートおよびエドウィンの対日諜報実行による「国家選択」

　ハーバートは 1943 年にオタワのカナダ外務省詰めになり、対日諜報および戦後の日本民主化政策立案をした。太平洋問題調査会で公表した論文などを除いて、現在これ以上カナダ連邦政府は情報公開していない。実際何をおこなっていたか語れない。

　一方、エドウィンは自伝などで 1941 年の日米開戦以後、日本の敗戦後までの自らの国家協力の詳細をつづる。その詳細は自伝などに詳述され、その記述がほぼ正確だと諸研究によって明らかにされた。今回の論文はその活動のもった精度を述べるのは本旨からそれるため概略に留める。また、この内容は冷戦末期の 1987 年に出された『自伝』にもとづくもので、それ相応のエドウィンとアメリカ政府の方針が反映して書かれている。アメリカ連邦政府も現在まで当時の対日諜報案などの詳しい情報公開をおこなっていない。

　まずエドウィンは、日米開戦が不可避と見られた 1941 年夏に国務省の嘱託としてワシントンに行き、対日政策を含む対アジア政策について調査し意見を述べた。この経験が、古代史研究者だったエドウィンが現代研究にも目を向けるきっかけとなった。エドウィンはつぎに、大学の日本学・日本語教員として、

ハーバード大学の大量の日本語学習者および軍や国務省委託学生への日本学・日本語教育をおこなった。NHK のインタビューではその中や、同様なプログラムの中で育成された中から戦後の優秀な研究者らが多数輩出されたことを語った[219]。当時の一番優秀な若者たちが「敵国」日本の研究をおこなった。そして彼らはみな「親日」になった。アメリカは、日中戦争が本格化する 1930 年代後半までは日本に「無関心」であり、その後は「親中」の対比として「反日」となった。そのような中で公平におこなわれた教育の結果、親日家が現れた。この意味はほかの活動とあわせて、後に改めて検討したい。さらにエドウィンは 1942 年の夏に、陸軍通信隊の日本軍暗号解読者養成プログラムの教師となった。その後、1943 年夏からは陸軍の暗号解読部隊に任官し、士官たちを指揮して日本軍の暗号を解読し、日本軍の動きを調べた。この仕事は日本敗戦までつづいた。日本敗戦後は、ボートンが立ち上げた国務省の対日占領政策策定の委員会に所属し、意見を述べた。しかしこの活動は 1946 年夏のハーバード大学の復帰命令で終わった。

　北米 2 ヵ国は連合国で親密に連携をとりあっていた。ハーバートはカナダ外務省、エドウィンはアメリカ陸軍とポジションは違うが、同じように対日諜報をおこなった。また先輩のヒュー・ボートンも、この時代にはアメリカ国務省のスタッフとして戦後日本民主化戦略策定をしていた。彼らは当時の北米では数少ない日本専門家として、密に情報交換する必要があった。エドウィンはハーバートとは二人がヨーロッパ留学中の 1930 年代に会った後、1948 年にエドウィンが日本に行くまで会わなかったと自伝では語っているが、彼は太平洋問題調査会メンバーであることを生前隠しつづけたのと同様、この記述には疑問がある。ひんぱんではないが、彼らが北米のどこかで集まり、意見交換をおこなった可能性は否定できない。だが、きわめて限られた概略的な史料しか公開されない現状では、どの程度の頻度でどの程度の面会をしたか実証できない。さてハーバートやエドウィンの戦争協力をどう見るか。実際に戦争がはじまった以上、「味方でない者は敵」となるわけだから、彼らが戦争に協力したのはとうぜんである。そして彼らは「日本生まれ」で「日本に愛着」を感じているため、カナダやアメリカにより忠誠心を見せた。そのうえに二人が愛着を感じていた日本は「大正デモクラシー」時代で、軍国主義下の日本ではない。ゆえ

第3章　弟たちの栄光と悲劇、そして忘却

に「デモクラシー復活強化」をめざす北米側についた。

　私がここで問題にしたいのは、エドウィンは1980年代初頭の段階でなぜ自らの戦争協力の詳細を公開したのか。本来軍事機密である暗号解読の詳細を公開したのは、エドウィンの証言は1980年代初期のアメリカ政府了解のもとにおこなわれたと見られる。エドウィンが1981年4月に再確認して、日本の世論で「ライシャワー発言」[220]として問題になった「日本への核搭載艦船の立ち寄り」問題もあり、政府と緊密な連携を取って「スポークスマン」の役割をエドウィンがはたした。「核搭載艦船の立ち寄り」は、1974年にすでに公表されており、超党派的なアメリカの政策発表を日本に影響力の強いエドウィンを用いておこなったと推測できる。

　当時の日本は石油ショックから立ち直り、経済大国として順調な成長を再開し、やがて中曽根政権下でバブル経済を引きおこした。1976年にG5サミットのオリジナル・メンバーとして選ばれた日本は、経済大国としての地位を確立し、つぎはアジアのリーダーとして政治大国化を狙った。日本の政治大国化のモデルは日清・日露戦争に勝利し、連合国として勝利した第一次世界大戦だった。第一次大戦後日本は五大国として国際連盟常任理事国となった。それ以降「一等国」として世界政治に影響力を与えた時代の再現をめざした。政治大国になるためには「日本のナショナリズム」を鼓舞する必要がある。そのナショナリズムの基礎は日本独特の「国柄」にある。「国柄」の力で日本は経済大国として成功した。この「国柄」を政治・軍事の分野でも生かすべきだ。1970年代後半から日本の指導者の多くが戦前の歴史に学んで行動した。

　エドウィンの一連の発言は、このような「日本独特の国柄」にもとづく憲法改正・軍事力強化・思想信条の統制に対して、1980年代の観点でアメリカのみでなく西側諸国の代表として警告した。エドウィンは、日本が戦後経済大国になったのは日本の「国柄」ではなく、政治の民主化と産業の高度化を同時進行することに成功したためだ。それを成功させる諸条件として軽軍備、中央集権、整備された平等な教育と機会均等などがあった[221]。経済大国になるにいたった諸条件を政治大国になるのにも生かすべきで、それに反した行動をとることは、政治大国どころか、日本が第二次世界大戦に突入していった過ちをくりかえすことになる、と警告した。それから、戦時下の日本研究のようすに関

しては、戦時下日本で英語学習や欧米研究をきびしく制限したのと対比した。戦時下のアメリカにおいて、一般的な反日風潮にもかかわらず正確で中立的な日本研究がおこなわれ、そこで学んだ人々はアメリカの知日派として戦後に大きな役割をはたした。それとくらべると、日本におけるアメリカ研究は弱く、戦時中に大きく制限され、戦後も弱体なままである。また、英語教育がきびしく弾圧された第二次世界大戦下はもとより、1980年代初頭においても日本の英語教育は読解中心で、英語で海外の人々と知的な対話をおこなう人材を多数養成する役割をはたしていない。北米研究が日本で不十分なため、日米関係を内面的に発展させられない。1980年代に入って日本が経済大国の成功を誇り、アメリカに学ぶものは何もないと豪語しはじめて、ますます日本のアメリカ理解は表層的になった[222]。この点をエドウィンは警告したかった。

　日本国憲法改正に関しては、エドウィンは肯定的な立場をとる。それは現憲法が占領軍の手でつくられたためだ[223]とする。いかなる理由があるにせよ、国の基本法を外国人がつくったのは問題があり、自らの手で書き直すのが妥当とする。占領初期には、欧米民主主義の精神を学んだ政治家・官僚・学者たちが日本にいたので、ある程度の時間をかければ現日本国憲法と遜色のない内容をもった憲法を自分たちの手で書き上げたはずだとエドウィンは考えていた。エドウィンの視点からすれば、現日本国憲法は明治憲法が本来もっていた民主主義的な性格を「復活・強化」したもので、これこそが近代日本の「国柄」を体現しているため、基本的内容は同じになるはずだ。ゆえに憲法改正論者が叫ぶ「日本の国柄を反映した」復古的な憲法改正の考え方には賛成せず、ただ憲法制定時の手続き上の問題を訂正するため、自らの手によって憲法改正をおこなうこと自体のみに賛成する。ただし明治憲法に創始し、現日本国憲法の中に明確にしめされている民主主義的な諸原則を守ったものでなければならないとする。これも欧米諸国のスポークスマンとしての発言である。中曽根を中心とした自民党右派の「国柄」重視グループの改憲案を牽制しつつ、改憲そのものはおこなってほしいアメリカ政府の考えを代弁した可能性が大だ。1940年代のエドウィンの政府への協力問題は、1940年代だけの文脈で語られるべきものではない。それは1980年代の日本と欧米の関係にある諸問題を反映しているものと考えられる。

第7節　エドウィンの日本近代史研究の変遷

　エドウィンはハーバートと同じく、1939年にハーバード大学で円仁の『入唐求法巡礼記』の第1章の翻訳と注解をおこない、博士号を取得した。エドウィンも第二次大戦下にかなり名を知られたが、日本通史に対する独自の視点を確立したとは言いがたかった。その実例として、後にエドウィンが『近代化論』を展開する際に依拠した研究である『日本――過去と現在』の近代史部分の叙述がどう変遷したかをとりあげる。

　『日本――過去と現在』は第2版以降は日本語訳も出、しだいにハーバートの影響からの脱却が目立ち、1978年にはその発展系として『ザ・ジャパニーズ』歴史編、そして1981年に『ライシャワーの日本史』[224]という形で変遷した。そしてこのような著作の論旨展開から、エドウィンの「近代化論」が確定した。では1947年出版の『日本――過去と現在　初版』はどのような記述か、それが後のものとどう違うかを検討する。この著作には、イギリスの日本学者として著名で第二次大戦前に英国駐日公使を務めていたサムスン卿の紹介文があり、イギリスのダックワース社から発行された。つぎに内容を見る。後のものと明らかに違うのは、近代以降が比較的少なく、191ページのうち83ページに止まる。これが第2巻以降になるとしだいに伸び、後年には本文の3分の2を占めた。基本的に東アジア学を学ぶ北米学生たちの教科書でためにライシャワー自身の独自性は少ない。

　近代部分の構成を見ると、「近代国家の創生(The Creation of Modern State)」とハーバートのタイトルを意識した章があり、34ページを占める。後にエドウィンが力を込めて書き込むことになる大正デモクラシー期の日本の文化・社会の発展は「自由民主主義の流れの出現(The Appearance of Liberal Democratic Trends)」という14ページの章である。戦争直後ということもあって「国家主義、軍国主義、そして戦争(Nationalism, Militarism, and War)」に30ページが割かれ詳しい歴史経過が書き込まれた。そして戦後の状況と見通しについて「新しい時代の夜明け(The Dawn of a New Age)」として6ページが割かれた。エドウィンは自伝の中で、初版の近代史記述はハーバートの

深い影響下に書いたと記す。エドウィンは日本古代史が専門だったし、第二次大戦中には国務省や陸軍の仕事に忙しく、自分なりに日本近代史に関して研究することは不可能であった。ハーバートの著作を参照してこの部分を書いたのはうなずける。では実際にはどの程度ハーバートの著作の影響があり、どの程度違っているか、実際の著作を参照してみたい。

　まず、明らかにハーバートの影響があるのは、「軍人」および「農民」に関する部分である。しかしエドウィンのの力点はハーバートと違っている。エドウィンは元老たちが西洋による植民地化を避けるため、急速な初等教育の普及と識字率の上昇、西洋式軍事制度や技術の採用、憲法体制や国会をいち早く取り入れるなど、日本が他の東洋諸国と違う「西洋式近代国家」を、「急速な民主主義」を押さえて実行したことが明治近代化の主因、と主張している。この点でエドウィンとハーバートの明治国家像は異なっており、個人的関係は別として二人の考えが近かったとするエドウィンの記述には疑問符がつく。ハーバートは第1版の書評[225]の中で、エドウィンの著作が均衡を保ちながら日本史概説をおこなっていると評価しつつ、ハーバートが指摘した徳川幕府の法的、行政的慣行に対する中国法家の影響を書かず、日本の侵略的要素を陸軍に限定したことを批判する。第10章である「自由民主主義の傾向の出現」では都市のプロレタリア層による労働運動が民主主義を発展させる契機となった箇所にハーバートの影響がある。しかし「西洋化・自由民主主義」の影響は、明治天皇が急死し、精神的な問題があった大正天皇即位でふくらんだ。第一次大戦は日本に好景気をもたらし、五大国として世界政治の基幹的国家になった中で、高学歴の企業幹部たちなど、新しい中産階級では「民主主義」が求められ、最初の本格的政党内閣として1918年に原内閣が発足した。彼の暗殺後、政党政治は途絶えるが、「民主主義」への流れはつづき、1925年から32年まで二大政党の交代による政党政治となった。だがその状況でも日本では旧来の家族主義、権威主義、男尊女卑が継続した。それでもこの時代の若い都市生活者はこの傾向を脱した。自由恋愛傾向が強くなり、女性の社会進出も進んだ。「モボ」「モガ」と呼ばれた西洋的傾向を好む若年層が増え、西洋式スポーツも普及した。さらには新聞・雑誌・書籍が急速に普及し、啓蒙活動に役立った。

　第11章の「国家主義・軍国主義・そして戦争」に多くのページが割かれた。

第二次大戦直後ではとうぜんのことである。しかし、兄ロバートが同じ時代を扱った『日本——政府と政治』で、日本がいったんは西洋的な自由民主主義的政権交代をおこなう政党政治が覆って国家主義・権威主義・軍国主義的な政治体制にいたったかを分析した部分は、かんたんに触れられたに過ぎない。まず、都市中産階級の中では西洋的な文化・思想が主流となったが、農村地帯では伝統的な考えが残り、都市文化を否定した。それは超国家主義的で、後に政党政治否定、軍国主義政権樹立につながった。その後、1925年に出された治安維持法が「自由民主主義」的傾向を否定する可能性を持った。満州事変と満州国樹立、1932年の五・一五事件以降の軍国主義的流れ、「国体の本義」による国民統合、日中戦争の本格化、真珠湾攻撃による第二次世界大戦への日本の参戦などが記される。戦争の経過が記され、敗色濃い状況では日本国民自身も「軍国主義・国家主義」の犠牲者となったと記す。

　第12章は「新しい日本の夜明け」と題し、敗戦後の日本が、占領軍総司令官マッカーサーのもとで、めざましい改革を遂げつつあることを記す。それは政治面でも、経済面でも顕著であり、きわめてきびしい食糧や資源不足の中で、日本人は勤勉に改革を成し遂げ、政権交代を含む政党政治を復活させた。将来は不明だが、日本人は現実主義であり、世界情勢に沿って社会を築いていくとした。

　この近代史の記述を読むと、確かにハーバートや兄ロバートなど先達の日本近代史家の影響は、後の版にくらべて強い。しかし、エドウィンは、この時点で前者二人や日本近代経済史家たちとくらべてより日本近代の発展に肯定的であり、大正デモクラシーの影響などもより大きく見積もっていた。第2版以降、エドウィンの記述がよりハーバートらからの影響から離れ、「近代化論」を形成する素地はあった。

　では、同じように日本に生まれ育ち、宣教師の子どもとして大正デモクラシーの時期の日本を体験している3人なのに、なぜこのように違うのか。エドウィンの著作が教科書としての役割を持ち、さまざまな事象に目を配ったことが、第一の原因である。またエドウィンは日本古代史の研究者であり、近代史の部分は他の研究者の史料に頼り、独創性が弱いことも指摘せねばならない。

　つぎにあげられる事象として、東京で生まれ育ち、明治学院・東京女子大学

と言ったきわめてリベラルな環境の中で育ったエドウィンと違い、ハーバートはエドウィンが指摘する「伝統的な日本の国家主義」が残る農村地帯、長野で生まれ育ち、そこでおこる国粋主義的なものを肌に感じて育っている。二人に交流はつづいたが、決定的な日本近代史像への認識の違いを生んだ。ロバートとエドウィンとの違いに関して言えば、ロバートは1932年から34年までの2年間を日本で過ごし[226]、金沢孤児院で貧困と差別を感じながら働いたハワードと親しく交わった。その結果、ロバートは自分が育った「大正デモクラシー」下の東京と違った状況が日本の地方で存在すると認識し、その分析なくして、大正デモクラシーが終わり、軍国主義・超国家主義的に変わったかを理解できないと考えた。しかし、エドウィンには深い地方理解は当時なかった。

　最後に、エドウィンの恩師エリセーエフの影響を指摘できる。エリセーエフはロシアの裕福な商人の子として育ち、東洋文化に興味をもって日本に渡り、日露戦争直後の東京帝国大学文学部で日本文学を専攻し卒業した。彼の体験した時代は、まさに近代化・西洋化が急速に進み、日本の伝統文化が特別なものとして残った時代だった。エリセーエフは明治末期の日本伝統文化を堪能し、それを生涯の思い出とした[227]。エリセーエフの体験は、とうぜん弟子のエドウィンが「大正デモクラシー」を「日本の栄光の時代」として考えるきっかけとなった。

　こうしてはじまったハーバートとエドウィンの日本近代史観の違いは、二人が子ども時代からの交友を保ちつつも、1950年代以降の北米東アジア学の進展により、外交官として研究の第一線から退いたハーバートと、若手研究者がアジア学につぎつぎに参入し、彼らの研究成果を十分に活用することのできたエドウィンのあいだで、しだいに離れていった。ハーバートは、新しい研究を参考にして自らの研究の修正を1950年代には進めようとしたが、多忙と日本史研究に対する政府の自粛要請で止まり、自殺におよんだ。

第8節　ハーバートの師、レスター・ピアソンとカナダ外交

　ハーバートの人生に強い影響を及ぼした人物がいる。1957年に国連平和維持活動の提唱でノーベル平和賞を受賞し、1963年から68年にカナダ首相を務

第3章 弟たちの栄光と悲劇、そして忘却

めて、福祉国家の樹立や現国旗を制定して現行カナダ社会をつくったレスター・ピアソンである。ピアソンは外務省の先輩で、政治家に転身後は 1948 年から 57 年まで外相だった。それだけでなくハーバートは公私にわたってピアソンに相談をしており、いわば人生の師でもあった。そこで、ピアソンの人生を振り返りたい。

レスター・ボウルズ・ピアソンは 1897 年、現在トロント市北部にあるニュートンブルック・メソジスト教会の牧師館で生まれた。ピアソン家はアイルランド出身で、18 世紀に巡回伝道者の影響でメソジスト派に改宗した。1818 年のジャガイモ飢饉を契機に、祖父ママンデューク・ピアソンが移民した。彼はメソジスト派牧師としてオンタリオ各地の巡回伝道で成功し、ウエスレアン・メソジスト教会トロント部長となった。父エドウィンはビクトリア大学神学部を卒業後、巡回伝道で修業し、その後は農村教会牧師として転任しつつ経歴を積み重ねた。レスターは次男であり、他に二人の男子と二人の女子がいた。彼らはその後も各地を転々としたが、プロテスタントの強いオンタリオ州南西部では名士の子どもとして注目された[228]。

1913 年にピアソンはトロント大学ビクトリア・カレッジに入学した。翌年第一次世界大戦が勃発した。ピアソンは 1915 年に志願し、ギリシャやエジプト戦線で衛生兵をした。1917 年にイギリスに異動し、戦闘機パイロット訓練を受けた。この年の秋、パイロット訓練中に事故で重傷を負い名誉除隊と公式記録に記されたが、違う説もある[229]。けがを負い、戦場の悲惨さから心の病もあり、療養には時間を要した。1 年近い療養の後、1918 年に大学に復学し従軍期間を加算されて 19 年に大学を卒業した。ピアソンは外相就任後、トロント大学ビクトリア・カレッジ総長などを務め、カナダ合同教会の有力者でありつづけた[230]。

大学卒業後は 3 年ほどシカゴの叔父のもとで商売の手伝いをし、労働者の生活を知った。当時のシカゴは好景気だったが貧富の差ははげしく、労働争議、セツルメント活動の拠点だった。この経験で彼はさらなる学びのため奨学金を得て、オクスフォード大学に 1922 年に留学した。オクスフォードでは歴史学を専攻し、1925 年に文学修士を得て帰国した[231]。同年 9 月よりトロント大学ビクトリア・カレッジ専任講師としてイギリス史を講義し、また寮に住みこみ

学生の生活指導をした。ピアソンの教え子にはジェームズ・エンディコットやメアリー・オースティン、後に妻となるマリオン・パーディなどがいる[232]。

ところが、1927年にカナダ自治領成立研究のためにカナダ国立公文書館を訪れたとき、政府側は新設予定の外務省入省を求めた。結局ピアソンは1928年にトロント大学を辞職し、外務省に入省[233]して、ロンドンのカナダ・ハウスを皮切りに、外務事務次官まで出世した。その間には国際連盟に関わる仕事や、国際連合などの創設、あるいは諜報活動もおこなった。1948年4月には、新たに発足した自由党のサン・ローラン内閣の外相に就任した。直後にオンタリオ州北部のアルゴマ・イースト選挙区の補欠選挙で下院議員に当選し、以後1968年の引退まで議席を守った。1949年には国連総会議長を務めた。1955年にはソ連を訪問して東側諸国とカナダの関係改善を図り、1956年に膠着状態のスエズ危機打開に総会決議による国連平和維持活動(PKO)を提唱した。後者の活動で1957年ノーベル平和賞を受賞した。だが、1957年6月の選挙で自由党は野党に転落、サン・ローランが引退し、ピアソンが自由党首となった。63年4月の選挙で自由党は政権を奪還、少数与党のため新民主党と政策連合をおこない、ピアソンが首相の座に着いた。ピアソン政権はカエデの新国旗、ポイント制で移民を認める多文化主義国家への端緒、平和運動を国家的におこなったなどの業績があった。だが外相時にくらべて国際的業績は少なかった。1968年4月に首相の座をピエール・トルドー法相に譲った。引退後は平和運動をし、大学で教えていたが、1972年12月にガンで死去した。

ピアソンは英帝国史が専門だが、聖書知識が豊富で歴史学の基礎教養として中東史にも詳しかった。しかし欧米歴史家共通の弱点であるアジア史に暗かった。それゆえにアジア史、アジア研究の専門家をアドバイザーとし、意見を尊重した。以下で例をあげると、アメリカ・ルーテル派中国宣教師の子息で、カナダ・アルバータ州のカムローズ・ルーセラン・カレッジ校長(現アルバータ大学オーガスタナ校)の東アジア学者で、周恩来と親しかったチェスター・ロニング(1894-1985)[234]を外務省に引き抜き、第二次大戦中と国共内戦中の中国大使館に派遣した。同じく、周恩来や四川省の共産党員と親しく、ゼミ出身者のカナダ合同教会宣教師ジェームズ・エンディコット夫妻(ジェームズ、1897-1993、メアリー、1896-1965)を外務省諜報員として活用した。同様にハ

ーバートは日本近代史の専門家として重要な片腕だった。

　第二次大戦後の世界秩序を形成するため歴史学の知識を生かすピアソンは、ハーバートにとっては先輩であり師であった。ハーバートが大使職を投げうって大学教授の座におさまることは師への裏切りと感じ、任務からの逃亡と考えた。とくにその考えは、ハーバートが王立騎馬警察の尋問を受けている際も、つねにピアソンが信頼し、サポートしたことで強まった。ピアソンは偉大で、それと同時に悩みを心おきなく相談できる先輩でもあった。日本駐在時代ピアソンに対して送られた人生相談の手紙は平均して1週間に1本で、心の悩みやカナダの方針を遂行する困難について相談しているのが、日本代表部発カナダ外務省宛ての公的書簡からうかがえる。公開されている公的書簡の記述を見るかぎり、ハーバートとピアソンが公的関係を超えて私的親密さをもっていたと判明する。このようにハーバートとピアソンの特別な関係は、ハーバートがなぜ追いつめられ、自殺せざるをえなかったか考えるのに重要な手がかりとなろう。1957年4月の時点は、実はピアソンと国連事務総長だったハマーショルドが共同して推し進めてきた国際秩序形成は、しだいにアメリカやイギリスからソ連共産主義のまわし者として邪魔者扱いされ、破壊されようとしていた時期でもあった。

第9節　ハーバート栄光の時代——戦後日本改革の旗手として

　ハーバートは1945年10月、カナダ外務省から占領軍総司令部に出向する形で、ふたたび日本の地を踏んだ。形式上は軍人だが実際におこなったことは民生業務と防諜活動であった。第一には、財閥解体を実施するためのさまざまな業務にあたった。これはハーバートが著書で問題にしていた軍産複合体のうち、敗戦で解体された軍隊はともかく財閥は解体されなかったためだ。そのため財閥解体と、ふたたび独占・寡占がおこらないような制度的保障をつくろうとした。後半は独占禁止法の制定と、公正取引委員会の設置によって制度的保障をおこなった。ハーバートが直接に手がけた日本改革の仕事はこれが主だが、多くの日本改革案はハーバートの『日本近代国家の成立』に影響されて立案・施行されていった。ハーバートが直接手がけたもう一つの仕事は、政治犯を釈放

することだった。ハーバートとアメリカ国務省のジョン・エマーソンがマッカーサーの命令を受け、1945年10月19日に日本共産党員らの釈放を出迎えるために府中刑務所に出向いた。これはマッカーサーの命令であり、ハーバートやエマーソン自身の思想とは関わりなかった。だが、後の逆コースで占領軍司令部がレッド・パージをはじめた際、マッカーサーが保守派の反応を恐れ、自分の命令だったと言明しなかった。その結果、マッカーサーから共産主義者を含む政治犯の釈放命令は受けたが、出迎えよとは命令されず、彼らが当時共産主義思想に共鳴して釈放を刑務所で出迎えたと噂された。それは戦前、ハーバートとエマーソンが太平洋戦争回避のため近衛とルーズベルトの会談をセットしようとしたのを含め、「共産主義同調者」疑惑をかけられた。これは後にハーバートのソ連スパイ疑惑で使われた。

　ハーバートの占領軍総司令部勤務は45年末をもって終わり、彼はカナダ外務省に復帰し、オタワに戻った。つぎの仕事はカナダ首席代表として東京に駐在し、日本占領における連合国の一員としてのカナダの利害を代表し、カナダ人ら民間人保護業務となった。ハーバートは1946年3月にふたたび東京に戻った。東京の首席代表は占領政策に直接関わる仕事を担当しない。だがすでに主な改革の方策は立案・施行されており、総司令部に残っていても創造的な仕事が可能ではなかった。この時代にはカナダ外務省の日本占領政策の基本に反せず、公務に支障がないかぎり対外活動も許可された。対外業務をおこなう際にはいちいち外務省に許可願いを出し、内部審査と指示を受けて、三笠宮の家庭教師や執筆・講演などの対外業務をおこなっている。ゆえにカナダ外務省が日本政策として掲げている原則、「日本の民主化、非軍事化の徹底・強化」を鼓舞する見解を語った。こうしてハーバートは日本の人文・社会科学系の学者たちと交わり、学生たちや労働者に講演した。また三笠宮に「進歩史観」にもとづく歴史学を教えた。引きつづき論文その他を執筆し、大学を含む各地で講演をした。日本人側からはハーバート個人の自由な活動と見えたが、実際はカナダ政府の対日民主化政策の一環だった。

　だが、1948年2月の各種労働組合協同のゼネラル・ストライキが、総司令部の命令で中止となって、「逆コース」がはじまった。戦後改革の主な内容がくつがえされ、逆行するような方策が出た。戦争協力で公職追放された人々の

第3章　弟たちの栄光と悲劇、そして忘却

追放解除が進められたが、日本共産党員や支持者たちが公職追放になる「レッド・パージ」がはじまった。独占禁止法の適用基準もゆるめられ、金融資本を中心として財閥が再形成された。米ソ対立がはじまるとともに日本の非武装中立国家への道のりは止まり、西側資本主義国の対共産主義防波堤として再構築された。ハーバートは当時、均等な社会への希望はもっていたと考えられる。そのことはピアソンも否定しなかったどころか、カナダの対日政策がその方向を向いていた。ピアソンおよびハーバートからすれば、日本が反共国家として再構築され、アメリカのコントロールで反共的な政策しかとられないことは望ましくないと考えた。思想・信条の自由なき国家は、戦前の軍国主義日本を思いおこさせた。またアメリカ直輸入の反共国家モデルは、当時のカナダ政府が明確に反対し、カナダ政府自身が東西関係、南北関係をつなぐ「中間国家」政策を掲げていた。そして日本もまたそのような「中間国家」としての国家形成が望ましいとした。そのため、最大限の思想・信条の自由、機会均等の社会が形成されることが望まれた。ハーバートはとうぜん、その視点から総司令部にカナダの意思をしめした。また日本人たちに民主主義の重要性を訴えた。だがアメリカの総司令部への影響は強く、カナダの意思はしばしば無視された。ハーバートは板挟みになった。

　ハーバートの最後のまとまった日本史研究である『忘れられた思想家――安藤昌益のこと』は逆コースの中、1949年に岩波書店から新書として発行された。爆発的な売れ行きとなり、多くの若手知識人たちが安藤昌益こそ「日本民主主義のパイオニア」と力説するこの本に魅了された。ハーバートは日本人研究者の助けを借り、関東大震災時の焼失を免れた安藤昌益の主著『自然新営道』写本の残された部分を、渡辺大濤の著作を参照しつつ、渡辺大濤、丸山真男、大窪愿二らを中心とした研究者、協力者の助力も得つつ書いた。首席代表として啓蒙思想家として多忙の中、難解な書物を読んで「忘れられた思想家」のいきいきとした姿を描き出したことは、大変なことである。内容は昌益の考えを紹介しながら、同時代の西洋の思想家たちの考えや行動、日本への視座などと比較してまとめられた。日本敗戦後、新しい考え方をどん欲に求め、それにもとづいて「進歩的な日本」を形成しようと考えた若者には、西洋の大思想家に比肩できる日本の思想家が存在したことは、きわめて勇気づけられたと言えよう。

内容を簡潔にまとめる。まず第1章[235]は研究成果紹介である。安藤昌益は93巻におよぶ大著『自然真営道』と3巻の『統道真伝』の2著を書いた。この著作は公刊されず、原本が東京帝国大学図書館に所蔵されたが、関東大震災の火災で大半が消失した。しかしその際に借り出されていた分と、その他の写本15巻が戻された。渡辺大濤がこれをもとに『安藤昌益と自然真営道』を1930年に出したが、軍国主義時代で発行部数は少なかった。第2章[236]は安藤昌益その人について語る。秋田に生まれ、八戸で医者として生きた安藤は18世紀前半の日本人である。秋田は経済学者の佐藤信淵や神道学者の平田篤胤も出した学問のさかんな地であった。安藤は当時の東洋医術には批判的で、彼が晩年に長崎でオランダの文化に触れ賞賛を送った。だが、安藤は弟子をほとんどとらず、その結果彼の業績は埋もれてしまった。第3章は「昌益の時代――徳川封建時代」という題だ。昌益[237]は貴族的な能楽も、武士階級の琴も、庶民的な歌舞伎や三味線なども、博打や碁も堕落にいたると批判した。また武士や商人が妾をもつのを批判し、一夫一婦制が正しく、媒酌人は問題があるとした。

第4章は「封建制の批判――社会階級とイデオロギー」である。第1節[238]で昌益は封建領主と武士階級をとくに問題視した。そして名主が封建為政者に服従しつつ、支配下の五人組には卑しかったと語る。ハーバートは五人組がキリシタン弾圧に効果をあげ、つぎに叛乱防止や人民どうしを相互不信に陥らせた。昌益は武士を寄生者と断じ、軍学を批判した。このような封建的社会の倫理をつくりだしているのが、当時「聖人」と見なされた人物たちや聖徳太子、豊臣秀吉、徳川家康であった。第2節[239]では御用学者や坊主が封建制維持の理論を提供したとする。こうして当時の儒教・仏教に対して批判がおこなわれ、「日本古来の教え」との理由で穏やかに神道が批判された。第3節[240]では中国の宗教の始祖および伝説の帝王たちを、昌益は社会に害毒を流す原因と書く。一方神道は純日本的なもので、それを素朴に昌益は尊敬した。ただし「自然神道」に対してで、明治以降に体系化した「制度神道」とは別物とハーバートは断っている。第5章は「文章と方法」である。第1節[241]では当時の多くの思想家が仮名まじり文を使ったのに対し、昌益の文章は漢文で書かれた。これは仮名まじり文が「難しさやあいまいさ」をもつのを避けるためとハーバートは

第3章 弟たちの栄光と悲劇、そして忘却

記す。つぎに文体を見ると、彼の好まない人物や思想に対して、くりかえし批判を浴びせる。一方、昌益は道家の思想には共鳴していた。第2節[242]では昌益の思惟過程は本質において客観的、具体的、一元的である。昌益はいっさいの自然現象が「気」から生起し、自然はそれ自体を示現する。そして昌益は一元論的宇宙概念を掲げている。こうして当時主流だった2元論的宇宙論に立脚した新儒教が宇宙に秩序があるように人間社会にも秩序があるという考えを否定した。第3節[243]はこの章のまとめで、昌益が鳥獣のたとえを用いて身分制社会を批判したと記す。第6章[244]は「理想社会・改革・熱望」と題されている。昌益は自らのユートピアを「自然世」と呼んだ。それは古代ギリシア・ローマ人の考えた見聞にもとづく遠隔の社会における人間生活の完全性をいくぶん楽天的に描いたものに似た。昌益は日本の原始社会では農業を中心とした一種の理想郷が存在したと主張した。昌益が出した改革案は、以下のようなものである。まず、封建大名の家臣団を大幅に縮小して、彼らを帰農させる。失職者には適度の土地を与え、何人も適度の衣食住を得て足ることを知る。ゆえに商人も生産的労働に転換すべきだ。大官僚群も農民となり、労働を忌避する人々は労働を求めるようになるまで一時的に拘束する。役人の賄賂禁止、医師のいかさま治療に対する再教育も必要である。このような理想を昌益自身が一度に実行できないと考えたが、戦後改革でかなりの部分が実行されたところから、実に先駆的な眼をもっていた。昌益は多くのページを費やして、蝦夷は封建主義に染まらないため人々が理想社会に近い状態で住んでおり、またオランダを理想社会として描いている。オランダを理想社会として描いた中には過度の理想化や錯誤があったが、オランダが「封建以後」の社会であることを昌益なりに理解したためとハーバートは記す。また昌益は近代的行刑主義に近い考えを述べていた。

　第7章は最終章で「影響と比較」と題されている。第1節[245]では昌益が孤独な思想家であるのはなぜかが論じられ、ヨーロッパの偉大な思想家なども自らの「孤独性」を自覚していたことと同じとした。昌益の思想は古代中国の哲学と当時の日本思想の影響下にあり、影響は免れなかった。昌益は日本の思想家が皆影響を受けていた「易学」に不満を陳述している。昌益は儒教へきびしい批判をおこなったため、道教の影響が深い。この理由として、昌益は東北に

生活し、中国古典の蔵書を気軽に読み古典学的教養に恵まれた状態になかったためとハーバートは指摘する。第2節[246]は昌益が当時の日本の思想家たちの影響を受けていないと述べ、それは彼の重農主義が他のどの日本の思想家より徹底したためとする。彼に当時匹敵する日本の学者は新井白石しかいなかったとハーバートは述べる。白石も昌益もキリスト教に対しての猜疑心をもったが、彼らの学問的は認めるところだった。第3節[247]は昌益が医者であったことと、彼の思想との関連である。前近代の誠実な医師は、その技術の修練によって他の学問にも深い教養を持った。昌益は蘭方医との交流がなく、宋医学から完全脱却はできなかったが、それを疑問視する力をもっていた。そして昌益の重農論は、同じくフランス封建期を生きたケネーと共通点が多い。結論として、ハーバートは昌益を封建時代真っ盛りの江戸時代中期に人生を送りながら、その社会を客観的かつ批判的に観察したため、他の多くの江戸時代の思想家と大きく異なる。昌益の農本主義が示すのは、彼が真の愛国者のためで、同時に純朴な田舎医師であり、平和を愛する人物だったと書いて筆を置いた。

　これを安藤昌益の人生に関する評伝として読めば、示唆が多い。彼のような地方在住者が江戸時代の地方の困窮を見ながら思索したようすは、それまでの日本史研究に見られぬ視点で、その後多くの日本史研究者に影響を与えたのも当然だ。だが、私の見るところ、致命的な問題点がある。徳川時代中期の東北八戸に在住した医師、思想家であった安藤昌益がほんとうに「日本民主主義のパイオニア」と言えるか。この疑問は、発刊当時から家永三郎が『史学雑誌』の書評[248]で述べた。家永は、この著作がハーバートの東西文化に対する該博な知識が可能にしたものと高く評価しつつ、ハーバートの昌益観が講座派理論に強く影響され、その結果農民一揆が封建社会崩壊の要因とし、商工業を寄生的とするのは、実は昌益の封建的限界のため、と主張する。「民主主義のパイオニア」安藤昌益として当時の若手知識人たちに熱烈に歓迎された著作には、実際には問題点があった。

　また、ノーマン自身が「連合国の指導者の一人」として、啓蒙的立場から日本人に「民主主義」を教える傾向をもっていたため読み違えたのではないかとの指摘もある。兄のハワードが同時期に芥川の主著を英語に翻訳して、「日本にも民主主義を求める作家がいたが、軍国主義の中でつぶされて自殺した」と

講評しているのと同じような傾向をもっている。大窪が指摘する「占領軍の一員」としての制約だけでなく、兄弟が話しあいの末に一致した思想傾向自体も、芥川や安藤を「封建的であった日本における民主主義のパイオニア」として描き出すことに大きな役割をもった。

実際、『信濃毎日新聞』のインタビュー[249]に応じたハーバートの受け答えを見ると、実は彼自身がこの本を「歴史書」とは考えず、安藤昌益の人生から民主主義を根づかせるべき今の日本人がどのような態度をとるべきかをしめすために書いた読み物とする。彼は、安藤昌益が「民主主義のパイオニア」であると実証するために書いたのではなかった。民主主義など考えられなかった封建時代真っ盛りの時代に生きた安藤昌益が、農本主義を通して民主主義につながる道を考えたのと同じく、逆コースの中で生きる今の日本人が民主主義のパイオニアとして生きることを勧めるため、この本を書いたのであった。そういう視点で読めば、この本の本来もつ意義が私たちにも理解できる。安藤昌益は民主主義のパイオニアであり、日本の民主主義は西洋からもち込まれた外来的な思想であるという考えはまちがいである。民主主義こそが日本人本来の思想なのである。だから日本人は民主主義を信じ、その実現のために行動すべきである。しかしこの理想は危機にさらされていた。

第10節　ハーバートの転向——いつ、なぜ共産主義を見限ったか？

ハーバートはソ連のスパイだったか、という問題はカナダ政府が公式に否定した今でも議論の対象である。エドウィンを含めハーバートに近い立場の人々が「スパイ説」に否定的なのに対し、バローズ著作の立場の人々は「カナダ政府は不祥事を隠すためにスパイ説を否定している」と論難している。実際、いまでも決定的な証拠となる情報は公開不十分で、公開後も削除箇所が多く、その箇所だけでは、どちらとも判断できない。「スパイ説」が隆盛をきわめる理由はそこにある。

エドウィンが自伝などで語っているスパイ説否定は、以下のようなものである。カナダ政府はハーバート採用の際、十分な身元調査をおこなっている。身元調査の際にソ連のスパイ疑惑の証拠が少しでもあれば絶対に採用されない。

カナダはアメリカと同じく、公務員に対する身元調査は厳重だ。とくに機密事項を扱う外交官に対しては必要に応じて何度もおこなわれる。よって赤狩りの人々がかけた嫌疑は不当だとする。さらにボーエンは、1980年代当時のカナダ・アメリカの情報公開法を最大限に駆使し、ハーバートに対しておこなわれたカナダ騎馬警察およびFBIの伏字が多い情報を読み取り、個人的見解がカナダ政府公式見解とは微妙に違ってはいるが、彼はカナダの外交官として職務に忠実であり、忠誠を破るような行動はおこなわなかったと結論づけた。それを「スパイ扱い」した原因は、題名どおり『無罪だけでは不十分』であり、つねに「徹底した反共」でなければ「共産主義者」とするマッカーシズムの狂気とする。私はボーエンが収集し、ブリティッシュ・コロンビア大学に所蔵されている公開史料群[250]を読む機会を得たが、全体としての「容共」ピアソン・グループに対して仕掛けられていたカナダ騎馬警察およびFBIの調査群の全容を読み、彼の説明により説得力を感じた。

それに対して、バローズの見解[251]は以下のとおりである。彼がアメリカの情報局に勤め、何人もの秘密共産党員たちの尋問をおこなった経験からは、ソ連は重要な情報を握る秘密共産党員に関して、徹底的な身元隠匿訓練をおこなうし、彼らはソ連への忠誠を絶対に変えない。カナダ政府はそのようなハーバートの見かけにだまされ、彼が秘密共産党員であるのを見逃した。そして彼が出世し、西側の重要情報をソ連に渡したと知った。よって嘘をついて擁護せざるをえなかった。これは自由党政権による裏切りである。カナダ自由党は問題が明るみに出ることを恐れて、この問題に関する証拠を隠蔽しようとしている。この論議は、決定的な証拠が無削除で公開されないかぎり解決しないし、そのような完全公開は100年以上先の遠い将来となると予想できる。しかし、これまでに公開された証拠や回想から、この問題に対する私なりの推定を書く。

まず1930年代の学生時代、ハーバートが共産党員だったことに関しては、カナダ政府側も1957年に野党党首のディーフェンベーカーの質問に答えて、ピアソン外相が公式に認めている。1939年の外務省への採用の際に、ハーバートの身元調査がほんとうに厳重におこなわれたかどうかは公開史料だけでは判然としない。ハーバートは採用時の身元調査書教派欄に「合同教会」と書いており[252]、これがスパイ疑惑隠蔽のためではないか、という疑問がスパイ容

第3章　弟たちの栄光と悲劇、そして忘却

疑派から出た。ハーバートは大学入学頃からしだいに礼拝出席回数が減り、定期的には教会に通わなかった。だが、ハワードはピアソン外相がトロント大学専任講師時代の教え子であり、同じ教派の牧師子弟のため、外務省側にはたくさんの確認手段があった。ハワードも戦時中スパイ活動にたずさわっており、1939年の採用時点でハーバートの身元調査と兄であるハワードの身元調査もおこなって、ハワードも必要に応じ政府のスパイとできるよう、予備諜報員に任命された。ピアソンも大学生時代から礼拝出席がしだいに減ったのは事実である。このことをジョン・イングリッシュは、「一種の親離れ。あるいは朝起きが面倒」だと書いている。カナダ合同教会では「礼拝欠席がち」程度は「共産主義者」とは見なされない。それどころか、ピアソンはカナダ合同教会の意図を政策に反映し、逆に政策を合同教会がサポートするように依頼するためのキーパーソンとして、教会指導者たちと強い関係を保っていた。

　ハーバートも、キリスト教の祝祭日や両親の記念日など折々には教会に出席してそれなりの活動をしており、キリスト教を捨てて無神論者となったと断言できない。メソジスト派からカナダ合同教会につながる流れは、キリスト教社会主義と強く関連している。カナダ合同教会においては、「神に祈ること」と「社会正義が実現すること、人々が平等であること」はほぼ一致していた。ハーバートやピアソンは、カナダ合同教会員として生を受け、その世界で育ってきた。当時の同教会は現況とは違ったが、当時としては、他の教派よりも教義による縛りは緩く、悪質な教義違反がないかぎり会員を除名したりすることはなかった。「教会に毎週通わない」程度は当時でも一般的会員の行動パターンだった。唯一問題となるのは、1941年8月にハーバートが近衛の側近である牛場友彦を東京の私邸に呼び、アメリカ大使館の通訳官であったエマーソンを通して近衛-ルーズベルト会談実現を実現しようとしたことだ。当時近衛側近だった尾崎秀実からゾルゲを経由してソ連に日本の機密情報が流れていた。それとこの事態がどう関わっていたかは議論の対象となる。ルーズベルト側が近衛には実力がないとして会談は実現せず、この活動は当時の情勢では大きな意味をもたない。しかもルーズベルトはスターリンを重要な相談役としていた。

　1942年にオタワに戻ってから1945年の日本敗戦までのハーバートの職務の全貌は、いまだに明らかではない。対日諜報業務にたずさわり、日本占領政策

に関する意見書を作成していたことは公表されている。意見書はカナダ国立公文書館において公開されているが、ごくわずかである。太平洋問題調査会の機関誌に書いた日本問題の論文とあわせても、日本に戻ってから多忙な中を裂いてつぎつぎと研究や講演をこなしていた時代と比較して考えれば、オタワにいたハーバートの3年間の調査活動の大半が非公開と考えられる。欧米の日本近代史観に強い影響を与えた『日本近代国家の成立』の著者でもあり、連合国側の対日諜報の中心人物の一人だったので、かなり膨大かつ重要な諜報活動をした可能性があるが、歴史的には証明できない。この時期に関して言えば、上司であるピアソンがカナダ共産党の動向などを直接探っていたため、ハーバートは「共産党のコネ」をどれほど使って国内外の共産主義の動向調査をしたか問題となる。これまた公開史料はほとんどなく、イングリッシュが関係者証言でピアソン・グループの諜報活動実行の可能性を示唆しているのみだ。一方、オタワに長く勤務していた時代であり、スターリンがおこなっていた恐怖政治に関する情報を知る機会は多かった。カナダ外務省は戦後に待っているハーバートの日本占領時の活動を考えて、しっかり情報教育をおこなった可能性が大きい。「元共産主義者」で転向した人間こそ、共産主義国家へのスパイとして好適だ。ハーバートにはその意味でも、この時期に厳重な教育と再審査がおこなわれた可能性がある。

　第二次世界大戦直後、ハーバートは連合国総司令部最高司令官マッカーサーのアドバイザーとして東京に赴任した。日本共産党員を含む政治犯全員の釈放の決定と出迎えは、マッカーサーの指示である。1946年に東京のカナダ首席代表になってからは、共産党のスパイだった可能性はほぼない。また東京のカナダ代表部はソ連に対して重要機密を扱わなかった。1948年にカナダ大使館でハーバートと会食をしながら長い対話を交わした[253]エドウィンが、力を込めてハーバート・スパイ説を否定するゆえ、ソ連への失望が話題となった可能性があるが、史料から裏づけられない。さらには1950年2月に東京駐在4年を過ぎたハーバートの転任先案が外務省人事局から出されており、ハーバートをモスクワに送ることが提案[254]されている。モスクワの大使館は高度な機密情報を扱うところで、もし当時ハーバートがソ連のスパイならば、カナダの安全保障上きわめて危険なポストであった。つまり、ハーバートが共産主義から

第3章　弟たちの栄光と悲劇、そして忘却

転向したので可能な人事案であった。ソ連の機密情報を取る「カナダのスパイ」の役割を果たす人事案であろう。ソ連からは秘密共産党員と見るのだが、カモフラージュの可能性が高い。だが史料的には確定できない。この提案の際、ハーバートがピアソンに1950年2月8日付で送った手紙の中で、モスクワ転任案に疑問を投げかけた部分を以下に引用する[255]。

　私の視点からすれば、現在のポスト（カナダ駐日首席代表）に3年以上就いているのを、とくに長いと感じたことはない。もし、あなた（ピアソン外相）がもっといてくれと言うなら、1年でもそれ以上でも喜んで駐在したい。よければ休暇を本国でとったうえで。もしどこかへ必ず転任せよとのことなら、数ヵ月間を現在進行中の仕事のために用い、その継続業務のためにオタワかどこかへ行きたい。
　私がもっとも疑問なのは、モスクワに行くという可能性である。もしきわめて重要な理由があるなら、もちろん、私は喜んで行きたい。しかし、はっきり言わせてもらえば、私のキャリアから考えれば、東京にこれ以上長くいられないということなら、オタワで責務をはたしたい。省が一番ふさわしいと決めることにもちろん喜んで従うのだが、オタワで仕事をするほうが理にかなっていると考えるし、また私もそのほうが慣れている。私はモスクワの少ないスタッフの中で、極東の経験を生かせるとは思えない。なぜならすべてのことが窮屈で訓令のままにおこなわねばならないからである。私は極東での体験を生かすポストに就きたいと思う。しかし、将来的な私のキャリアとしてヨーロッパのポスト経験が必要とされるなら、モスクワどころかロンドンですらまったく向いてないと思う。論理的に考えて、極東への関心が生かせる場ではないからである。それゆえ、そういう場合にも極東とときどきは会話が成り立つポストを期待したい。

この論の傍証として、レスター・ピアソンが1950年2月にセイロン（現スリランカ）のコロンボでおこなわれた英連邦外相会議において、ソ連のスターリニズムの危険性がおおいに議論され、ソ連はロシア以来専制恐怖政治を好むと結論づけていた[256]。つまりソ連とは国交を結んではいても、注意を怠っては

ならない危険国家であると考えていた。モスクワに送る予定人物の保安審査はとくに厳重をきわめた。

1949年のハーバートとエドウィンの会話の可能性を示唆する書類として、1953年に太平洋問題調査会がハーバートの1945年の論文「日本近代化の封建的背景」の再版についてエドウィンの意見を問うた際、エドウィンはつぎのような付帯意見をつけて再版に賛成した。

　論文の背景にあるマルクス主義的分析についてもう一度検討し直し、書き直す必要があろう。それは著者自身が望んでいるはずだ[257]。

これに対するハーバートの意見はエドウィン・ライシャワー・ファイルには存在しないが、ハーバートがエドウィンから彼の弟子の最新研究について問いあわせているところから、おおむねハーバートも納得したと考えられる。

以上のように、限られた証拠から推論を重ねることしか、まだおこなうことはできない。今後カナダ外務省のピアソン関連史料の公開基準が再考される予定との情報があり、それ以降もう少しこの問題に関して情報が出ている可能性がある。この問題点に関しては、現在出ている情報をもとにした推測にとどめ、最終的結論は情報公開を待って下さざるをえない。いずれにせよ、私の推測では、ハーバートがカナダにとって致命的な機密情報をソ連に売り渡す行為に出た可能性はきわめて低く、カナダの責任ある地位について以降はまちがいなくカナダ政府に忠誠であったと見てよい。

ソ連がカナダに送ったスパイ、グゼンコがカナダ亡命後の記者会見で「カナダ政府高官5人との接触があり、彼らから西側の機密情報を得た」と証言し、政府高官のうちの一人はハーバートではないかと取りざたされている[258]。カナダ国立公文書館が多くの重要な部分を秘匿したまま公開している当時のハーバート関連書簡を読むと、政府側もそう判断していたと読むこともできる。だが正確なことは、ピアソン・ファイルのグゼンコ関連文書が非公開なので不明だ。また万一、グゼンコがハーバートやその紹介者の「カナダ政府高官」から機密情報を得ていたと関連文書が完全公開された内容に書かれていたとしても、それで問題は解決しない。渡された「機密情報」がほんとうの機密情報か、そ

れともソ連を攪乱するために仕掛けた情報だったかを精査するには、さらなる情報を必要とする。ロシアのように史料整理不十分で、信憑性を検討する必要のある史料群の中から同様の証言が出た場合にも、同じく十分な精査を必要とする。イギリスとアメリカが共同で解読していたKGB暗号情報(ベロナ・ファイル)は、諜報情報交換をともにおこなっていたカナダも共有していたと思われ、もし「忠誠」に疑問がついた場合は、1950年時点でハーバートは解雇された。しかし、周囲の説明によれば、ハーバートへの1950-51年の尋問はひじょうに熾烈であり、相当な精神的な傷を残したと言う。精神的に不安定になった彼が再尋問をおびえたのは不思議ではない。

　もう一つ疑問がある。エドウィンは必死になってハーバート無罪説を主張しているが、なぜ十分な証拠を出さなかったのか。49年に東京でおこなった対話の概要なり、50年代初頭のハーバートとのやりとりなどを公表すれば、エドウィンの主張に根拠があることが判明したはずである。しかし、そうしなかった。それは、エドウィンが自伝を書いた1986年時点においては、確実に冷戦体制が崩壊するとわからなかった。西側の機密情報を知る立場にあったエドウィンとしては、同盟国カナダの戦中・戦後の諜報体制をうかがわせる情報を隠す必要があった。1940年代前半にハーバートが受けたスターリン体制下の圧制情報は、きわめて機密度が高く信憑性があった。だが、それをうかがわせる情報を少しでも漏らすことは、1980年代に東側中枢部に張りめぐらされた西側諜報網の実態をばらしてしまう。このような手法で、完全解明にはほど遠いが傍証をあげて、より真実に近い状況を推測でき、ハーバートがソ連のスパイであった可能性はきわめて低いと推定できる。

第11節　ハーバートの苦しみ——赤狩り、そして自殺

　1950年8月、ハーバートは日本を離任した。多くの知識人、三笠宮を含む上層階級の人々が離任を惜しんだ。ハーバートは外務省主要ポストにすぐ就任する予定だった。だがオタワでハーバートが受けた事態は、ソ連共産党秘密党員ではないかという容疑を解明するカナダ王室騎馬警察秘密警察部の尋問だった。ハーバートは尋問が終わるまで休職となり、半年にわたって連日秘密警察

の尋問と身元調査を受けた。上級外交官として秘密を握る立場のため尋問はきびしいものだった。関連の調査は、ハーバートを監督する立場にあった上司たち、外相であるピアソンにまでおよんだ。この尋問の詳細も、近い将来の一部公開をカナダ国立公文書館から示唆されているが、まだ公表されてはいない。公表されているのは、1951年8月9日付で出された、騎馬警察による調査報告書の結論を外務省が公表したものだけである[259]。

　ノーマン氏は外務省職員がすべて受ける規則となっている、カナダ政府の適切な機関による通常の保安審査を受けた。
　その結果、ノーマン氏の忠誠心と以前共産党に関わっていたとされる疑惑に関する報告書が省に届けられた。これらの報告書は非常に注意深く、すべての点に関して政府安全担当部署によって調査された。その結果、ノーマン氏はまったく無実であり、それゆえに省にとって信頼でき、重要な人物でありつづけることが証明された。
　外務省

以上の結論として、ハーバートはカナダの国家機密情報をソ連側に渡していたという証拠は出なかった。彼は外交官に復帰した。しかし、事情がわからない日本人のあいだでは、「ハーバートがカナダにスパイ疑惑で召還された」と誤解された。実際は定期異動で、その際に尋問が割り込んできたのだが、限られた情報しか日本に届かないため誤解された。まずはハーバートは外務省極東部長として仕事を再開した。その後ピアソンは彼をまず重要度が低く、人々が問題にする可能性の低い、格の高い役職に就任させ、ハーバートの外交官本格復帰をはじめた。

ここで問題にすべき中心的課題は、ハーバートへの過酷な尋問の内容そのものではない。重要なのは、騎馬警察がなぜこの時期にハーバートへの尋問をおこなったのか、そしてその影響はカナダ政治にどのような影響をおよぼしたかである。ハーバートへの尋問は、先にも書いたように多くのハーバート・サイドのカナダ外務省高官を巻き込んだ。その中には外相ピアソンその人も含まれた。つまりピアソン自身が騎馬警察から言わせれば疑惑の人物だとなる。騎馬

第3章 弟たちの栄光と悲劇、そして忘却

警察はピアソンより政府内では下のランクにあり、ピアソンが本来影響をおよぼしうる機関である。なぜ騎馬警察はピアソンを狙ったのか。騎馬警察はカナダの国家機関である。しかしカナダ政府の指揮命令系統だけに服する機関とは言い難い。むしろアメリカの連邦捜査局(FBI)やイギリスの王室捜査機関(MI6)など同盟国の秘密警察との関係が深く、密接に連絡をとりあっている。そしてこれらの機関は保守勢力の牙城で、自国政府与党でもリベラル勢力との関係が悪い。

当時政府・与党自由党は中華人民共和国早期承認の方針であった。ところが1950年6月には朝鮮戦争がはじまっており、数年前からはじまっていた冷戦は局地戦争に転換していた。マッカーシーらによって、東西勢力激突による第三次世界大戦勃発の危険性が声高に語られていた。マッカーシーの影響は、カナダでは反共主義的な進歩保守党とむすんで浸透しはじめた。保守派の考えは以下のようである。リベラル勢力の背後には共産主義者の策謀がある。彼らは実は共産党シンパで、国家機密を共産主義勢力に売り渡している。第三次世界大戦が近づいている今、たとえ外相と言えども国家への反逆行為を行う恐れがあり、そのような策謀は止めなければならない。

後述するように、ハーバートはピアソン外相の重要な片腕の一人であり、彼の外交方針であった「中間外交」を実施するための貴重な存在になりつつあった。保守派の視点では、ピアソンとその一党は「中間外交」の名目でカナダの国益を共産諸国に売り渡し、打倒すべき存在だった。まず疑惑の中心人物であるハーバートを尋問し、厳しい調査をおこなって秘密共産党員である証拠をつかむ。そしてつぎに他のピアソン・グループの面々をつぎつぎに尋問・調査し、最後にはピアソン自身を尋問・調査して彼が秘密共産党員の親玉と立証する。ピアソンは首脳外交などもおこなっている「首相代行」状態で、サン・ローラン自由党政権自体が瓦解する。こうして自由党政権を葬り去り、安定した進歩保守党政権を樹立して、徹底した反共政策を実施し、カナダをソ連と対決する最前線とする。これが騎馬警察が定めた行動目標であった。だが、この目標は第一段階であるハーバートの尋問でつまずいた。ハーバートが秘密共産党員である証拠は出なかった。結局ハーバートは外務省に復帰し、自由党政権が揺らぐ事態にはほど遠かった。彼らはつぎの手を考えた。そこで元中国宣教師

で、ソ連系平和主義活動をしていたエンディコットの「反乱罪」認定を1952年2月に騎馬警察は求めたが、サン・ローランとピアソンが閣議で猛反対して潰れた[260]。なぜならエンディコット夫妻はピアソンの重要諜報員の一人であり、カナダ政府と中国共産党を結ぶ人物だったからである。

　ハーバートには大学への赴任話も来ていた。だが先述したとおり、ハーバートはピアソンを人生の師としていたので、ピアソンの職務継続要請を受けることにした。だが外交官復帰と言っても、国際政治の重要事項に関わるポストでは、ふたたび共産党員疑惑が蒸し返される恐れもあった。そこで、懸案が少ない国へハーバートを派遣することにした。こうして1953年1月、ハーバートはニュージーランド高等弁務官に就任した。ウェリントンに着任したハーバートに対して、古いイギリスのしきたりと穏やかな環境、生まれ故郷日本と似た風土があった。心に負った傷を癒すことをピアソンは期待した。この当時は日本近代史の論文を執筆することを外務省に禁止され、ハーバートは「クリオの顔」などの史論を書いた。また当時イギリス保護領で、ニュージーランドが実質的に統治をおこなっていたトンガなどの高等弁務官を兼任しており、それらの国々をめぐったりしている。国内ではマオリ族の文化や風習、マオリ族とイギリスからの植民者が同じ権利を持つ「ワイタンギ条約」などに関心をもった。

　だが、ピアソンとしては、有能なハーバートをいつまでもニュージーランドに置くわけにはいかなかった。なぜなら、当時カナダには重要外交政策を実行できる外交官が十分いなかったからである。1956年にはナセルがエジプト大統領として台頭してソ連に接近していた。また前年にピアソンがソ連を訪問してフルシチョフと会談し、カナダとソ連の関係は劇的に改善されはじめた。この状況を勘案し、ピアソンはハーバートをソ連と関係の深いエジプト大使に任用した。1956年6月、ハーバートはカイロに着任した。着任してまもなく、ナセルがスエズ運河の国有化を発表した。ナセルの背後にはソ連がついていた。イギリスはフランスを巻き込み、スエズ運河国有化に反対して軍隊を派遣した。エジプト軍にはソ連の軍事顧問団が派遣されていたし、他のアラブ諸国の支持も得られた。エジプトとイギリス・フランス連合軍による第4次中東戦争がはじまった。戦争はたちまち泥沼化し、第三次世界大戦の引き金になることも予想された。国際連合としては国連軍を編成して兵力を引き離し、両者を平和的

第3章　弟たちの栄光と悲劇、そして忘却

な交渉のテーブルにつけるようとした。だが、国連安全保障理事会常任理事国の中の2ヵ国が戦争の一方の当事者で、もう一方にはソ連がついていたので、安全保障理事会はまとまらなかった。

　そこでピアソンは一計を案じた。エジプトを多くのアジア・アフリカ諸国が支持をしている。国連加盟国全体の3分の2の支持なら得られるに違いない。3分の2以上の支持による国連総会決議で、安全保障理事会の決議なしに国連平和維持活動をおこなう権限を与えてはどうか。ピアソンはこの提案を総会でおこない、賛同を得た。さっそく北欧諸国を中心とした平和維持部隊がスエズ運河周辺に展開し、兵力引き離しをはじめた。危険も存在したが、いちおう戦火は止み、エジプトとイギリス・フランスの両者は交渉のテーブルについた。だが、問題はまだ残っていた。国連平和維持活動を提唱したカナダ軍の平和維持部隊への参加をナセルは認めていなかった。そのためカナダ軍はイタリアに留まったままで、活動参加許可を待っていた。ピアソンとしては、一刻も早くカナダ軍をスエズに派遣したかった。だがナセルは、カナダは英連邦の一国で親英国家である。平和維持軍の一部としてカナダ軍がスエズに展開したとたんに、イギリス・フランス側に寝返ってエジプト軍攻撃をはじめるのではないか、と疑った。ナセルの発言は条件を大きく釣り上げて少しずつ妥協する中東流交渉術である可能性が高いが、そのような交渉術を知らないハーバートは、真に受けてねばり強く交渉した。そして1957年1月にナセルが了解し、カナダ軍のスエズ駐留が認められた。ピアソンの理想とした平和維持活動は完成し[261]、交渉の結果スエズ運河国有化が認められた。

　この交渉の過程で、ハーバートはひどく疲弊していた。鬱病や不眠はひどくなり、精神安定剤や睡眠薬の服用量が増え、酒量まで増えた。そこにエマーソンや都留重人がアメリカ上院の喚問に呼ばれ、都留重人がハーバートは共産党員だった経験があると証言したという噂が流れてきた。ハーバートは以前の厳しい喚問を思い出し、自殺を考えた。死の前日、日本大使館が主催した日本映画『修善寺物語』鑑賞会の中で表現された源頼家の無惨な死の光景を見て、ハーバートは深く動揺したと伝えられている[262]。ハーバートは何通もの遺書を書き、大使公邸から歩いて3分ほどの高級アパートの屋上から飛び降りた。1957年4月4日、享年47歳だった。

ハーバートが自殺直前に出した3通の手紙、とくに兄夫妻ハワードとグエンに出した2通の中にある「キリスト教が真理だと知りました」[263]という箇所は、今も論争の種になっている。ハーバート支持派はこれを真実の告白だとし、一方反対派は共産主義のカモフラージュと見る。しかし、ハーバートが1940年代に共産主義に失望してから、カナダ合同教会とのゆるい信仰の絆をもとうとした可能性が大きい。しかしながら一度教会から離れてしまったハーバートにとって、カナダ合同教会は寛容とは言っても、気安く戻るには敷居が高かった。当時彼が信頼して愚痴を述べることのできる聖職者は兄ハワードしかいなかったし、その兄は日本の大学教員として忙しかった。兄に愚痴を述べるには、エジプトから日本はあまりに遠かった。このような状況が、彼が生死の境目で「救い」によって何とか生きようとする努力に教会が関われなかった。エジプトには、心を打ち明けて相談できる相手はいなかった。カナダ合同教会は1960年代後半から変化し、彼らの言葉で言う「包括的」な教会になった。しかし、それ以前の同教会とハーバートのあいだの溝は深すぎたのであった。
　大窪愿二は『ハーバート・ノーマン全集』第4巻の彼自身によるハーバートに関する人生回顧の文章の中で、彼の自殺を悼み、つぎのように語っている。

　　私は彼がフランス人かせめてイギリス人に生まれていたらどうだったかと思う。(中略)エピクロスとして生きたいと欲したこの人を、ソクラテスとして死なせたのではなかろうか[264]。

　しかし、彼の祖先を考えれば、彼がイギリス人だったなら貧しく差別された農民か都市下層労働者のはずで、高等教育を受けるチャンスは小さかった。ハーバートがカナダ人であったからこそ、有名宣教師の息子であったからこそ、彼が著名日本研究者として、また著名外交官として活躍するチャンスもめぐってきた。この点に関しては、大窪が生きた時代のヨーロッパへの憧憬のあらわれや希望的な観測と考えられる。ハーバートはカナダ人であったがゆえに活躍する機会も得た。しかし優秀で、完璧を求めて心の病に陥り、自殺という最悪の結果を招くことにもなった。
　一方、アメリカではハーバート自殺直前に、都留重人が上院の公聴会に喚問

第3章　弟たちの栄光と悲劇、そして忘却

され、その際に「ハーバートを含む多数の人物が1930年代に共産党に関わっていた」とするマッカーシーの説明が鵜呑みにされ、日米双方で「都留がハーバートを売ったので、ハーバートは自殺した」という都留重人攻撃がはげしくなった。都留のハーバード招聘に関わったエドウィン、フェアバンク（以上、文理学部）、ガルブレイス、ハリス（以上、経済学部）の4人のハーバード大学教授たちは、ニューヨーク・タイムズに投稿をおこない、「都留証言と、ハーバートの自殺は何ら関係ない。都留に罪はない。都留を責めるのはお門違いである」と都留擁護をおこなった。この記事はその後、ジャパン・タイムズと朝日新聞にも転載された。

またエドウィンは、1957年4月15日付の都留重人宛書簡で、つぎのように都留を励ましている[265]。

　親愛なる重人：

　カーマン氏からの連絡で提案されたことだが、アメリカ知識人交流協会の会員たちがあなたのことを最近おこなわれたワシントンでの上院公聴会でのできごと後、あなたに関して再保証する手紙を書くことになった。あなたも知ってのとおり、先日のアジア研究学界での会合で、先日の事態（注：上院公聴会）に関してはいっさい無視する態度をとることに決めた。しかしながら、先日私が言ったことをふたたび簡潔にくりかえすことにした。この態度に関しては、他の会員たちもほぼ同様な見解をもっていると私は確信している。

　私はこの前の公聴会によって、あなたに対する態度をどんな状況においても変えるようなものでありえてはならないし、まったく変わってもいないことを強く断言する。私たちはあなたのような優秀な経済学者が私たちの仲間であることを誇りにしている。同じように、私たちは今回のような事態に強く憤りを感じている。上院公聴会が正しかろうとまちがっていようと、このような事態（注；都留を公聴会に喚問したこと）は客人に対する大変な過ちである。私はあなたがあなたの判断に対して確信をもっており、この国（注；

— 145 —

アメリカ合衆国）の指導者たちや有力者たちが適切な対処をすることに明らかに失敗していることから、有益な示唆を得ることを切に願うのみである。

どうかご夫人にもよろしく。

敬愛をこめて
エドウィン・O・ライシャワー

このような点からしても、都留がハーバートらが1930年代に共産主義経験があったという上院公聴会後のマッカーシー発言は嘘と考えられる。都留の発言は直接ハーバートの自殺に結びついていない。もちろん当時の北米とエジプト間の通信事情がとても悪く、情報がうまく伝わらないため、ハーバートが「都留証言」をほんとうだと勘違いして自殺した可能性が高いが、それは都留重人の責任ではまったくない。それまでの任地とまったく違い、アジア的常識も欧米的常識も通用しないエジプトで、ナセルとのきびしい交渉に疲れはて、鬱状態に重ねて共産主義者疑惑を再度聞き、迷路の建物から飛び降り自殺したと見るのが妥当である。

第12節　エドウィン「円仁研究」の完成——マッカーシズム旋風からの回避

一方エドウィンは、1950年代のマッカーシズムが吹き荒れ、ハーバートの自殺に象徴されるように、多くの北米東アジア学者や外交官などの専門家が「共産主義者疑惑」で犠牲になる中で、比較的静かな研究・教育生活に励んでいた。ハーバード大学の同僚であり、いっしょに「東アジア入門講座（田んぼ講座）」を開いていたフェアバンクは中国近代史が専門で、中華人民共和国早期承認派のうえに、「太平洋問題調査会」の中心的メンバーだったため、マッカーシーらから目をつけられ、連邦議会上院公聴会での無実証明をおこなわなければならない立場に追い込まれたのと対照的である。

この時代のアメリカ諸大学における赤狩りの状況については、黒川修司氏が『赤狩りと米国大学』[266]に簡潔にまとめている。米国大学における赤狩り

第3章　弟たちの栄光と悲劇、そして忘却

は、早くは1940年のニューヨーク市立大学で、バードランド・ラッセル招聘をめぐっておきた。ラッセルの招聘が取り消されただけでなく、このときに招聘取り消しに反対したグループを中心に、忠誠審査がおこなわれ、20名が解雇、11名が抗議辞職した。このとき用いられた忠誠審査の方式は、後の赤狩り時代に多用された。1947年以降、ワシントン大学、カリフォルニア大学、ミネソタ大学、ニュージャージー州立ラトガーズ大学で同様な事件が発生し、下院非米活動委員会(House Un-American Activities Committee)が「共産主義者ないしその同調者」とみなした人々をあげ、大学により解雇や抗議辞職の教員を輩出した。このような際には「元共産主義者」が告発を先導し、とくにウィットフォーゲルが中心的役割をした。この事態に対し、1915年に設立した大学教員組合であるアメリカ大学教授連合(American Association of University Professors)は反撃したものの、力は弱かった。

しかし、ジョセフ・マッカーシー上院議員(1908-57)が1950年から反共主義を扇動した「マッカーシズム」の時代はとくに迫害がはげしかった。マッカーシー本人は売名行為のため不確かな資料をもとに「国務省に共産主義者が多数いる」と告発するなどの行為に出た。1949年の中華人民共和国成立、1950年の朝鮮戦争勃発で反共主義を強めようとする政府の意図が加わり、多くのリベラル系の官僚・ジャーナリスト・研究者たちが「共産主義同調者」として告発され、職を失ったり甚大な被害を被ったりした。1995年には英米で1940年代以降にKGB暗号を読んでいたベノア史料が一部公開され、その中には「ソ連への情報提供者」と出ている者が尋問された中にいた。ただし、しばしば諜報の世界では情報操作がおこなわれ、また二重スパイも珍しくないので、KGB資料に名前が出ている全員が「まちがいなくソ連のスパイだった」とは確言できない。ましてや、文書にも出てこないのに迫害されて被害を被った人物の場合はなおさらである。いずれにせよ、マッカーシズムで上院公聴会に呼ばれ、さまざまな不利益を被った人間の大半は、無実の可能性が高かった。マッカーシーは1954年11月に上院侮辱罪で上院議員としての権勢を失ったが、死ぬ直前まで赤狩りに奔走しつづけた。

黒川氏は総括として、全体として私立名門総合大学では比較的教員が守られた例が多く、州立大学や小さな私立大学など、政府の援助に頼る率が高い大学

で教員解雇が多かった[267]と記している。彼らの大半はその後、大学や研究機関への再就職が困難で、中にはカナダ・ヨーロッパおよびアメリカ黒人大学へ転職した者もいたと記している。彼らの名誉回復は1970年代から1990年にかけておこなわれ、結果的に研究職に戻るには遅すぎた。題名のとおり「遅すぎた名誉回復」であったと記している。

　こうして、エドウィンの身近な人物でも、国務省のジャック・サービス(辞職)、ジョン・エマーソン(大使任命見送り)、ハーバード大学の同僚だったジョン・フェアバンク(公聴会呼び出し)、都留重人(公聴会呼び出し)、学者仲間でオーエン・ラティモア(裁判で有罪)、ハーバート・ノーマン(自殺)などの赤狩り被害が出ている。しかし1957年4月のハーバート自殺前後の状況の中でも、エドウィンはほとんど動かず、静かに研究・教育生活を送っていた。これが、後の1979年の「ハーバート・ノーマン・カンファレンス」でエドウィンがハーバートを「終生の友」と表現した際に、未亡人アイリーンをはじめとした参加者からはげしい批判を受けた原因だ。

　では、エドウィンはこの時代、なぜこのように「マッカーシズムとの戦い」から回避したのであろうか。フェアバンク・ボートン・シュレジンジャー・ガルブレイスらほど明確ではないが、エドウィンもアメリカ社会の文脈では「リベラル左派」に属していた。たとえば中華人民共和国建国直後にアメリカ国務省に呼ばれて意見陳述をした際には、蒋介石政権の腐敗による人民からの支持低下が今回の革命を呼んだもので、イデオロギーの違いにかかわらず中華人民共和国を第三世界と協力して早期承認すべきだ、と訴えている。このような意見は当時のアメリカ右派からは「共産主義容認者」と受け取られ、朝鮮戦争勃発と中国共産党軍の北朝鮮軍支援後にはエドウィンは右派の東アジア研究者・専門家から「共産主義のスパイ」だという宣伝を受けた。

　その主因としてエドウィンの家庭事情がある。妻アドリエンが心臓の病気で1950年代に入った頃から心臓発作をくりかえし、エドウィンは看病に追われた。昼間の勤務中は近所の人に家政婦として看病してもらっていたが、夜間や週末はエドウィン自身がめんどうを見た。また3人の子どもは当時小さかった。結果として、エドウィンは1940年代後半のように北米全域やアジアを飛び回ることを止め、特別な例外を除くとハーバード大学のあるボストン地区に留ま

った。また 1952 年にはユニオン神学校を定年退職した父オーガスト夫妻と妹フェリシアがニューヨークから移り、彼らとの関係も重視する必要があった。こういう家庭事情の中、派手に動いてマッカーシズムの餌食になることは控える必要があり、また周囲からもそのようなアドバイスを受けた可能性がある。

　他に、エドウィンもまた「太平洋問題調査会」の一員で、その重要な意志決定に参画していた。だが外部的には「調査会に求められて寄稿する程度の関係」とした秘密会員であった。その秘密会員が先にマッカーシズムの餌食になるわけにいかず、家庭事情もあったのでエドウィンはなりを潜めてマッカーシズム旋風の動きを見ていた。結局、アドリエンは 1955 年 1 月に心臓発作で亡くなった。さまざまな職務を最小限にして看病に務めたエドウィンにとっても、妻の死は打撃だった。この状況で彼は、日本を中心としたアジアでの一年間の研究活動を同年 7 月からおこなう許可を得た。1955 年 7 月に日本に着いたエドウィンと子どもたち 3 人は、東京女子大学ライシャワー館でしばしの安息をしていた。それと同時に、エドウィンは松方ハルと恋に落ち、1956 年 1 月に入籍、2 月にはハワードの司式で東京で結婚式をおこなった。1956 年 6 月にハルはエドウィンとともにアメリカへ移住したが、1957 年時点ではまだ日本国籍だった。ハーバートを支援するためにエドウィンが活躍し、もし喚問になれば、ますます苦しい立場に追い込まれる。エドウィンが逮捕・起訴されて裁判にかけられる可能性がおおいにあった。そうなればハーバード大学の職を失う可能性もあり、犯罪者の配偶者に過ぎなくなったハルは、日本に強制送還される恐れがあった。このような難しい家族事情などが絡んで、エドウィンの行動はきわめて慎重になった。きびしい家庭状況の中で、また「中産階級の男性は家族を守るのが務め」とされていた 1950 年代の考えの中で、エドウィンが取った行動を勇気がないと非難できない。

　しかし、このようなきびしい時代は逆に、エドウィンが本来専門としていた円仁研究をまとめるために絶好の機会となった。博士論文での円仁研究は『入唐求法巡礼記』の全 4 章のうち第 1 章だけを翻訳、注解したものに過ぎず、きわめて不十分なものだったからである。その後、戦中・戦後は対日政策の立案などやハーバード大学東アジア学科の本格的立ち上げなどで忙しく、エドウィン自身の問題関心は分散しがちで、円仁は忘れられがちだった。エドウィンが

それまでに出した『日本――過去と現在』や『太平洋の彼方』の学術的評価はそれほど高くなかった。彼自身のためにも、円仁研究を大成することは一流のアジア研究者として立つためにも重要なことがらであった。

　エドウィンは国務省から干され、アドリエンの看病も本格化した 1951 年末頃からふたたび円仁研究を進めた。こうして円仁の『入唐求法巡礼記』の第 2 章以下の翻訳が進み、1954 年までに詳しい注をつけて脱稿し、1955 年初頭に出版した。一方、一般人向けに円仁の唐での活動の意義や当時の東アジア社会を理解を促す本を出すことに決め、『円仁――唐代中国への旅』として脱稿した。こちらは項目別に分けて円仁が中国で体験したことを記し、それによって古代の東アジアの状況を一般の人々にもわかりやすくしめす著作であった。以下『円仁――唐代中国への旅』の日本語訳に沿って、概要と意義を記したい。

　内容は、まず第 1 章[268]で、なぜ円仁日記が重要なのか説明される。円仁日記はほぼすべて保存されていること、同時代のことがらを書いていること、歴史学では無視されがちな中国庶民の生活ぶりが詳しく書かれていることを理由としている。つぎに第 2 章[269]で、最澄や空海など、当時の多くの仏教指導者たちが貴族階級や富裕層出身であるのに対し、円仁は下野出身で身分は高くなかった。しかしその才能により仏教界での地位を急速に向上させ、留学僧として遣唐使派遣にいたった。そして円仁は留学僧として長期にわたって唐に滞在できたために『天台密教』のありさまを詳しく学び、顕教一本槍だった天台宗に新たな流れを吹き込んだ。第 3 章[270]は遣唐使に関する記述で、二度の失敗と人命の犠牲、遣唐使内部での紛争、三度目に唐にたどり着くまでを記し、当時の日本船操舵術の問題点が指摘された。その後、「朝貢使節」として一行は歓迎され、円仁は中国仏教を自らの眼ではじめて見聞することができたが、さらなる見聞の必要性を感じた。結局大使に頼み、帰りの遣唐使船から離脱する許可を得た。

　第 4 章[271]では円仁が「一人の日本人仏教僧」となって体験した、長く形式的な中国の官僚主義との闘いが記されている。官僚主義的システムのないアメリカ人に、どれほど困難かを理解できるよう説明している。通行証を受け取って後、長安に着くまでの道のりは、「自由」を得た巡礼の旅であり、長安ではふたたび「勅許」の確認で官吏と交渉があり、それが終わった後は円仁は自ら

第3章　弟たちの栄光と悲劇、そして忘却

が望んでいた仏教研究に思う存分力を注ぐことができるようになったとを記している。第5章[272]では円仁が体験した唐におけるさまざまな事象が記されている。季節の祭礼や国家的儀礼、文字や自然現象にまつわる禁忌、旅行のようすや宿泊施設、食糧の手当、地域による経済的・社会的格差などが記される。円仁滞在中の費用負担は日本政府がおこなったが、不足分は中国の聖俗人からの寄付でまかなった。おかげで彼は貴重な仏教経典や巻物などを日本にもち帰った。第6章[273]は円仁の時代に中国に深く仏教が浸透しており、多くの出家者を各寺院が抱えていた。仏教寺院は政府の監督下にあり、国家の安泰を祈るさまざまな儀礼をおこなった。宗派分立は日本仏教や西欧キリスト教と違ってほとんどなかったが、天台と禅の違いは明瞭で、円仁は天台寺院を回って教義学習に努めた。円仁が訪れた各寺院での宗教行事として、精進料理と宗教教義が記されており、仏教寺院以外でのさまざまな仏教行事、神話や奇跡物語も記す。円仁の巡礼の中心ともいうべき五台山での宗教体験について長い説明があり、文殊信仰を中心とした新しい宗教体験を受けた。多くの人が五台山へ巡礼し、寄付をした。当時は中国仏教盛況期だったが、しだいに衰退の可能性が出ていたとエドウィンは指摘している。

　第7章[274]では中国の仏教弾圧が記されている。円仁の時代にも仏教弾圧がおこり、円仁は僧の資格を剥奪されて還俗させられる。エドウィンはこのような弾圧がおこった原因として、仏教が繁栄しすぎたため多くの人々が出家し、政府の税収が予定どおり取れなくなってしまったことをあげた。税を取るために規定以上いる僧侶を還俗させる必要があった。つぎに多くの皇帝が道教教師の「不老不死」の教えを信じ、「不老不死の薬」の服用に熱中し、それを否定する仏教の弾圧になった。しかし仏教弾圧は必ずしも長くつづかなかったこともエドウィンは記している。なぜなら「不老不死の薬」が皇帝の寿命を縮め、皇帝死去後は仏教弾圧が収束したからである。

　第8章[275]では中国における朝鮮人の役割を記し、円仁が仏教弾圧終了後日本に帰るため、朝鮮人との交流を深めていたことを記している。日中のあいだに隠れて軽視されがちな朝鮮が、当時の東アジア社会で大きな役割をしていた「独自の社会」であったと記している。まず朝鮮人は当時の東アジアでは操海術にもっとも長け、東アジアに絡む世界貿易を握っていた。中国宮中にも朝鮮

人役人や軍人は多く、中国仏教界も朝鮮僧が多く含まれ、日本を含む他の国とは比較にならなかった。また、この時代に東アジア沿岸の貿易を一手に担っていたのは朝鮮人貿易商であった。最後に中国で一番成功した朝鮮人の例として張宝高をあげ、彼の人生を記述している。第9章[276]では新羅船に乗って日本に帰りつくまでの円仁に記述されている。円仁帰国後の彼の栄達ぶりに関しては、この本の内容から外れるため、ほのめかし程度の記述で終わる。

　この本を通して、その意義を以下に書きたい。私の見るところ、円仁の出自の独自性と傑出性、日本の遣唐使派遣の問題、円仁が遣唐使として体験した「天台密教」、遣唐使から外れてさらに体験していった仏教修行や中国庶民の生活、仏教迫害とその真相、円仁が新羅船で帰国したように、当時は朝鮮のほうが操海術を含めて文化的に進んでいたこと、朝鮮は日本とも中国とも違う独自の文化をもつ地帯との強調などを読み進めると、当時の一般欧米人の東アジア観をくつがえす好著であった。それだけでなく、エドウィンが自らの専門分野を十分に咀嚼し、円仁の活動をとおして東アジア古代史を俯瞰的に眺めることに成功したため、学術的な意義も大きい。父オーガスト・ライシャワーが『日本仏教の研究』の中で、さまざまな日本仏教の教派による教えの違いを理解しつつも、それに共通する教義を実によく理解し、欧米人にわかりやすくしめしたのと同じような意義のある著作と言えよう。

　エドウィンの日本通史本や日本人・日本社会に関する著作、アジア政策への提言も時代を追うとともにより洗練されたが、学術的な意味あいから見れば、円仁研究にはおよんでいないというべきであろう。この2著の完成あって、エドウィンが大成したアジア研究者になったと評価できる。

第13節　ハーバートへの疑惑――共産党スパイ容疑と愛人疑惑

　ハーバートの自殺は、カナダ人の憤激を引きおこした。カナダの新聞各紙はハーバートへの疑惑は根拠薄弱なものであり、カナダ政府の忠実な公僕に対する疑惑論議は「内政干渉」だとアメリカを非難した。下院はハーバートの自殺事件の直後に解散され、総選挙に突入した。4月9日にオタワのチャルマース合同教会(現、ドミニオン・チャルマース合同教会)でのハーバートの追悼会で、

第3章 弟たちの栄光と悲劇、そして忘却

関係者一同がハーバートは赤狩りの犠牲者であると弔辞を述べた。兄ハワードは手紙で、自らに宛てられたハーバートの遺書を下に彼は立派なキリスト教徒だったと語り、妻アイリーンは夫ハーバートはつねに自分を愛した立派な紳士だったと述べた。自由党はこれをもとに政治論争にけりをつけようとした。一方、進歩保守党のディーフェンベーカー党首は、解散直前の下院党首討論で、ハーバートが死にいたるまで秘密共産党員だったのではないか、ソ連に機密情報を流していたのではないかと追求した。ピアソン外相は否定したが、人々のあいだには証拠がしめされなかったために疑惑を感じる人が増えていた。こうしてハーバート自殺事件は総選挙の争点の一つとなった。選挙運動中は進歩保守党も、中間層をおもんばかり、「ハーバート・スパイ説」を論争テーマとしなかった。

選挙は6月におこなわれ、23年にわたる自由党長期政権への飽き、そして自由党系企業などへの便宜供与事件がマイナスとなり、進歩保守党が過半数はとれなかったが第一党となった。自由党は進歩保守党に4議席およばず野党に転落した。進歩保守党は社会信用党と政策連合してディーフェンベーカー首相が組閣し、対米協調・反共路線を実行に移した。カナダ政府高官スパイ疑惑で自由党政府が隠蔽工作をした恐れがあると、国家の危機管理問題の真相究明をすると政策を発表した。一方、敗北した自由党は、老齢のサン・ローランが引退しピアソンが後継党首に選ばれた。ピアソンは外相として国連中心外交を続けた著名政治家であった。しかし彼が著名牧師の息子であり、学者・外交官出身というエリート色はマイナスだった。当時のカナダ人の大多数は高等教育に縁遠く、日々の労働に明け暮れた。サスカチュワン州の農家出身で、ドイツ系移民として苦学したディーフェンベーカーは出世頭として人気があった。ピアソンがこの年の暮れに、国連平和維持活動提唱が評価されてノーベル平和賞を受賞したことも、政治的にはマイナスだった。ピアソン自由党は1958年3月におこなわれた総選挙で大敗北し、進歩保守党208議席に対して48議席に減った。1962年の総選挙では議席を回復したものの引きつづき敗北し、1963年に政権奪取に成功するまで、6年間の雌伏を余儀なくされた。

ハーバート自殺前後の政府関係ファイル[277]は、現在も伏字が多く、また関連の非公開ファイルもあるため、これだけでは彼がスパイか否かを確認できな

い。さて、ハーバートの自殺が政治を揺るがす論議となった背景を広い国際政治の状況から見てみたい。幸いにして手がかりとなる史料群は、ロジャー・ボーエンが著作執筆のためにFBIに公開要請し、それにこたえて1984年に公開されたファイルが全部コピーされて保存されている。同ファイルは整理され、重要箇所は削除されて、ブリティッシュ・コロンビア大学図書館貴重書部に寄贈されている。その代表例がボーエンの著作の中にそのまましめされているので、ご覧いただければ「公開」の実態がよくわかる。

　この中のピアソン・ファイル[278]を見ると、FBIが監視対象としていたのは、ハーバート個人ではなく、ピアソン率いるカナダ外務省およびアメリカ人外交官のジョン・エマーソン、J・B・C・ワトキンス、ヘーゼン・E・サイズらだったことがわかる。その中には自由党の政治家や高級官僚はもとより、元中国宣教師のジェームズ・エンディコット、サスカチュワン州のトミー・ダグラス州首相まで含んでいた。FBIの視点では、ピアソンはこれらの人々と密接に連絡をとり、北大西洋条約機構の一員として入手した西側機密情報を「中間外交」の名のもとに東側諸国に渡し、サスカチュワンの社会主義政権を支援することで、共産主義の影響をアメリカ大陸に浸透させようとするグループだと考えた。同じ路線をとるグループと考えられたのは、西側でありながら「中間外交」の路線をとり、東西対立、南北対立を調停しながら世界政治を進めようとしたオーストラリアの労働党政権で外相を務めたエバットや、スウェーデンの外相から国際連合事務総長になったハマーショルドらであった。オーストラリアの労働党政権つぶしは、1955年にカトリック教会が労働党は容共だとして独自労働組合を結成し、労働党がカトリック系の民主労働党と「容共」である労働党に大分裂して成功した。その結果メンジースとその後継者たちの長い反共保守政権が安定的に継続し、アメリカの同盟国としてオーストラリアが続いた。労働党再統一と政権奪取は1978年と遅れた。ハマーショルドは国連事務総長であるため介入困難だったが、ビアフラ紛争解決で常任理事国間の対立がおき、総会決議も、加盟国グループどうしの対立で思うような効果を上げえなくなった。ハマーショルドは手を打てず、1961年に自らビアフラ紛争調停のために北ローデシア(現在のザンビア)に向かい飛行機事故で死亡した。

　一連の国際情勢を見ていくと、ハーバートの自殺が単に彼の個人的な問題で

第3章　弟たちの栄光と悲劇、そして忘却

はなく、政治を巻き込んだ問題となった背景が見える。アメリカのマッカーシズムやそれにつづくグループからは、ピアソンこそがカナダ第一の黒幕とされた。ピアソンを政治的に完全失墜させることが目的であった。先述したハーバートおよびジョン・エンディコット以外にも、ピアソン・グループに対するさまざまな謀略の可能性があるが史料上十分確認できない。相変わらずピアソンは外相として国際政治で力量を発揮していた。ピアソンは1955年にモスクワに飛び、フルシチョフと会談してカナダとソ連の友好関係を強化した。ソ連からカナダに政界・官界・宗教界の要人が訪問を開始した。サスカチュワンの社会主義政権は揺らぐ気配もなかった。これらすべてをマッカーシズムはソ連の謀略と見た。しかし、1957年5月にマッカーシーが急死し、極端な反共主義は緩んだ。

　もう一つ、ハーバートが揺さぶられていた問題があった。「愛人疑惑」である。ハーバートとアイリーンには子どもがなかった。当時子どものいない夫婦は関係が疑われた。「共産主義」にかぶれたハーバートである。「共産主義」はアナーキズムと同一視された。しかも、教会にふだん通わなかったので「背教者」と見なされた。兄夫妻にあてた遺書の「信仰への立ち戻り」も疑われていた。ハーバートとアイリーンの夫婦関係は形だけで、ハーバートは男性や夫人以外の女性などとの性交渉をもっていた疑いがある。こういう噂が生前からあり、死後はさらに盛大に流された。深田祐介は工藤美代子の著作解説の中で、ハーバートと日本人女流作家とのあいだに恋愛があったことを示唆している[279]。公開されているハーバートの個人書簡類を見ても、同性愛あるいは他の女性との交際を印象づけるものはない。よってこの噂には根拠がない。21世紀の医学的常識から言えば「同性愛」は「異性愛」と同じ本人の天性なので、本人の人格や識見と何ら関わりない。それゆえ、同性愛が事実だったとしても、ハーバートが公職に就くのに問題はない。現代世界の多くの国で、同性愛者など性的少数者が異性愛者と同じ重要な役職に就いており、欧米諸国を中心に同性婚の法律婚化も実施された。だが1950年代の時代背景を考えてこの噂の問題を考えたい。

　カナダにおいて同性間性交渉や婚姻外の異性間性交渉は、カナダ社会がピューリタニズム的であったため当時「違法」であった。合法化されるのは1967

年のピアソン政権下で、ピエール・トルドー法相が性交渉関連違法規定の多くを刑法から削除して[280]後だ。しかし、時は同性愛行為合法化の10年以上前である。キリスト教倫理はきびしく、同性間性交渉は聖書から異端視された。発覚すれば職を追われ裁判が待っていた。彼らは王室騎馬警察の監視対象でもあった。ハーバートは学者兼外交官であり、やがてはピアソンを継いで外務省の要職に上り詰めることが期待された。大学教授のポストは準備されていたし、場合によっては政治に関わることも考えられた。1950年代の社会倫理から見れば、そのような将来を期待されている人物は毎週教会に通う熱心なキリスト教徒であり、妻を愛する異性愛者という「模範的市民」でなければならなかった。もし「同性愛者」や「愛人を囲っている」のなら、これらの公職から追放され、教会から破門されても仕方がないとされた。この同性愛ないし愛人疑惑の噂も相まって、カナダ社会でのハーバートに対する同情や尊敬の念は急速に冷め、ハーバートは長く復権されなかった。

第14節　太平洋問題研究会とエドウィン、近代化論の評価

　エドウィンは先述したとおり、第二次大戦後国務省で働くことを提案されたが、断ってハーバード大学に戻った。ハーバードに戻ったことは正解だったと回想している。当時ハーバード大学の東アジア研究部門は急成長期で、エドウィンは近代中国を専門とするジョン・フェアバンクといっしょに、多数の学生たちを指導し、彼らをアジア研究専門家として育てた。アジア研究の中心となった燕京研究所は規模が大きくなり、独立した建物を手に入れた。当時はアジア研究が小勢力のため、学生たちは東アジア全般の言語・文化・歴史などを一とおり学んでおり、それを背景にして個々の専門分野に磨きをかけた。エドウィンはフェアバンクとコンビになって東アジア研究の入門講座である「田んぼ講座」を開設し、学生たちに複眼的な東アジア観を教育し、いっしょに講義し、討論しておたがいどうしも影響しあった。現在、ハーバード大学では、東アジア研究所にフェアバンクの名前がついて記念されている。東アジア研究部門を確立するうえでフェアバンクの働きは格段のものだった。エドウィンによるとフェアバンクは資金集めも上手だった。エドウィンは当時そのような面には長

第3章 弟たちの栄光と悲劇、そして忘却

けていなかったので、日本研究拡充の際にも、フェアバンクの人脈は貴重な手助けとなった[281]。エドウィンは博士論文で円仁を取り扱い、日本古代・中世史と中国古代史が中心的なテーマだった。古代史は、激変のつづく東アジアに関心をもって集まってくる学生たちにアピールしないし、資金集めも難しい。だが歴史が古い東アジアでは古代研究も重要だ。フェアバンクの手腕に頼ることは、資金面での心配もかなり軽減してくれた。

エドウィンは当初、ハーバートの『日本近代国家の成立』などの影響を受けて、日本近代史を解釈していた。しかしその後、大学院生らの指導の中で彼らが行ったこれまでの日本史研究の問題点をしめし、新たな解釈をおこなう研究に影響されて、エドウィンは日本近代史に対する見解を変えた。エドウィンが見解を変えた他の理由は、フェアバンクとの共同研究で、中国と日本では19世紀の激変への対応が違っていたと知り、日本が近代化に成功した要因について独自性を探したためだった。こうして、後に「近代化論」と称せられるエドウィンらの日本史解釈が形成されていった[282]。この「近代化論」が完成した形で明確に表明されたのは、1964年の『日本——過去と現在 第三版』での大規模改訂による。しかし、それ以前の1950年代後半からしばしばエドウィンは「近代化論」にもとづく日本および東アジア史解釈を披露している。こうして、エドウィンはかなり早い段階から近代化論に舵を切っていたとわかる。また北米日本史研究者であるヒュー・ボートン、ジョン・ホール、マリウス・ジャンセン、ドン・シャイブリーらも、1950年代には日本史を「近代化論」にもとづいて解釈するようになった。ハーバートのような見解はしだいに古いものとされていった。

エドウィンは自伝の中で、以下のように自らの「近代化論」を説明している[283]。

　私の言う「近代化」とは、完全に無色・中立な概念であり、進歩の思想や科学的手段、広範な化石燃料の使用などいわゆる産業革命と呼ばれるもの、およびそれに付随しておこった通信のスピード化、政治の中央集権化、人口の都市集中等々に伴って世界におきた無数の大変革、その結果としておこった経済、社会、政治の本質的変化を指している。私は全体主義や今日の都市

公害を、大衆民主主義や物質的繁栄と同じく、近代化の産物と見る。民主主義と人権と社会・経済的平等を私は信じるものであるが、その価値判断と世界の近代化がなぜ、いかにしておこるかという理論は、完全に別物である。

　エドウィンがハーバート流の「近代日本史理解」にいったんは立ちながらも、その後「近代化論」に考えを改めたか考察する。エドウィンは東京生まれであり、まわりにはリベラルな考えをもった日本人キリスト者や上流階級層が多かった。また幼少期から青年期にかけては大正デモクラシー真っ盛りで、影響を強く受けていた。その点からすれば、「日本には自ら確立した民主主義が存在する」とエドウィンが信じていたのは当然だ。しかし、1930年代半ばの日本・朝鮮・中国を大学院生として実体験し、兄ロバートを誤爆で亡くすという軍国主義・帝国主義時代に遭遇すると、はたして「大正デモクラシー」は確立した日本民主主義だったのかという疑問がエドウィンに沸いた。しかし彼は本来日本古代史家であり、自ら日本近代史を研究するのは手に余った。そこにあらわれたのが、兄ロバートの日本近代政治の特殊性を論じる遺作であり、ハーバートの日本近代史理解であった。戦中および敗戦直後の日本では、彼らの日本近代史理解を妥当とした。そのため基本線としてはロバートやハーバートの見解を踏襲した。
　しかし日本は敗戦後急速に民主化し、また1950年代後半には高度成長で豊かになった。1960年の安保闘争では、国民が直接行動で岸内閣の「非民主主義的手続き」を批判する行動をおこし、その後はふたたび平和的な選挙によって「所得倍増計画」を掲げる池田内閣を支持した。エドウィンは戦時中の体験や戦後の弟子たちの研究成果を見る中で、ふたたび「大正デモクラシーは立派な日本民主主義の遺産であり、ボートンが対日占領政策の柱として立てた『日本民主主義の復活強化』はより良い方向に日本を近代化した」と考えを改め、「近代化論」にシフトした。
　この「近代化論」に関して論評すれば、日本の情勢変化と民主化が予想以上に順調に進展したため、北米での日本評価が好転し、戦前ハーバートが定立した見方からより日本近代化の「明るい側面」に評価軸が移った時代的変遷がまず大きい。1950年代以降の状況を見ればそれはおおむね妥当な見解として受

け入れられた。さらに西側諸国の利害とも合致したので、より流布した。確かに金原氏が主張するように「近代化論」は中立的概念であり、「民主主義は善」という価値判断をもたないことで、悪用される危険性は否めない。しかし、エドウィンの説明するところでは、「中立的概念」であるがゆえに歴史を測るツールとして価値評価を入れることなく利用できるものだ。エドウィン自身は民主主義や人々の自由と平等を信じる「リベラル」な価値観をもち、それをしばしば表明していて彼の歴史研究の中でもリベラルな傾向をより高く評価する。近代化論がアメリカのソ連・東欧研究を母体として米政府などが採用し、それが「共産中国封じ込め」対策として対アジア政策としても重要視されたのは事実である。しかし、エドウィンとともにハーバード大学のアジア研究を引っ張ったフェアバンクも近代化論者の一員だが、中華人民共和国早期承認論者であったし、エドウィンもその影響を受けていた。彼ら「近代化論」を採用した研究者たちが、政府の意向をそのまま受けてはおらず、無視ないし弾圧される時代もあった。「近代化論」にもとづくアジア史理解と政府の近代化論利用は直接的関係がなく、学者たちは自分の学問的良心から近代化論にいたったと受け取るべきである。

　私の「近代化論」に対する評価は、以下のとおりである。エドウィンの「近代化論」は、高度成長がはじまった1950年代半ばから1980年代までの経済発展を説明する理論として、あるいは1993年の政権交代である「1955年体制の崩壊」時期までの日本史理解に適用するのが妥当である。敗戦国民として自国を否定的しがちな日本人に自信をつけ、日本が経済大国として国際的役割をはたすことを鼓舞する理論として、有益にはたらいた。その点で評価できる。またアメリカは非常に多様性に富み、個人の思想信条の自由も最大限に保証される。必ずしも「近代化論＝アメリカの国策」ではない。個人の信条が「近代化論」を支えた。

　エドウィンは日本が経済大国を謳歌していた1990年に死去しており、まさに日本の黄金期を見て生きていたわけであり、彼が「近代化論」を自信をもって打ち出し、それにもとづいて日本史理解をした。確かにこの時代日本は民主的な社会慣行を築き、高度成長によって人々の平等と人権がより守られる社会となった。他の北米日本史研究者たちも濃淡はあっても「近代化論」的な立場

をとり、1980年代には日本の日本近代史研究でも「近代化論」的な立場が強まったのは、この時代の日本を評価する中で、大正デモクラシー、さらには明治立憲国家体制に内包された「民主主義と近代化路線」から敷衍して論じるのが適当と判断されたからだ。

　しかしながら、1990年代から引きつづいた「失われた20年」、改革の名のもとに「新自由主義経済」と「格差社会」がつくられ、ナショナリズムが一般市民の中で強まりつつある21世紀の日本においては、エドウィンが言った楽観的な「近代化論」がそのまま適用できない。そういう意味では、エドウィンの「近代化論」も日本が経済大国として発展しつづけた時代を説明するのにはふさわしいが、そうでない時代を説明するには彼の言う「中立的立場」でもやや無理があり、ロバートやハーバートが論じた「日本社会の東アジア的特性」から来る欧米社会とは異なった権威主義的支配や男女差別、人種・民族差別的傾向を加味する必要が出ている。ロバートとハーバートは、1930年代および1940年代で日本近代史研究を終えていて、その後の展開を見ることができなかったので、当時の著作から示唆される点は多いが、そのまま現在の状況に適用して論じるのは、これまた時代状況が違うので無理がある。

　最終的な私の評価を述べると、確かにロバートやハーバートが提案した「日本特有の近代化の問題点」も存在するが、エドウィンが主張したように「日本だけがアジアで早期に近代化を成し遂げた」ことも確かであり、その両者の主張を勘案しながら、どういう点で日本近代史は「普遍的な近代化路線」を走り、どういう点で「アジア的特殊性」をもつかをさらに分析して、両者を止揚した新たな「日本近代史理論」を現代の日本史家は樹立すべきである。また私の観点からすれば、両者の日本史理解は時代の変遷や育った環境の違いから来る部分が多く、とうぜん両者に共通した見解も存在したと考えられ、まったく対照的な理論であるとも言えない。むしろ基本的な部分での日本近代史の長所と短所をふまえつつ、時代の変化におうじた史観の変化がかなりあるとも考えられる。そのような点からは、ハーバートおよびエドウィンを中心とした近代日本史研究者の研究蓄積を踏まえて、今後はさらなる「新しい日本近代史理解」の理論形成をする必要がある。

　ところでエドウィンはハーバードに戻ってからも、ボートンなどと共に、東

第3章　弟たちの栄光と悲劇、そして忘却

アジア情勢に関して国務省に呼ばれていた。2人は本来の予定では、対日講和条約の策定にも参加する予定だった[284]。ところが中国本土の共産化、朝鮮戦争の勃発、マッカーシズムの開始が、予定を狂わせた。彼らは国務省の政策から遠ざけられ、逆に「要注意人物」の一人として監視対象になった。

　きっかけは中華人民共和国の成立と朝鮮戦争だった。中国の国共内戦が共産党の勝利に終わり、中国共産党が中国本土をほぼ制圧し、国民党が台湾撤退を準備し、中華人民共和国建国が宣言された直後の1949年10月、アメリカの対中国政策をめぐる国務省の会議が開かれた。エドウィンはこの会議に招かれたが、中国近現代専門家のフェアバンクは招聘されず、ボートンも招かれなかった[285]。エドウィンは意見を求められて、今回の国共内戦が共産党の勝利で終わりつつあるのは、国民党や蒋介石があまりに腐敗し国民から見限られたからで、これ以上国民党に肩入れして「大陸反攻」を支援するのは現実的でない。共産党が中国本土の実効支配を完了した段階で、ヨーロッパ諸国やインドなどと協調して新国家を承認すべきだと意見した。ところがこの意見は朝鮮戦争が勃発し、アメリカと朝鮮人民共和国を義勇軍で支援する中華人民共和国が「敵国」となってしまった後、エドウィンの「共産主義者擁護」問題発言としてアメリカ保守派グループから批判を受けた。ライシャワー個人ファイルによると、確かに1950年早春のワシントン行きが最後で、赤狩りの嵐が終わった1958年まで国務省との連絡は途絶えた。朝鮮戦争勃発前後に東アジア研究者に対する政府側の見方が変わった。東アジア研究者、とくに中国研究者は「共産主義の手先」扱いされた。

　この時代の中で一番影響を被ったのが、ハーバートが戦前研究員として関わっていた太平洋問題研究会であった。マッカーシー・グループから「共産主義シンパの集まり」とされ、痛めつけられた太平洋問題研究会は、ハワイ地区を除いた活動継続が難しくなり、1960年にニューヨークからカナダ・バンクーバーへ本部を移した。エドウィンが後に駐日大使任命のFBI保安検査中に「太平洋問題研究会に関わっていた事実があれば、大使に任用されない」とボストン・グローブ紙などに書かれ、任用決定時には「エドウィンは太平洋問題調査会員ではなかった」と報道されている。

　エドウィン自身は生前、太平洋問題研究会加入を隠していたが、彼はこの団

体に加入していた。個人ファイルに入っている太平洋問題研究会から送られてきていた書類を見ると、会の重要な決定[286]にも関わっていた。たとえば1950年9月に太平洋問題研究会がマッカーシーによって危険団体と名指しされ、ロックフェラー財団から受け取っていた援助が停止されようとしたとき、エドウィンにも部外秘の手紙が事務局から届けられ、ロックフェラー財団に援助継続を求める支援の手紙を送るように要請された[287]。エドウィンは研究会の部外者を装い、「太平洋問題研究会で役員をしたことはないし、とくに戦時中に書かれた同研究会の論文には違和感を感じてきたので、特別に研究会に思い入れもない。しかし、東アジアを研究するグループとしてこの研究会の活動はきわめて貴重で、ほかに類例がない。どうか支援を継続していただくようお願いする」と手紙を出し[288]、この手紙が決め手の一つとなり財団は支援を継続した。エドウィンはフェアバンク[289]やボートンらとの研究会に関する打ちあわせや、ラティモアの喚問の証言録なども同じファイル群に保存しており、実際は1950年代調査会の中心人物の一人だった。

　個人ファイルに残された1950年代の書簡類[290]を読めば、エドウィンはそれまでの太平洋問題研究会の論文がマルクス主義的な解釈に偏り、一面的と批判していた。東アジア研究は多様な見方によってなされるべきと主張した。それを実現するために自分が関わって、さまざまな見解を機関誌に載せたり、研究会の議論にのせ、東アジア研究全体の底上げをする必要があるとした。この関係はケネディ政権下での大使任命との関わりから生前は公表不可とされ、自伝などにも太平洋問題調査会との関わりは出ない。しかし、政府サイドが彼の調査会との関わりを知らなかったはずがない。結果として要注意人物とされ、いくつかの彼の著作は海外のアメリカ文化センターなどで閲覧禁止の処分を受けた。だが他のリベラル派や左派の東アジア研究者ほど迫害されなかった。

　当時のエドウィンと政府との見解の乖離を物語る一番の著作は、1955年に発行された『求む、アジア政策』[291]である。この著書の中で、エドウィンは長い植民地・半植民地状態の末に、独立を勝ち取ったアジア諸国のナショナリズムに触れ、それに対して欧米側やソ連などが「自分たちの文明のすばらしさ」に酔い、ナショナリズムを軽視して自分たちの流儀を独立後も押しつけようとするのが問題と記す。この中では、独立条約がフランスと結ばれフランス

軍が撤退しはじめたしたベトナム問題や、「共産主義」中国のナショナリズム問題に、かなりのページ数が割かれている。エドウィンはこのベトナムに対して、「自由」を旗印にしてアメリカが介入するのは、ベトナムの「自由」を侵害している事態で、アメリカの態度に矛盾があると主張する。第一、アメリカがマッカーシズムという形で自分たちに少しでも反対するものは敵であるとレッテルを貼り迫害をすることは、自らの旗印である「自由」を侵害する行為だ。そういうやり方は、アメリカの信用を損ない、ナショナリズムに燃える新興諸国を共産主義へ追いやる逆宣伝である。まず味方でない者は敵という考えを改め、明白な敵でない者は味方にする努力をアメリカがせねばならない。以上のような内容で、書評は好評だったが売り上げは悪かった。もちろん、アメリカ政府の閲覧禁止書籍となった。日本の内閣総理大臣官房調査室も、この本を1956年12月に急いで秘密抄訳し、内部で閲覧[292]していた。1957年3月に『転機に立つアジア政策』[293]という題で一般人むけ日本語版が出たが、あまり売れなかった。

　このようなマッカーシズムによる言論弾圧は、マッカーシーの急死後、急速に衰えていった。そして国務長官のダレスもそれまでの反共政策ではアジアの諸問題解決にはつながらないと認識し、政策転換を模索しはじめた。こうして1958年10月にダレスがハーバード大学を訪問し、エドウィン、フェアバンクを含むアジア研究者たちと会い、アジア政策に関して意見を聞いた[294]。こうしてエドウィンの政府との関係がふたたびはじまった。この後国務省にエドウィンはいくどか意見を具申した。ケネディ政権下でのエドウィンの駐日大使任命は、彼がこれまで言ってきた「青天の霹靂」ではなく、ダレス外交末期からのアジア政策転換の延長としておこなわれた。

第15節　対話の修復をめざして——ケネディ政権成立とエドウィン駐日大使任命

　ダレスが死去し、アイゼンハワー大統領の任期が終わりを告げようとした1960年は、エドウィンの人生大転機となった。エドウィンは7月から半年の予定で日本に在外研究に向かった。ちょうどそのとき、日米安全保障条約の改

定問題が日本国民のあいだで大きな議論をおこし、「安保闘争」がおきた。ア
イゼンハワー大統領訪日予定に合わせて安保条約の自然成立をめざし、5月20
日に岸内閣と与党自由民主党が衆議院で強行採決を行い、多くの人々が憤激し
た。国会前では毎日デモがおこなわれ強行採決に抗議した。最後には樺美智子
が機動隊とのもみあいで圧死した。新安保条約は6月19日に自然成立したが
アイゼンハワーの訪日は中止となり、混乱の責任をとって岸信介は退陣した。
後継は池田勇人となり、「低姿勢」と「高度経済成長」を公約とした。安保闘
争はおさまり、池田率いる自由民主党は直後の衆議院総選挙で勝利した。

　エドウィンは安保闘争がなぜおこり、そして多くの賛同者を得るにいたった
か関心を抱いた。アメリカの東京大使館は「安保騒動は共産主義者の策動によ
るものだ」と語ったと米日メディアが報じた。エドウィンも妻ハルも、その報
道には最初から疑問を抱いた。国民の大多数である「ノンポリ」たちが賛同し
たため大規模なデモがおこった。安保騒動となったのは改定の趣旨が十分に理
解されず、改定プロセスが「非民主的」と見なされたからだ。その直前、『フ
ォーリン・アフェアーズ』から「安保闘争」に関しての論文依頼が来た。その
依頼を受け、日本へと向かった。エドウィンとハルは東京に着くと、大学関係
者や松方家関係者、マスコミ関係のツテをたどって安保闘争に参加した各界諸
種の人々にインタビューした。その結果、多くの「ノンポリ」たちが安保闘争
には参加したと判明した。彼らは政府が説明抜きで「強行採決」したことを
「非民主的」とし、ふだんの生活を捨てて参加した。自分たちの見方は正しく、
東京の大使館は保守層の情報に傾いたので、「共産主義者の策謀」論に乗った
に違いないとエドウィンは判断した。この情報を使って政策決定をすれば、日
米関係は損なわれる。大使館の情報網を広く開かれたものにしなければならな
い。こうして「損なわれた対話」が執筆された。論文は『フォーリン・アフェ
アーズ』1960年10月号[295]に掲載され、北米および日本で反響を引きおこした。
名指しで批判された東京大使館は激怒した。エドウィンはマッカーサー二世大
使に呼びつけられ、公電の控えを見せられながら、大使館は安保反対派からも
情報収集をし、国務省に情報提供していたと抗議された[296]。エドウィンはそ
の説明を受けて大使館非難を弱めようとしたが、こんどは『世界』編集部から
エドウィンが変節したのではないかと誤解を受け[297]、結局ほとんど原文のま

第3章　弟たちの栄光と悲劇、そして忘却

まで『世界』1961年1月号[298]に翻訳転載された。

　エドウィン夫妻は船を利用して日本を出発した後、韓国、台湾、香港、タイ、ビルマ（現ミャンマー）、インドを回り、ヨーロッパ経由で1960年暮れにハーバードへ帰った。ところが7月には在日アメリカ大使館で、マッカーサー二世大使の後任はエドウィンの可能性ありと聞き、まさかと思いつつ気にかけたと備忘録に記す。さらにケネディ当選後、日米で「ケネディはハーバード人脈でライシャワーを駐日大使にするだろう」と新聞辞令が出はじめたと情報が入った。ところが、ケネディの就任式前後に知りあいの新聞記者たちから思わせぶりな連絡が入り、大使就任が実際に検討されていると、エドウィンも気づいた。1961年2月8日付の日記によると、つぎのようないきさつで大使任用の連絡が届いたと記されている[299]。

　今年の1月9日、事態は笑いごとではなくなった。旧友でCBSテレビのピート・カリシャーがワシントンから電話をしてきて、ハルがアメリカ国籍かどうかを尋ねたのだ。新聞社にいる共通の友人たちが私を駐日大使に推している、という話だった。翌日、こんどはUPI通信社にいる別な旧友が電話してきた。議会の重要人物からの情報として、私の名前が候補に挙がっているとのこと。同じような電話が何本かつづくと、ハルも私もこわくなってしまった。追い打ちをかけるように大学時代の級友から電話が入り、極東担当国務次官補にも名前が挙がっているという。その晩の私は、ほとんど眠れなかった。（中略）

　1月26日、ボールズの要請でワシントンに飛んだ。11時に国務省のオフィスで会う約束だったが、他のスケジュールが遅れているようすだった（大統領の一般教書演説の準備に忙殺されていたのである）。それでも彼は私は執務室に招き入れ、楽にして新聞でも読んでいてくれと言った。

　もう、私が彼らの仲間の一人であるかのような扱い——これでぴんと来た。用事が終わって私と向きあったボールズは、さっそく仕事の話をもち出した。実は要職が2つ空いている。極東担当国務次官補と、駐日大使だ。この2つのポストに、候補者は一人しかいないと彼は言った。それが私だった。

　彼らは私に、極東問題にかんするアイディア・マンの役割を期待していた。

最初の選択肢はお断り、2番目の選択肢なら考慮できるが、これも条件つきだ、と私は答えた。ボールズは条件をことごとく呑み、私には極東全体を飛び回ってほしいし、インドのネルー首相にも会ってほしい、とにかく大きなプランを描いてくれ、と畳みかけてきた。2週間思い悩んだおかげで気持ちの整理はついていたが、即答は避けた。妻や大学の同僚に相談する必要があったからだ（後略）。

『ライシャワー大使日録』に翻訳掲載されている日記や家族への手紙にあるとおり、最初の逡巡やハルの反対にもかかわらず、数日中にエドウィンは就任内諾の返事を送った。就任を自らの学問を実地に生かす任務と受け止め、エドウィンは自らが研究した円仁の著作にちなんで、日記の冒頭に「入日求和記」と漢字で書き込んだ[300]。彼は意気込んでいたが、想定以上に伸びたFBIの保安審査と「新聞情報」に疲れはてた。長引く審査の中で、エドウィンは「神への祈り」をはじめておこなった、と日記に記している[301]。審査が長引いたのは、1950年代のエドウィンの諸活動で彼がFBIの要注意人物リスト掲載者で、ソ連や中国の諜報活動に不関与との確認をおこなうのに時間がかかったためだ。太平洋問題研究会に関与したこと自体は、学問的良心にもとづいており問題ないとされた。だがマッカーシズム残党との関係で審査は慎重をきわめ、審査開始から40日以上の日数がかかった。だがボストン・グローブ紙などの報道によって、エドウィンが共産主義者の仲間ではないかと社会問題化したため、任命の段階で調査会加入の事実は伏せられた。

　3月14日の正式任命発表にエドウィン夫妻は喜んだ[302]。3月23日の上院資格審査ではエドウィンが1949年10月の国務省会議で中華人民共和国早期承認を勧告したことに質問が出たが、フルブライトが助け船を出し、最後にはマイク・マンスフィールドが二人を祝福する発言をした。ケネディ政権を支える有力上院議員たちの言葉がバネになって、エドウィン夫妻は「修復された対話」を実現するために駐日大使となった。

　日本就任後のエドウィン夫妻の活躍については、自伝などに詳しいので、ここでくりかえすことをしない。「学者大使」らしく、格式張った外交官の序列的行動を取りやめ、社会党左派や総評を含む労働組合との公式な対話をおこな

第 3 章　弟たちの栄光と悲劇、そして忘却

った。マッカーサー二世大使時代までと正反対だった。2006 年 11 月 23 日に共同通信社は、1964 年 1 月にエドウィン名義で出された日本大使館からの報告により、CIA の自民党などへの秘密資金工作が中止されたとの米国政府高官の発言を伝えたが、史料未公開のため未確認である。しかしエドウィンの考えに沿っており可能性は十分にある[303]。エドウィンが大使時代を振り返るケネディ記念図書館員によるインタビューが 1969 年におこなわれたが、エドウィンが一番心がけたことは目先の事務処理に追われるのでなく、日米の関係強化のために何が重要なのか大使館員みんながつねに考えつづけることだとした。そのため朝 8 時から 30 分間の幹部職員とのミーティングは原則としてゼミ形式をとり、日米関係の長期的な問題を論じた。中間では一番重要な懸案であった米大統領の訪日問題について語る。ケネディは訪日したがっており、実現していれば大成功をおさめたであろうと語る。それに対してジョンソンは日本人にとってケネディとイメージが違い、しかもベトナム介入が深まるにつれて訪日の利益が少ないと考えるようになったと語る。最後に大使就任前後で歴史観に変化はなく、時代の変遷に従って意見が変わっただけだとする[304]。

　当初支えてくれたレオンハート筆頭公使の後釜には、ハーバートとコンビを組んだ日本通外交官だが、共産主義疑惑でローデシア総領事だったジョン・エマーソンを 1962 年 7 月に任命した。エマーソンもマッカーシズムの中で「要注意人物」とされ、喚問を受けていた。彼が共産主義者だという疑惑は晴れたが、大使任用は議会の反対が予想され塩漬けにされていた。まだハーバート自殺から時間がたっておらず、ハーバートとエマーソンは日本では過去に行動をともにしていたため、ハーバートと並んで「共産主義同調者」と誤解を受けていた。この任用人事に関して、日本の保守派側から「エマーソンは共産主義同調者ではないか。そのような人物を筆頭公使とするアメリカの姿勢を疑う。ライシャワーが社会党や労働組合代表などと積極的に対話し、ついにエマーソンを日本に連れてきたのも、実は共産主義同調者に甘いリベラル左派だからだ」という意見が出た。エドウィンは彼らの代表を招いて丁重な説明をおこなって理解を求めたが、実際には腹に据えかねていたらしく、『日録』には 1962 年 7 月 14 日、15 日付のつぎの記述が記されている[305]。

ノーマン家とライシャワー家――日本と北米の関係構築にはたした役割

　今日から10日間の休みを取るつもりだったが、あいにく仕事でつぶれてしまった。午前中には経団連副会長の植村甲午郎と会った。エマーソンを公館次長に起用するというアメリカ政府の決定に、日本の超保守派グループが反発し、妙な噂を流していると聞いていたので、この件について意見を交換しておきたかったからだ。植村は保守派に強い影響力をもっているし、基本的には親米的で、とくに私には好意的な人物である。

　この問題では私宛てに2通の手紙が来ていて、これが実にひどい内容だった。一つは橋本登美三郎から、もう一つは戦争中に内相を務めた安倍源基からのものだ。二人の手紙によれば、エマーソンの起用はアメリカの共産主義に対する姿勢を疑わせるものだという。終戦直後の一時期、エマーソンが共産主義者に友好的すぎたという黴のはえた疑惑を、彼らはもち出している。巣鴨プリズンにいた共産主義者にエマーソンが面会したというのだが、彼らは共産主義者が出した1冊の本を根拠にそんな話をしている。

　私に言わせれば、日本人にはアメリカ政府の反共姿勢に疑いをはさむ資格などない。日本のほうこそ、よほど弱腰ではないか。それに、ろくな公安調査体制もない日本がFBIその他の機関の調査能力を信用せず、アメリカ政府内に危険分子がいるかのごとき疑いをもつのは、まったく不当なことだ。

　橋本氏が手紙のコピーを配っている、と教えてくれたのは武内外務次官だ。私が返事をよこさないから、ということのようだ。実を言うと、私はその手紙を読んでもいなかった。武内から事情を聞き、コピーをもらって初めて読んだのである。昨日の午後、私は武内の求めに応じて彼を訪ね、怒りを非常に強い調子で伝えた。保守派を納得させるためにも、強い怒りを表明するのが得策だったと思う。日本人は共産主義問題に対する我々の知恵と固い信念に、もっと敬意を払ってしかるべきだ。

　武内自身はこんな話に乗せられるような男ではなく、エマーソン来日に際しては警備を強化するよう、内々に警察に指示してあるとのことだった。

　エマーソンのほかにも、日本語ができ、日本社会・文化に理解のある外交官を世界中から東京に呼び、アメリカ大使館の中で3人目の公使として文化担当公使を置くことを認めさせた。しかし自伝によると、エドウィン辞任後に文化

担当公使が廃止されたことにエドウィンは遺憾としている[306]。エドウィン夫妻はコンビで日本各地を回り、各地で講演をおこなった。大使館に勤めていた西山千[307]の通訳は素晴らしいもので、自分の講演がさらに引き立ったと、エドウィンは自伝で謝辞を述べた。このような矢継ぎ早の改革は、エドウィンが大使着任の際に述べた「イコール・パートナーシップ」のあらわれとして、大半の日本人に歓迎された。しかし、左派系の人々からは「ケネディ・ライシャワー路線」と警戒された。これはアメリカ合衆国があまりにそれまで日本の左派人士たちとの交流を無視し、保守系勢力との連携をおこなったための誤解である。エドウィンとケネディ大統領が事務的関係以上に親密なようすは、日記ではうかがえない。

　エドウィン夫妻は精力的に日本の各層と会い、意見を交換した。彼らの毎日の日程表を見ると、超人的な努力で活動をした。休みは月1日程度で、たまに地方に観光に出ても、報道関係者が追いかけ、人々が歓迎の列をつくった[308]。エドウィンは自伝でその大変さについてこう述懐している[309]。しかし苦労は「対話が修復された」ことで報われた。

　　シアトルに着いたとき、周りは自分のことを知らないので、不愉快そうな顔をして歩き回ることができたときほど爽快なことはなかった。

　そしてエドウィンは1962年2月のロバート・F・ケネディ司法長官の来日成功で政権への影響力を増した。早稲田大学での講演を成功させたのをきっかけにロバートに深く信頼され、学者大使に欠ける「大統領との強いコネ」をもった。利害が対立する日米の通商問題に関して、ロバート・ケネディを経由して大統領の耳に入れ、アメリカに日本の意見を伝えて考慮を促した。統制が難しかった在日米軍を牽制するにも、ロバート・ケネディの信頼を得たことは強かった。沖縄日本返還の最初のきっかけはロバートが離日する直前、車の中でエドウィンが自分の考えを詳しく説明したことだった[310]。こうしてエドウィンはしだいに、アメリカの対日政策に対して強い影響力をふるった。

　こうした中、1962年末にはジョン・F・ケネディの来日[311]が計画された。最初は1963年の2月に予定されたが、同時に訪問予定となった韓国・台湾・

南ベトナム・インドネシア情勢が不安定なため、たびたび延期された。一度は1963 年の 12 月 8 日をはさんだ日程が検討され、それは日米開戦日なので再考の必要を指摘され延期された。ケネディ暗殺の日は、日米の衛星回線による初のテレビ放映がおこなわれる日で、ラスク国務長官をはじめとした重要閣僚が日本を訪れ、京都で日米経済委員会を開くことになっていた。大統領の来日は 1964 年 2 月を予定していた。エドウィンは「修復された対話」の最終章を飾る準備として、日米テレビ衛星中継を記念する練りに練った大統領の日本向けメッセージを準備し[312]、その中でケネディが日米はイコール・パートナーであること、近く来日する計画であることを公表する手はずとなっていた。忙しかったが、すべては順調だった。エドウィンは高揚した気分で恒例の週末家族宛の手紙を書いた[313]が、現実におこったことは大統領暗殺であった。

第 16 節　再来した「損なわれた対話」——ジョンソン政権下でのベトナム戦争拡大と自己矛盾

　エドウィンとハルは大統領暗殺を聞いて落胆した。ハルが暗殺後わりと早い段階から、大使辞任を勧めるようになったことが『日録』に記されている。彼らが暗殺事件の内幕を知らされていた可能性があり、アメリカ政府に対する不信感やアメリカ社会の問題点を感じていたと見られる。日本で注目度がきわめて高かったエドウィン夫妻が暗殺後突然辞任した場合には、ただでさえケネディ暗殺で動揺した日本側が、さらに動揺する可能性が高かった。ジョンソン大統領からは「慣例に則らず、辞任願いは出さないように。職務をつづけよ」との訓令があった。彼は表向きは平常心を装い、大使としての職務を続け、新大統領に忠誠を誓った。

　エドウィンは池田首相および大平外相がケネディ大統領の国葬に参列した裏事情を、慌ただしさから解放された 1964 年 1 月 4 日付の日記で書いている[314]。きわめて仲のよかった大平外相に細かい意見を述べて、最終的には首相・外相コンビでの特使派遣に結びつけた。実際にアメリカから見て「最重要同盟国」と位置づけられているカナダのピアソン首相およびフランスのドゴール大統領とともに、池田首相も最優先でジョンソン新大統領との首脳会談をおこなって

第3章　弟たちの栄光と悲劇、そして忘却

いる。まさにアメリカ側から見て「日本も最重要同盟国扱いとなりました」という告知であった。また、日本から池田首相と大平外相の二人が特使として派遣されたのは、現在のアメリカ大統領経験者死去時の国葬の常識である、イギリス・フランス・カナダだけから特使2名を受け入れ、残りは1名を上限とする慣例とは違う。現職大統領の死であること、政府首脳が直接特使として飛び「弔問外交」をおこなう形式が、1959年に長距離用ジェット旅客機であるボーイングB707、ダグラスDC8利用で実現し、前例がなかったためである。

　ワシントンでの故ケネディ大統領の葬儀に誰を送るべきか。これは微妙な問題だった。本国からは、特使派遣は控えて欲しい旨の要請が届いていた。私はこれを電話で大平外相に伝えたが、個人的には特使派遣こそふさわしいと思うと付け加えた。その後も何度か大平と連絡を取ったが、何回目かに岸前首相はどうかという提案があった。岸ではまずいと思った私は、ケネディと直接面識のあった大平がおこなうべきだと進言（岸はケネディに会ったことがない）。そのうち、フランスのドゴール大統領が自ら参列すると表明。これで日本側も池田首相本人の列席を決めた。この決定を伝える電話が大平から入ったのは11月24日の午前5時。5時間後の朝10時には、私は日本政府の閣僚たちとともに、2人を見送っていた。
　私はワシントンに打電して、池田をヨーロッパの主要同盟国代表と対等に扱ってくれるよう要請。またジョンソン新大統領に対しては、要旨次のように要請した。まず、例の経済協議について言及し、止むを得ざる事情で中止になったのは残念だと伝えること。また日本人の心の中では、過去3年間における米日関係の改善もケネディがいたからこそと理解されているのにかんがみ、政策の継続性をとくに強調すること。この2点である。ラスク国務長官とジョンソンは 私の言わんとするところを的確に理解し、実にうまく立ち回ってくれた。おかげで池田は、ドゴールやカナダのピアソン首相と並んで、真っ先にジョンソンと個別会談を持てた。また大統領は経済協議を64年の早い段階に開催したいとの意向も表明、これには私たちも驚いた。
（後略）

イグナチオ教会でのケネディ大統領追悼ミサには多くの日本人が参列し、お悔やみを述べた。ロバート・F・ケネディが 64 年 1 月に再来日した際、早稲田大学を再訪してお悔やみにお礼を述べる即興演説をおこない、学生たちから盛大な拍手が送られた。このときのロバートの態度にエドウィンは強い感銘を受け[315]、必ずやロバートが兄を継いでアメリカの指導者となるべきだと考えた。これが後のロバート・ケネディ暗殺前日の選挙応援演説につながった。

だが、悪いことは重なった。1964 年 3 月 24 日におきたエドウィン刺傷事件である。実際の事件そのものには政治性はなかったが、大使館内で起こり、大統領暗殺直後だったので日米関係を揺るがしかねなかった。一命をとりとめてからは、ケネディ暗殺で不安定になっている日米関係にひびを入れないために、なるべく問題を小さくおさめるよう努めた。自伝の中でもなるべくユーモラスに書いた[316]。実際には大量の輸血を必要とするきびしい手術であり、長期にわたる休職を余儀なくされた。また輸血を原因とする肝炎がエドウィンの後半生を苦しめた。エドウィンはハルの辞職勧告に逆らい、このままでは日米関係にひびがはいると事件から最低 1 年の任期継続を決意した。ハワイでの療養を終えた後、7 月から職務に復帰した。しかしその頃にはアメリカのベトナム介入が進み戦争状態になった。エドウィンはケネディ図書館の回想インタビューの中で、ベトナム介入を中心としたアジア政策の大転換は 1964 年から 1965 年にかけての冬におこり、その政策決定過程には関われず、日本の情勢報告と政策に伴う対応のみをしたと語る。たとえケネディが大統領であっても同じ結論を出しただろう、ともエドウィンは述べている[317]。だがケネディ政権なら、弟ロバートを通して、大統領に直接意見具申もできた。またロバート・ケネディは 1964 年 11 月のニューヨーク州上院議員選立候補のため同年 7 月に司法長官を辞任し、エドウィンはジョンソン大統領へ意見具申するルートを失った。それゆえ、ケネディが存命だった場合と同じとは考えにくい。

エドウィンが基本的にアメリカのベトナム介入に反対していたのは、1955 年に書いた『求む、アジア政策』で明らかである。だが大使をつづけている以上、政府の政策と反対の言動はできない。彼はジレンマに陥った。一方、同じようにケネディ政権入りしたシュレジンジャーは、2 年のハーバード休職期限切れで大学に復帰し、ガルブレイスは 63 年 12 月にベトナム戦争に反対してイ

ンド大使を辞任した。そのため彼らはジレンマに悩まされず、早い段階でベトナム反戦を主張できた。エドウィンも主張したい気持ちがあったろうが許されなかった。むしろ自らの理論に反して、ベトナム介入の正当性を日本人に向けて訴えた。戦争の悲惨な光景がテレビや新聞・週刊誌で報道され、アメリカの戦争が「正義のため」ということに納得できなくなった「ノンポリ」がしだいにベトナム反戦運動を支持した。こうして日本の一般人から絶大な人気を誇っていたエドウィンは「アメリカの代弁者に過ぎない」と信用が落ちた。

　ベトナム介入の正当性を各地で訴えているうちに、エドウィン自身も戦争してでも早くベトナム問題を片づけることが、今の時点では望ましいと考えたことが1965年6月5日付の家族宛の手紙でもしめされている[318]。大使就任時にいっしょに来日した末娘ジョーンは、この頃すでにベトナム反戦運動に関わり、エドウィンに対して「抗議の意をこめた大使辞任」を勧めたが、エドウィンは拒んだ。この手紙の重要と考えられる点を以下に紹介する。

　　基本的には、私はアメリカ政府のベトナム政策を支持している——少なくとも、もっといい現実的な政策があるとは思えない。対日政策に限れば、誤りと思える点は多少なりとあるものの、それはケネディ政権においてもジョンソン政権においても同じことで、大部分はアメリカ国内の圧力によるものであろうし、ジョンソン政権のほうが大きな圧力を受けているということだろう。いずれにせよ、今すぐ辞任しなければならない理由は見あたらない。
　　（中略）
　　だが、それ以上に深刻なのは、ケネディからジョンソンへと受け継がれたアメリカという国全体のイメージの大きな変化だ。日本でベトナムがこれほどの大問題になるのは、このためだ。ジョンソンは議会や実業界には絶大な影響力をもっているが（この点ではケネディは足元にもおよばない）、日本など諸外国のほとんどの国民はおろか、自国の学生にも人気がない。
　　そんなことから、私たちは撤退を考えている。だが今は時期がよくない。攻撃の矢面に立っている最中に撤退などできない。あと1年もすれば、辞任を考えるのにふさわしい状況ができあがるだろう——もちろん、それまでもちこたえればの話だが。秋になって休暇から戻った頃に、また改めて考える

つもりだ。だいいち、辞めるならやめるで仕事が必要だが、いまのところ、はっきりした話はない。

　公務員としてのアメリカ政策代弁の仕事と、研究者としてのベトナムの民族自決支持のあいだでエドウィンの考えが混乱し、辞任直後の1967年に出版した『ベトナムを越えて』まで続いた。ハルは心の病にかかりはじめていたうえ、ジョンソン大統領を好まず、抗議の意志に関わりなく早期の辞任を求めていた。エドウィンは学者としての良心と理論、そして政治に関わることでもっと広い影響力をもつために、自らの良心と理論をどこまで犠牲にして自らの学問を実践で生かすことができるか、どの程度バランスがとれるかという難しい問題を突きつけられた。結局刺傷事件から2年半が過ぎた1966年8月に辞任し、大学教授に戻ったが、辞任を延ばしたことは肉体的にも精神的にも打撃が残ったと告白している。後世の立場から見れば、彼の名声や信頼を損なうような言動が任期後半に続発し、ふたたび「対話を損ねる」結果となった。エドウィンの場合は、公的な立場と個人的見解の矛盾、日本生まれの親日家であって妻が日本人の個人的事情、出生国への愛着が混じり、退任時期が大幅に遅れた。結果、彼の学者としての名声を大いに傷つけ、夫妻のその後の人生にもダメージを与えた。このようなジレンマはハーバートも東京からの転任が示唆されたときに感じたが、ハーバートは職業外交官であるために決定に従った。しかしエドウィンは官僚としては素人であり、本人もジレンマにより苦しんだ。

　エドウィン個人はジョンソン政権の政策に批判的だったのが、辞任が決まりかけていた1966年7月9日、慰留のためにワシントンに呼び戻される直前の家族への手紙にも示唆されている[319]。

　もちろん対アジア政策や対中国政策には非常に興味があるが、今の状況では、部外者としてのほうが役に立てると確信している。なぜなら、基本的な部分で大統領とは方針が違うし、ラスク国務長官とも相容れないからだ。

　ハルバースタムの『ベスト・アンド・ブライテスト』にいみじくも論じられているように、ケネディ大統領とその側近のハーバード大学グループは、世界

第3章　弟たちの栄光と悲劇、そして忘却

理解に長けた頭脳優秀で高い理想をもったグループであったが、それをアメリカの複雑な現実政治で実現するための狡知に長けてはいなかった。ケネディ政権時代におきたキューバ介入失敗と、その後につづいたキューバ危機への対応を見ても、彼らは十分にアメリカ政府内部をコントロールしきれなかった。

ジョンソンはその点、アメリカ政界の重鎮であり、国内政治の諸勢力をまとめる術には長けていた。ゆえにエドウィンが大使時代の回想として語ったことがらは、両方の政権に仕えた人間の見たアメリカ政治への評価としてまったく正しい。ケネディ政権がつづいても、軍とそれを支持する勢力の独走を十分に押さえることはできず、遅かれ早かれベトナム介入はエスカレートしたであろう。だがエドウィンが後半に述べている、ケネディとジョンソンへの海外の評価がまったく違うことを指摘を見逃してはならない。第一エドウィン自身が「粗野で教養のひとかけらもないジョンソンには何の魅力も感じなかった」[320]と語る人物に、日本人がケネディの理想に共感して、アメリカの政策に自主的に協調していこうとするはずがない。日本政府がアメリカ政府に協調することを、日本人一般が「アメリカへのこびへつらい」と感じては、エドウィンが掲げた「イコール・パートナーシップ」が壊れていたと評価できる。

エドウィンは大学に戻ったが、政府との関係がすぐには切れず、また社交界の有名人となったために研究に復帰するのに時間がかかった。後任のアレクシス・ジョンソン大使の要請に基づき来日は2年間自粛したが、軍事問題を含む日米間の諸会議に出席して意見を述べた。彼はアメリカ政府の日本への代弁者としての役割を引き受けた。もはや学究として自分の考えるままに意見を言い、研究には没頭はできなかった。しかし代弁者の影響力があるなら、代弁したい政権を支援しようと考えた。すでにベトナム反戦運動にも関わりはじめていたエドウィンは、1968年3月のジョンソン不出馬声明を好機ととらえた。ベトナム撤兵を今実現しうる政治家は、ロバート・F・ケネディと考えた。彼はロバートを説得し、民主党大統領予備選に担ぎ出した。4月にはロバートの盟友だった公民権運動家、マーティン・ルーサー・キング牧師が暗殺された。ロバートは側近の忠告を無視してメンフィスのキング牧師暗殺現場に赴き、追悼演説をした。このような行動は、つぎの暗殺ターゲットにロバートがなると十分に知っての行動だった。6月、ロバートはエドウィンに連絡し、カリフォルニ

アでの応援演説を頼んだ。エドウィンの人生最初で最後の選挙応援演説がおこなわれた。応援演説の後、エドウィンは学会が開かれるシカゴに移動した。予備選はロバートが圧勝し、民主党の大統領候補に選ばれた。その直後にロバートは暗殺された。エドウィンは暗殺を知らせるラジオ局からの早朝電話で起こされ、ショックのままに答えたコメントを自らは覚えていないと言う。そのコメントはロバートの死を告げるニュースとともに繰り返された[321]。

その後気持ちを取り直したエドウィンは仲間とともに、代わりの大統領候補に選ばれたハンフリーのため、にベトナムからの撤兵計画を含む大統領選の公約草案を練りあげた。しかしこの草案はとりあげられずハンフリーは惜敗し、共和党のニクソンが大統領に選ばれた。エドウィンは政治に絶望し、関わりを基本的に断った。共に社交界からも引退し、学究に専念することにした。

第17節　正しくよきアメリカを思う――ベトナム反戦、韓国民主化闘争支持

エドウィンは1960年代の世界的な学生たちの異議申し立ての時代に、本人の意図とは反して保守派のリーダーとして異議申し立てを受けた。一般的な状況からすれば大使時代の発言は政府の代弁者であり、エドウィン個人の考えと一致するとは限らない。個人としての見解は、大使就任前と就任後の発言を総合して考えるべきだろう。一般的尺度で測れば、アメリカ人が欧米諸国の中でも保守的思想を持つのに対し、エドウィンはリベラル派と私は判断する。なぜならエドウィンはアメリカ的価値観を良いとしつつ、それと違う価値観をもつ人々も尊重し、対話を継続しておたがいの共通理解に到達しようと考えるからである。一方、カナダの場合は北国であることや君主制の「一視万民」思想から、よりヨーロッパ的な社会的公平を望み、国内の英語系・仏語系という2大有力グループの対立を防ぐため、思想軸の中心はより社会民主主義的になる。このため、ハーバートやガルブレイスなどのカナダ生まれはアメリカ的座標軸から見れば「社会主義的」と受け取られるが、カナダでは「リベラル左派」とみなされる。エドウィンをカナダの座標軸で計れば「ほぼ中道」程度で、その点では明らかにハーバートやガルブレイスより右派的である。

第3章 弟たちの栄光と悲劇、そして忘却

　しかし、ベトナム反戦で揺れるアメリカの学生たちは、エドウィンの言う悠長な「対話」を認められなかった。彼らはまもなく徴兵されるか、戦場を体験してきた人間たちだった。ベトナム戦争は自らの生死にも直結した。この時代、多くのアメリカの若者が徴兵忌避し、ある者は獄に下り、ある者はカナダなど海外へ亡命した。そんな若者から見れば、明らかにエドウィンは「保守的」であった。エドウィンは保守派と見なされたことを回想している。そして保守派らしく行動した。ベトナム反戦のために即時行動せよと迫る学生たちに、ではベトナム撤兵後の明確な和平と新国家建設へのプログラムを問い、その答えがなければ批判した。あえて支持していない現政権の行動を擁護し、学生たちの答えに反論して議論をした。そういう形で学生とエドウィンは「アジア問題ゼミ」をおこなおうとした。

　では、ほんとうにエドウィンは保守派だったのか。彼はアメリカ的座標軸での「リベラル左派」というスタンスどおり、1967年後半からベトナム反戦グループと連絡をとり、彼らとともにベトナム戦争終結後を見通した活動をめざした。アメリカの全面介入というベトナム戦争の状況は、突然介入を止めても、元に戻るものではなかった。どういう形でベトナム人たちによる国家をつくっていくかを考えるために、ベトナムの歴史や文化を知るのが急務だ、とエドウィンは考えた。解決策の頼みの綱と考えたロバート・F・ケネディが暗殺され、ニクソン政権はますます戦争にのめり込んでいったが、それでも解決を信じて活動をした。1973年にはキッシンジャーが北ベトナムと和平交渉をおこない、アメリカは撤兵したが、エドウィンはこの頃政治に関わる機会はなかった。「名分なき戦争」に破れてアメリカの権威は失墜し、ベトナム理解なき撤兵は長いアメリカとベトナムの戦後対立を生み出した。エドウィンの理想にはほど遠かった。

　一方、この時代に関わりはじめたのが、韓国民主化闘争への支援、とくに金大中救援活動だった。金大中は、1971年の韓国大統領選挙で野党統一候補として出馬し、朴正煕大統領に僅差で敗北した。彼は1972年に出された維新憲法に反対し、日米の韓国人社会に訴えるためアメリカを訪問した。エドウィンはこのとき金大中に会い、彼の理想と目標に感銘し、エドワード・ケネディらとの面会を実現した。そして彼の政治思想を深めるため、アメリカでの研究と

学界・政界など各界の人々との交流を提案した。このためハーバード大学客員研究員として金大中を呼ぶことを提案し、自ら指導教授となり一年間の研究生活をおこなう計画を立てた[322]。1973年9月から一年間の予定だった。この際、エドウィンはどの程度、直後におこるKCIAによる「金大中事件」陰謀を知っていたか個人ファイルでは確認できない。国務長官はヘンリー・キッシンジャーであった。元来エドウィンとキッシンジャーは同じハーバード大学の研究者仲間だったが、アメリカ外交政策への意見の違いから、二人の仲はしだいに疎遠になった。そんなキッシンジャーが、徹底した民主党支持のエドウィンに細かい情報を流すことはない。しかし、エドワード・ケネディやマイク・マンスフィールドと言った民主党上院議員ルートを通じ、ある程度「韓国での不穏な動き」は察知していた可能性もある。

　金大中は、日本や韓国の仲間と相談したうえで最終判断をおこなうとし、いったん日本へ戻った。その際に金大中は日本語で長いお礼を書き、エドウィンの親切に感謝し、準備が整い次第ハーバードへ向かうと伝えた[323]。ところが、1973年8月に東京のホテルから拉致された。アメリカ政府の介入で玄界灘での殺害は免れ、ソウルの自宅近くで放置される「金大中事件」がおきた。ソウルでは自宅軟禁となり、研究員生活は不可能になった。10月には、韓国出国と引き換えに自宅軟禁を解くとの報を聞き、エドウィンは金大中に研究員として渡米することを提案し[324]、自ら11月にはソウルへ飛んで、彼の説得を試みた。この提案に金大中は応じなかったが、ふたたび日本語で感謝の手紙を出した[325]。このことを感謝するエドウィンの返事が出た直後に軍事政権によって軟禁処分となり、出国はできなくなった。1975年9月には軍事裁判で有罪となり、5年の刑で服役した[326]。この状況を憂慮したエドウィンは、日本と連携して金大中救援活動に関わった。エドウィンはアメリカの金大中救援グループ代表世話人になり、エドワード・ケネディを後援議員にした。アメリカ政界を巻き込んで韓国政府に圧力をかけ、金大中の身の安全と、早い時期の軟禁解除、韓国軍事政権が民主化する方向に向かうように努力した。日本訪問のおりに何度かソウルへ飛び、軟禁中の金大中と会って励ますとともに、アメリカ側の意志を伝えた。1978年末にようやく金大中は懲役刑を停止され、治療目的での渡米が可能になった。さっそくエドウィンは、准高級研究員の資格と滞在費用

第3章 弟たちの栄光と悲劇、そして忘却

を負担するため、ハーバードに来るのを金大中に提案している[327]。しかし朝鮮半島の冷戦体制は緊張していて軍事政権が揺らぐようすは見られなかったため、金大中は出国したら韓国に戻れないのではないかと懸念し、返事を出し渋った[328]。ところが側近の反乱による朴大統領暗殺で、軍事政権はあっけなく1979年9月に終わった。

「ソウルの春」の状況下で金大中は、金泳三、金鐘泌の他2有力候補とともに来るべき大統領選挙に向けて選挙運動に入った。短かったこの「ソウルの春」のあいだ、エドウィンと金大中は手紙をやりとりし、韓国の明日への希望を語りあっている[329]。だが「ソウルの春」はあっけなく終わった。1980年5月におこった光州事件の武力鎮圧の中で、鎮圧軍の将軍全斗煥と盧泰愚が台頭し、全斗煥が軍事政権を樹立した。金大中は光州事件の黒幕とされ軍事裁判で死刑判決を受けた。金大中を死刑にしてはならないとエドウィンはふたたび奔走する。日米の圧力が韓国政府に伝わって、死刑判決は懲役20年になり、1982年夏には病気治療の名目で刑が執行停止されて海外出国が認められた。金大中は長期滞在ビザが発給されたアメリカに向かった。金大中夫妻はワシントンDCの病院で療養した。そしてアメリカの各界代表と相互理解を深めた。エドウィン夫妻はワシントン訪問のおりに金大中夫妻を見舞い、ハーバード大学招聘は今でも有効で、いつでも金大中を受け入れる準備をしていると伝えた。金大中はこの申入れを受け入れた。エドウィンは早速準備をはじめ、学長と相談したうえで新しい招聘状を発行した。退院した金大中はハーバードに1983年6月に向かった。そして7月から一年間の予定で研究員活動をおこなった。金大中は学者、政治家らと交流を深め、アメリカの知識人層も、エドウィンが金大中の著作を紹介する中で前から主張していた「金大中はカトリック教徒で、自由と平等、国際平和を愛する人物である。共産主義者ではない」という考えを受け入れた。こうしてアメリカでの金大中支持者の輪を広げた。金大中はフィリピン[330]上院議員のベニグノ・アキノともアメリカ在住中に知りあった。後におこるアキノ暗殺に関しても、エドウィンがどれほど情報をもっていたかは個人ファイルからは確定できない。

だが、アキノは暗殺を覚悟して83年8月にフィリピンへと戻り、実際マニラ到着と同時に政府側狙撃犯に暗殺された。それを知った金大中は自らも韓国

に帰ると主張し、帰国準備をはじめた。アキノの二の舞にしてはならぬとエドウィンらは考え、アメリカ政府にかけあい、韓国政府へ金大中を守るというアメリカの強い意志を伝え、1984年7月の金大中帰国の際には護衛としてアメリカ政府代表者随行させた[331]。金大中は暗殺は免れたが、再度投獄された。エドウィンはふたたび、金大中救援運動に関わった。1988年のソウル・オリンピックを前にした盧泰愚主導の民主化開始で、金大中は釈放され大統領選に向けて準備をはじめた。残念ながら大統領選挙では民主化サイドが金大中、金泳三に分裂したために得票が割れ、盧泰愚が大統領に当選した。エドウィン・ファイルには1989年にいたるまで、金大中の野党代表として活躍する記事がファイル群におさめられている[332]。金大中が大統領に当選した1997年12月には、エドウィンは世をすでに去っており、ハルも死を目前にしていたので大統領としての活躍を見ることは出来なかった。

第18節 『ザ・ジャパニーズ』——エドウィン日本研究の結論

1981年の定年退職を目前にしたエドウィンは、彼の「日本研究」の最終段階をしめす著作として『ザ・ジャパニーズ』[333]を出版した。まず英語版がベストセラーとなり、本人自身が「自らの最高傑作の一つ」と自負した。1979年には日本語版が国広正雄訳で出され、これまたベストセラーとなった。1987年にはバブル景気に伴う日本ビジネス役割増大で、ビジネスの項を加筆した『ザ・ジャパニーズ・トゥディ』[334]が刊行され、1990年に福島正光訳で日本語版が出た。基本的内容は同様なので原著にもとづいて要約分析する。

内容は「舞台」「歴史的背景」「社会」「政治」「世界の中の日本」の5部立てで、後ろの3部の「現代日本」に関しての部分を理解するため、前半の2部があるという構成になっている。内容としては、日本を「経済大国」として意識しはじめたが、ほとんど日本に関して知識のない欧米人、とくにアメリカ人を意識して書き記している。しかし「世界の中の日本」でこれからの日本の課題について触れ、日本人にもこの本を読んでもらい、「日米友好関係」を中心としつつも、世界平和への日本の貢献を期待していることが読み取れる。

まず「舞台」[335]では、国土はヨーロッパのほとんどの国より大きいが、山

第3章 弟たちの栄光と悲劇、そして忘却

岳地帯が多いため、実際の人口密度は都市国家なみだ。また夏と冬の寒暖差がヨーロッパにくらべて大きく、天災にも見舞われやすい。そのような東アジアの3社会、日本・中国・朝鮮はきわめて勤労意欲に富んでいる。つぎに日本は人口稠密であるため、農民一人あたりの農地は狭いが、農地あたりの収穫量は高い。最後に日本は島国国家であるが、大陸からの距離が長いため軍事的侵略を受けることはほとんどなく、中国などからの文化受容も、ヨーロッパのイギリスへの影響と比べ、より少なめだった。しかし現在では海洋国家であるために、逆に日本は世界と深く結びつくようになった。

つぎの「歴史的背景」の章では、エドウィンの近代化論が完成して披露された。古代日本[336]は中国の文化の影響を強く受けつつ、それを日本風にアレンジし、独自の宮廷文化が発展した。古代末期には武士が台頭し、東アジア他国にはない「封建制度」[337]が確立した。この「封建制度」はヨーロッパと似ていたが、ヨーロッパが「契約関係」を重視したのに対し、日本は封土を与える人物に対しての「儒教的な忠誠心」が強かった点が違う。またそれまでは貴族中心の宗教だった仏教が、新仏教の発生と広まりにより、民衆のものとなった。戦国時代に来航したヨーロッパ人がもたらした鉄砲による戦争の変革、城郭建築の進化、キリスト教改宗者が大量に出たことなどで、日本の状況が変わり天下統一への道を早めた。最終的に江戸幕府は中央集権的な封建制度を完成し、250年以上にわたって安定的支配者となった。キリスト教は禁圧され、鎖国によってオランダ・中国とのごくわずかな貿易だけが長崎でおこなわれた。定期的な改革運動と百姓一揆がおこるが、基本的には平和な社会が保たれ、日本全体が均質化し強固な民族意識を培った。また、封建制度が19世紀まで生き延びた結果、日本人のアナクロな中世的心情が現代にまで生き延びた、と説明する[338]。ここからの近現代部分に、エドウィンは約半分のページを割き、「近代化論」にもとづく説明をおこなった。ペリーの来航と開国、不平等条約の締結、尊皇攘夷運動により、幕府が弱体化した。イギリスとの戦争で攘夷不可能と知った志士たちは尊皇倒幕へと方向転換し、明治維新を実現した。武士の特権は剥奪されて、徴兵制が施行された。近代化のために官営事業を興し、留学生派遣やお雇い外国人による教育の充実、義務教育を急速に普及させたことが説明される。そしてこのような明治維新の特徴を江戸時代から引きつづいた高度な

均質性、強烈な自意識、官僚の廉直さと基礎学力の浸透、そして「王政復古」という自前のスローガンを用い、方向転換を図ったと、日本近代化の好条件をあげている[339]。

つぎの部分では、自由民権運動や、憲法制定、議会の設置、日清・日露戦争の勝利による日本の「植民地帝国」への変貌、そして元老たちの死や老化が世代交代につながった。若者たちの自由思想への共感は1920年代に政党政治と男子普通選挙へつながる。この時代には「国際協調」によって日本を豊かにすることが志向された[340]。しかし、都市部と伝統的な価値観が強い農村部の隔たりは大きく、1930年代以降の不況とブロック経済下で、政党不信と軍部台頭を生んだ。軍部は政府の統制を無視して戦線を伸ばし、中国大陸全体を戦場とし、さらには太平洋戦争に突入した。圧倒的な力をもつアメリカに日本は完敗し、無条件降伏となった[341]。戦後は、占領軍による戦後改革、憲法改正などが日本人の従順な協力でスムーズにおこなわれ、日本の民主化徹底と戦後の経済復興への道がついた[342]。最後の章では、戦後の日本は、アメリカの冷戦政策への転換後、対米問題をめぐる左右対立がはげしくなり、安保問題や学園紛争などで噴出した。しかし、経済成長が著しくなり、農村部と都会との生活水準の差が小さくなったで日本は全体として安定した。工業製品をアメリカなどに輸出して日本は経済大国となった。しかし、公害の問題、発展途上国への援助増大など「先進国」としての問題も抱えることとなった[343]。

以上の前置きの後、本題の「現代の日本分析」へとエドウィンは話を進める。「社会」の部では、「多様性と変化」[344]という章が冒頭に掲げられ、日本人は歴史の項で見たように時代とともに大きな変容をし、所属集団や性別、年齢層による違いも大きいため、安易な一般化は避けるべきであると注意する。そのうえで、エドウィンは日本社会の欧米社会との全般的違いを書きこむ。つづく数章で、以下のような特徴を記す。一般に日本人はより集団主義的な傾向が強く[345]、そのことと儒教倫理が相まって、上下関係による「相対主義」的人間関係に傾きやすい[346]。しかし個人レベルでの向上心は高く、「個性」が弱いと言えない[347]。日本はヒエラルキー社会であるが、実際には自分たちを「中産階級」とみなす者が圧倒的だ。その原因は、教育制度や終身雇用制の普及に求められる。また全体の合意にもとづく組織運営がなされるため、ヒエラルキー

第3章　弟たちの栄光と悲劇、そして忘却

が見た目ほど硬質ではない[348]。日本の教育は、明治維新後世俗的かつ平等主義的に急速に普及し、中等教育までのレベルは世界最高レベルにある。高等教育は「中継ぎ」的で、分野ごとの細分化傾向が強いが、現職教育がその弱点を補っている[349]。この教育の成果として、日本のビジネスが1世紀の間に急速に伸びた。徳川時代からの大企業で残ったのは三井1社だった。そして多くの企業は零細企業である。しかし、日本の企業活動は官営事業の払い下げを受けた財閥によって、戦前大きく進展した。この官営事業払い下げは、財政破綻状態の政府が管理能力がある民間人を選んでおこなったとし、エドウィンはマルクス主義的研究者に反論する。財閥は1920年代以降、日本を退廃させるとして批判された。そして第二次世界大戦後は、占領軍から日本の軍国主義的政策の要因として解体対象となった。他に日本のビジネス界の特徴として、貿易をスムーズに行う総合商社が存在する。

　戦後、旧財閥系のグループは銀行を中心として再編成された。日本の大企業は初期成長期の熟練工不足に対処するため終身雇用制を発達させ、年功序列型賃金体系と共に強い愛社精神を生み出した。また企業別に組織された労働組合も、日本企業の技術革新に大きなメリットをもたらした。ただし終身雇用制や年功序列賃金は中小企業の労働者や、早期退職が期待される女性には適用されない。官庁や大企業では、年次重視で昇進が決まり、なにごとも部署全体の十分な話しあいで決められる。このような日本企業の財務を支えたのは、安い金利での銀行貸し出しと若い労働者が多いために賃金が安く抑えられたためだ。そして企業が「武士的実業家」の流れをくむ財界人が経営し、収益より成長重視の傾向があったのも日本の高度成長に役立った。さらに、通産省による産業界への指導や規制が、日本企業の発展原因と指摘されている。総体として言えば日本のビジネスモデルは第3のモデルとして、高い評価を受けるのではないかと語っている[350]。

　「大衆文化」の章では、日本のマスコミはテレビ・新聞とも全国ネットワークが強く、きわめて画一的な情報を流しており、バラエティある情報は主に週刊誌・月刊誌によって提供されている。つぎに、日本は大量生産された商品を人々が競って買い、百貨店が「娯楽施設」の側面をもち、野球や相撲などがテレビで絶大な人気を誇る。団体旅行や夜の社交も人気がある。それにも関わら

— 183 —

ず、日本の文化には多様性と活力が存在し、今後はさらに伸びる可能性も秘めている[351]。「婦人」の項では、日本はまだ男性優位で「ウーマン・リブ」運動は盛んではない。恋愛結婚をする人が相当増えたが、見合い婚が日本では有力な婚姻手段である。男性の放縦は大目に見られたが、女性は貞淑を求められる傾向があった。しかし、この状況も近年は変化し、より対等な男女関係、夫婦関係を形成する家族が増えている。それと同時に、夫がほとんど家を空けているため、家庭内の事象は母親が支配し、子どもの進学、就職をめぐっての競争で強められる。女性は戦前農村社会では重要な労働力であったが、戦後は産業社会の周辺におかれ、生活困難などで日本の離婚率はきわめて低い。教育・医療・司法などを除き、女性で管理職や専門職を占める人は少ない。しかし戦後の改革で、女性も法的には平等な資格を得、また家事の機械化で時間的余裕ももった[352]。

「宗教」の項では、現代日本は他の社会と違って、宗教が強い社会規制力をもっていないことを記す。日本人のほとんどが仏教・神道信者だが、形骸化している。新宗教はさかんであるが、宗教というより社交組織の面が強い。社会倫理に関しては、ほとんど信徒をもたない儒教とキリスト教の影響力が強い、と記す[353]。最後の「心理的傾向」の項で、日本人は芸術面などで独創的だが、思想・哲学などで見劣りがする。この原因として、日本人が言葉の綾を重視し、論理的思考を好まなかったとする。また産業界でも実際的応用が主とされ、基礎研究は軽視されがちだった。この点は日本の産業が世界レベルに追いついたため改善されつつある。つぎに、日本人は日本的心性と欧米的心性に分裂しているとの評価を批判し、日本人は近代化を受け入れたが欧米化を必ずしも受け入れていないと記す。現代日本における心理的障害があるとすれば、社会が個人に対して厳重かつ画一的な規格を強いている点だとエドウィンは強調する。また日本は成功した産業化社会であったが、今後には懸念材料が残る。すなわち混雑や汚染問題、生活空間や産業活動空間の不足、対外関係への関与不足である[354]。

「政治」の章では、歴史的な政治システム変化をふまえて、現状の説明、将来への展望が語られる。将来への展望で、自民党と新自由クラブや民社党との連立や、中道政党結集による政権交代の可能性をエドウィンは語る。これは単

第3章　弟たちの栄光と悲劇、そして忘却

なるエドウィンの個人的見解ではなく、アメリカ政府の意向が入っている。少なくとも 1980 年代頃までのアメリカ政府が日本の政党政治に対して戦後一貫して「リベラル右派」と「リベラル左派および社会民主主義者グループ」による政権交代がおこなわれて、社会が安定することを期待していた[355]。まず「政治状況」の章では、戦前までの日本の政治状況がより詳しく説明されている[356]。つぎの「天皇」の項では、明治憲法体制下では天皇に精神的統合の拠りどころが求められ国家神道が成立した。また政治権力も元首である天皇が全権をもつが、実際には閣僚たちの輔弼のもとで動いた。しかし憲法条文のあいまいさは、元老たちが亡くなった後、軍部が台頭し、軍の独立を主張する根拠とされ破滅的戦争に突入した。現憲法で「天皇は象徴であり、政治的権能を有しない」とされたのは、明治憲法下での問題点を解消するためである[357]。

さらに「国会」の項では、帝国議会が設立されてから、現在の国会にいたるまでの歴史的変遷を説明している。イギリス式議会システムの影響が強く、与党と野党がおたがいに国会討論で国民にアピールし、つぎの選挙で多数をとる宣伝の場となっている[358]。「その他の政府機関」では、日本は首相や閣僚は任期が短く、日本的組織運営の常として部下の意見をよく聞かねばならず、アメリカの大統領とくらべて権限はかなり弱い。内閣を支え、実質的に行政を動かしているのは、試験で採用された各省庁の官僚たちだ。彼らはほとんど一つの省庁で勤務し、専門性が高く自信家である。地方行政は自治体予算の大半が中央政府からの補助金で、実質上中央政府の下請け組織である。司法制度はきわめて独立性が高いが、違憲立法審査権の行使には消極的である。しかし、近年は基本的人権問題や公害問題に関して画期的な判決をおこない、積極的な役割をはたしている[359]。

「選挙」の項では、日本の選挙制度の変遷をまず説明し、「中選挙区制」システムを解説する。この制度下では大きな支持変動がないかぎり当選者は変化せず、その結果日本の政治が安定する。また農村部により比重が高い議員数が割り当てられ問題化している。議員選挙は、組織性の強い共産党および公明党を以外は個人選挙の傾向が強い[360]。「政党」の章では、戦前から現在にいたる政党組織の変遷をまずたどる。つぎに、歴史的な状況から、保守系の大半の政治家、とくに地方自治体レベルでは無所属を名乗る者が多い。一方、革新系の候

補者も諸政党からの支持を受けるため無所属となる場合が多い。この構造は中央政治にもおよび、自民党、社会党、民社党などは個人政治家の集合体で、自民党と社会党には派閥が存在する。このように選挙は個人政治家として勝ち上がるが、国会では党議拘束がきびしく一致団結する。これも日本の集団運営の妙味である。自民党は左右社会党合同に対抗して自由党と民主党が合同したもので、1955年以来政権を握る。同党総裁は自動的に首相となるため、派閥間の権力闘争がくりひろげられる。内閣や党の要職は派閥均衡型でつくられる。一方、社会党の派閥はイデオロギー的色彩が強い[361]。

つぎの「意志決定機関」では、日本社会の例に漏れず、コンセンサス型政治運営がなされることを強調する。法案の7割は各省庁官僚の起案によるもので通過率はきわめて高い。残り3割は議員立法だが通過率は低い。また法律を実施する際の、行政指導における官僚の力も強い。一方、一般有権者は圧力団体を組織し、与野党や官僚組織に影響をおよぼそうとするため、内部調整がおこなわれる。日本人は、重要法案が伯仲した多数決で通過することを好まず、与党幹部は野党やその支持母体などとも調整し、できるかぎり広い合意を得て法案を通過させようとする。合意形成をつくりだすために、マスコミがはたしている役割も大きい[362]。さらに「問題点」の章では、万年与党と万年野党の状態の状態による不満鬱積、各野党間の対立、自民党内でもイデオロギー上の対立があることなどをあげる。社会党、共産党はより中道的な政策を選挙時には掲げるし、天皇制反対や産業国有化計画なども公約から外す。自民党は憲法再改正を掲げて結党したが不可能な状況がつづいて、事実上放棄している。そのため、戦前憲法に復古しようとするグループは極右に限定される。一方、革命をめざしたグループも対立抗争で支持を失っている。だが、戦後一番左右対立の中心となったのは、外交問題、とくに対米関係をめぐる諸問題であった。安保条約改正反対運動がさかんにおこなわれたのは、日本に米軍が駐留しつづけることで戦争に巻き込まれる恐れがあるという考えからだった。しかし、米軍基地の縮小と東西関係の緊張緩和によって、この問題の重要性も薄れつつある[363]。

「傾向と趨勢」の項では、日本政治は日本社会の安定性と経済成長の力で比較的安定している。保守票は占領直後を頂点としてゆるやかに減少し、今や半数を切っている。農地改革によって豊かになった農村が安定を求めて保守層と

なっている。しかし人口の都市集中傾向がつづいているため、革新票がしだいに伸び与野党伯仲状態になっている。しかし野党が4党に分かれ、政権交代の可能性を減じている。野党がイデオロギー抗争で分裂するのは、1920年代に知識人たちによって組織されたことが原因だ。近い将来、自民党が単独過半数を割った際におこりうることとして、自民党と近い政党による連立政権か、中道政党と自民党リベラル派、社会党右派系新政党による政権運営が可能性が考えられる。しかし、これも現在の趨勢の延長線上に過ぎないとしている[364]。最後の「政治のスタイル」では、日本国民は戦争体験から代議制民主主義が妥当な政治スタイルと考え、現憲法もアメリカ人起草にも関わらず大多数の国民の支持を得ている。日本政治は国内的に安定しているが、対外貿易による利益で発展していることを考えても対外関係は重要であると結ぶ[365]。

「世界の中の日本」では、まず「戦前の記録」で古代から第二次大戦までの日本の対外関係に関してまとめる[366]。つぎの「同盟か中立か」では、戦後の日本は惨憺たる敗戦から、平和な世界での開放的通商だけが唯一の選択と自覚した。こうして日本は平和主義を強烈に支持したが、占領が終わり世界が2つの勢力に分断されたため、いずれかに同盟すべきか、それとも中立を守るべきかが問題となった。アメリカは日本に在日米軍基地を置きつづけることで、朝鮮の軍事体制を背後から支えるとみなし、日本の保守党もこれを現実的として支持した。一方革新政党側は在日米軍が存在することは、日本をふたたび戦争に巻き込む恐れがあるとして、はげしく反対した。この対立の中で、一番はげしいものとなったのは、1960年の安保改定の際であった。その後の池田首相は軍事問題より経済成長に力を入れ、国民が支持した。保守系政治家も日本の再軍備は財政的な問題から小規模に止めようとし、アメリカも他のアジア諸国の意向を考え認めざるをえなかった。1960年代半ばから、ベトナム戦争への賛否をめぐって日米同盟に対する議論が再燃した。また、アメリカによる沖縄の軍事占領も、日本では問題となった。しかし、ベトナムから米軍が撤退をはじめ、沖縄の日本返還が決まり、70年安保は自動延長になったため、関心は薄れた。70年代になると、ソ連と中国が日米安保をさほど問題にしないという態度をとり、安保問題は周辺的問題へと変化した。アメリカが中国を事実上承認後、日本も1972年に田中首相が訪中し正式承認をした。一方台湾との関

係も貿易関係などの非公式関係を保った。こうして東アジアにおけるさまざまな脅威が減少して、日本人の「同盟か中立か」という問題への議論はしだいに沈静化していった[367]。

「貿易」の章では、日米同盟による軽軍備で日本は経済復興に全力を注ぐことができ、また全世界を相手にした貿易をおこなうようになった。この貿易は、当初アジア諸国との賠償協定によってはじまった。また巨大な経済力を誇るアメリカとの貿易が、日米同盟の力もあって大きなシェアを占め、日本の経済復興、技術力発展に寄与した。ラテンアメリカも日本の貿易相手として大きな位置を占め、オーストラリアとも日本が同国の天然資源の輸入先として貿易関係が深まった。一方、遠隔地である西ヨーロッパとの友好関係や貿易は、近年にいたるまで小さかった。日本は政経分離を宣言し、シベリアの資源開発に参画し、中国との貿易をつづけた。このような関係回復の力で、日本は1956年に国連加盟をはたし、その他の国際機関にもつぎつぎに加盟した。1964年には先進国クラブというべきOECDへの加盟もはたした上、1970年には主要先進国サミットの原加盟国ともなった。日本の輸出製品は、繊維製品主体から重化学工業へと変化し、現在は知識集約型産業へ移行しつつある。しかし、あまりに貿易に依存した経済発展が、近隣諸国と摩擦を生み出している。また、日本は経済大国になったにもかかわらず、対外援助は貿易関連が多く、十分な援助でないとの批判を受けている。また長い円安固定相場のおかげで、日本の産業は事実上保護されたと現在批判されている。さらに非関税障壁への批判も根強い。前者は変動相場制移行で解決しつつあるが、日本社会が「生存」のために自国農業などを保護するため、後者はかんたんには解決しそうにない。いずれにせよ、日本は先進工業国家として、今後世界を牽引する役割をはたすべきだ[368]。「相互依存」の章では、他の多くの先進国が地域内の貿易を中心としているのに対し、日本が遠隔地から大量の天然資源や農産物を輸入し、遠隔地に向けて工業製品を輸出して経済を成り立たせる。この結果、アラブによる「石油ショック」やアメリカによる大豆禁輸措置などが、日本経済に与える影響が大きいと、自覚するようになった。日本は今後、過去のように安価に資源を輸入して、加工貿易をおこなって急速に経済成長を進めることは困難になるだろう。また戦争、国際テロリズム、地球大の生態破壊が日本経済に与える影響が

第3章　弟たちの栄光と悲劇、そして忘却

大きい。しかし何と言っても焦眉の問題は世界貿易が自由貿易体制を維持できるよう、各国が調和した貿易政策をつづける必要がある。そういう意味で日本はもっと国際的事柄に発言すべきだが、言語上の障害などで傍観者的なのが問題である[369]。

「言語」の章で、日本語が近隣の中国語とも、世界の共通語化している英語を含めたインド・ヨーロッパ語ともきわめて違う系統の言語であることが、日本人に外国語取得を難しくしている原因の一つである。そして中国語の漢字体系を導入し、漢字と二つの仮名文字を混ぜて表現することが、外国人が日本語を習得する障壁ともなる。翻訳技術は発達したが、翻訳ではすべてを説明出来ない。日本人がもっと「世界共通語」化した英語学習に努力することは、日本が世界の相互依存で存在感をしめすために重要だ。ゆえに過去の英語教育を徹底して見直す必要があると記す[370]。

「隔絶感と国際化」では、日本人が一般的に自らを「他者と異なる」と感じ、「日本人」と「外国人」のあいだにはっきり線を引きがちである。日本の教育は世界の事象を網羅しており、日本は西欧の文明をまたたくまに取り入れ、国際主義を唱えるのだが、日本人はきわめてナショナリスティックである。それは海外に出る日本人が自らを「日本人の代表」とみなすところによく現われる。これはアメリカ在住の日系人が、日米戦争の際に「二つの祖国」のどちらを選択するか迫られた際に、アメリカを選択し、戦場では他の民族集団以上に勇猛果敢に戦うことで忠誠をしめしたことにも現われる。逆に外国人は日本になじんでいても「外人」としか扱われず、たとえ日本国籍を結婚などで取得しても、正式な日本人とはみなされない。日本人論などが話題になりやすいのは、日本人が自意識過剰であることと結びついているが、若い世代になるにつれそのような面も減少している。近代史において日本は欧米と同等に扱われたいという気持ちと、欧米とは違う汎アジア社会のリーダーとしてふるまいたいという気持ちのあいだを揺れ動いたが、そのどちらにもならなかった。日本人にとって最大の外国はアメリカであり、それに対する感情は親近感と憎悪感を伴っている。中国とは友好関係を維持すべきというのが日本人の感情だが、現状の中国はきびしい共産党の統制下にあり、貿易などの進展はまだ期待できない。よって日本人の中国への感情は片思いに近い。この節の結論として、日本はこれま

でよその国から得体の知れない経済大国という印象をもたれがちであった。これからは日本が積極的に世界人類の仲間として活動することが必要である。大学制度など改革すべき点は多いが、若い世代の日本人はより積極的に国際社会の一員として生きる自覚があり、期待できると記している[371]。

最後に「日本の未来」として、日本は今後予期しない問題によって、社会状況の上昇カーブや下降カーブが大きく変わる可能性を秘めている。日本が未来社会に向かってもっとも意義深い役割をはたすとすれば、経済大国であるにもかかわらず軍備を放棄し、小規模な自衛隊をもっているに留まるという事実を世界に知らせることだ。これが世界に知れ渡ることで、軍備競争の重圧を取り除き、より平和で繁栄した時代を築くことに貢献すると記す。また非西欧社会に対しては、日本が欧米社会の文化を巧みに取り入れつつも、独自の文化伝統を維持することに成功したことがよいモデルとなる。21世紀をリードする国家としての日本を期待して、エドウィンは筆を置いている[372]。

この本をまとめて読んでみると、エドウィンはアメリカのスポークスマンとしての「公務」から少し離れて、日本生まれで、日本人の妻をもち、日本研究者であると言う「半日本人」の立場から、日本の状況を広く欧米知識人に知らせるとともに、日本人への「世界的貢献」を期待して書いている。エドウィンは若い日本人が日本のよい側面を、これまでのように閉ざされた国内だけで語るのでなく、世界に向かって発信し、世界が平和で繁栄した社会になることを期待していると考察される。エドウィン自身は日本とアメリカという「二つの祖国」が戦争をする中で、完全なアメリカ人という立場を自らを守るために軍人となった。つぎには冷戦下でハーバード大学の日本学教員、駐日アメリカ大使などの立場から「アメリカの代表」として日本に対して意見し、アメリカに利するように求める意見を突きつけざるをえなかった。しかし、大学退職を前にそのような束縛から解放され、自由にものを言えるようになったことと関係していよう。だが、当時ベストセラーになって多くの日本人が読んだはずだが、それから30年が経った今、エドウィンの親日的メッセージを、どう理解して「日本の国際貢献」を考え、行動しているかは疑問である。

また、この著作はエドウィンが1981年にハーバード大学を定年で去るまで、日本研究入門書として本人の講義で用いられた。この当時ハーバードの学生と

第 3 章　弟たちの栄光と悲劇、そして忘却

してエドウィンの講義を聴いたグレゴリー・フルッグフェルダー [373] は、「エドウィンはあまりに親日的であるがために、中国の底力を軽視しているとの感をもった」との感想を筆者に述べた。1977 年に鄧小平が中国の事実上の最高権力者となり、急激に改革開放路線を進めて中国社会を変化させていった中で、エドウィンの考えはフルッグフェルダーの指摘のとおり、「古臭い共産主義国家イメージ」に映ったことはまちがいない。エドウィンは、同僚のフェアバンクやアメリカ国務省などを通し、中国に関しての情報をキャッチしていたが、中国そのものへの訪問は、1938 年の北京留学時以来なく、つぎに訪ねたのは定年後、1981 年 NHK の取材班とともに北京・西安を訪ねたときだった。直接見ていないために、たとえ間接情報があっても、中国に関するエドウィンの考え違いはあった。大躍進政策と文化大革命という惨憺たる失敗を招いた後、鄧小平が実権を握って改革開放に梶を切ったことを知っても、権力闘争のはげしい中国の中でいつまで彼の実権が保つかわからない、とエドウィンが当時危惧し、中国の躍進を予測できなかった。エドウィンは最晩年の 1987 年、NHK のインタビュー『日本の国際化』[374] の中で、アメリカ政府の代弁者としての役割もはたしつつ、日本人にこれからの世界の先導役として働くための期待を記している。代弁者としてのエドウィンの役割は、日本人への影響の大きさから最晩年までつづいたが、それでも「平和な未来への期待」を担う人々として日本の若い世代に期待していていることを語りつづけた。

第 19 節　日本を愛しつづけて――回想録と個人ファイルに見る人柄

　エドウィンは心の底から日本を愛しつづけた。エドウィンの著作の日本礼賛は、後年さらに強まった。また人々と隔てなくつきあった。晩年のエドウィンを語るにあたって、個人ファイルに残されたファンレターの返事などエドウィンの日本への愛と、彼が一番評価した日本の政治家、大平正芳との交友を語る。
　大平正芳を、エドウィンが日本でもっとも傑出した政治家だと評価したのは有名だ。大平正芳の伝記『大平正芳、人と思想』の長い序文[375]を、エドウィンが書いている。エドウィンは、自分より半年前に生まれた大平を日本語で「先輩」と呼び、大平も愛情をこめてエドウィンを「後輩」と呼んで、親しく

つきあっていた。エドウィンは大平が真摯なキリスト者であり、キリスト教信仰にもとづく信念をもって政治にあたっていたと高く評価している。彼との出会いが大使就任後と人生後半だったことを惜しみ、もし自分が大平と若い時代に出会っていたなら、日本青年に対する偏見すら正されたであろうと述べる。そして彼の早世を惜しみ、彼の首相在任がもっと長かったなら、日本はもっと世界に貢献する国家として立っていたのではないかと締める。

　日本のキリスト教社会は実に小さい。ゆえに宣教師の息子であったエドウィンと同齢の大平が、第二次大戦前に教会やキリスト教関係の団体を通じて接していないか、大平のキリスト教歴を確認した。大平は高松高等商業学校時代に、キリスト教の独立伝道者で東北帝国大学教授の佐藤定吉の講演を通じてキリスト教を知り、学校内にキリスト教団体をつくって、聖書研究や社会奉仕活動をおこなった。そして 1928 年に日本基督教会観音寺教会でブカナン宣教師より受洗した[376]。だが大平は、日本基督教会内の活動より佐藤定吉主催の「イエスの僕会」活動を主としており、一方オーガストは日本基督教会自体の活動より東京女子大学の活動を優先していた。東京商科大学入学後は、無教会派の独立伝道者矢内原忠雄の聖書研究会に出席し、一方日本基督教会牧師である賀川豊彦の伝道集会にも出た。しかし、大平のキリスト教活動は「イエスの僕会」修養会や東京商科大学 YMCA を通じた社会活動で、当時東京に在住していたが教会活動には熱心ではなかったエドウィンとの接点はなかった。大平は大蔵省に入省し、日本聖公会信徒だった志げ子と結婚した。大平は生涯にわたって聖書を深く読み、キリスト教に深く帰依した。大平はつねに自分がキリスト者であることを公言していた。こうして、エドウィンと大平は 1961 年に大使と内閣官房長官として出会うまで、接点がなかった。だが、初対面後は急速に親しくなり、親友になった。大平が外相就任後二人は親しく語りあい、重要な日米関係の諸問題をうち解けて語りあった。二人は電話で、あるいはマスコミや他の議員・官僚らのいない席で直接会い、論議を巻きおこしそうな日米の懸案事項に対して腹蔵なき意見を交わし、解決への道を探った。

　エドウィンが大平を高く評価した理由について、1962 年 9 月 16 日付の家族への手紙[377]より引用して紹介する。

第3章　弟たちの栄光と悲劇、そして忘却

　（大平）外相は訪問先の各国の大使を全部集めて夕食会を開き、私も彼のために夕食会を開いた（このとき彼はとても機嫌良く、有益な内緒話を聞かせてくれた。彼は西欧人の目から見れば「洗練されてない」人物で、まさに日本人らしい日本人だが、私は大好きだ。少なくとも今の時点では最も影響力があり、池田にも強い影響力をもつ人物である）。（後略）

　エドウィンは自叙伝の中では、米海軍の原子力潜水艦日本寄港問題を例にあげて[378]、どのように問題提起がなされ、どのような話しあいを経て実行されたにいたったかを自伝で記している。そのようすを自伝に記された記述から判断するかぎり、「腹芸」と呼ばれる日本的交渉方法を大平はとらず、政策の目標とその理由を説明し、その目標達成に向けてどのような具体的な方策がとられるべきかを議論した。これは、エドウィンが考える日本の政策責任者が今後とるべきだと考えていた欧米流政治手法に類似していた。日本の地方低所得者層出身の泥臭さを体現しつつ、合理的で世界に通用する政治手法をとろうとした大平を、エドウィンは「知的な政治家」とみなし、日本にはびこる「政治屋」とは区別して高く評価した。同時に大平はとても口が堅く、日米で秘密裏に約束したことがらを漏らさなかった。「核兵器搭載艦の日本港湾立ち寄り」はエドウィンが日本大使、大平が外相のときに紳士協定で合意されたが、そのことが当時明るみに出ると反対運動につながるため秘密条項とした。大平は確かに秘密を守り死ぬまで公表しなかった。しかし、このことや沖縄返還に絡んだ日米秘密協約で、エドウィンと大平の連係プレーが緊密であったことが明らかにされつつある。エドウィンが高く評価し、直接に出会った日本の「知的政治家」の首相経験者は、特別親しく、特別高い評価を受けている大平を除くと、池田勇人、中曽根康弘[379]、宮沢喜一の3人だけである。大使在任当時首相経験者として政界に隠然たる力をもった吉田茂、岸信介らへのエドウィンのきびしい評価を日記で読むと、彼は大平のようなやり方で日本を国際社会に貢献するよう努力した人物たちを評価した。

　1978年8月、大平は首相に就任した。同年10月の大平訪米の際には、エドウィンの親戚であるモンデール副大統領に大平の人となりを伝える詳しい手紙を送り、カーター大統領との首脳会談がスムーズに進むように頼んだ[380]。こ

の手紙はカーター自身が直接読み首脳会談でも言及された。大平はワシントンで会ったエドウィンに手紙のお礼を言った。大平とカーターの信頼関係は、この一件もあって進んだ。二人の親密な関係はカーターの訪日実現に寄与した。

1980年3月にエドウィンが日本を訪問した際首相官邸を訪ねた。二人は親友として親しく語り、彼らがめざすよりよき日本のあり方、日米関係のあり方を雑談していたと考えられる。エドウィンはこのときの訪問をとくにうれしく思い、「先輩に首相官邸で会えたのはとてもうれしいできごとだった」[381] と帰国後お礼の手紙を大平に送っている。しかし直後の解散総選挙中に大平は急死した。首相官邸から送られたエドウィン宛の大平の死を告げる手紙[382]には、大平倒れるの報せを聞いてエドウィンが緊急に出した手紙[383]を大平自身が読めなかったと記している。つづいて大平の葬儀概要を記した手紙が首相官邸から送られている。二人の関係を記した書簡類のファイルはここで閉じられた。後継者となった鈴木善幸をエドウィンは直接知らず、彼から見れば社会党から自民党に権益のために鞍替えした「変節漢」と感じられた。直後に出された『日本、過去と現在』の改訂版で、鈴木善幸に対する自らのきびしい評価をつけくわえるよう、出版社に指示する手紙が残されている[384]。

さて、エドウィンは1980年代までの日本人には有名人であった。彼の本はつぎつぎに出版され、テレビでは日米関係や歴史に関する番組に出演した。彼には多くの日本人がファンレターを出した。ほぼすべての手紙が日本語で書かれており、何枚にもわたるものもあった。そのファンレターに対してエドウィンは基本的に返事を書いていた。この返事は英語で書かれている[385]。また死の数年前からは病気がちであり、多くの季節をカリフォルニアで過ごしていたために、自宅宛に届く手紙のほとんどに本人が目を通すことができない状態だった。これまた返事が残っているものは少ない。たまに「アメリカは西側の代表として、ソ連・中国など東側諸国とは軍事力を使っても対決すべきだ」などの強硬意見を送ってくるものに対しては、エドウィンの考える平和共存路線とはあまりにかけ離れており、このような手紙に関しては返答がついていない。

エドウィンは多忙な人物であった。ハーバード退職後も著作やテレビ取材などで忙しい日々を過ごしていた。1983年に東京で卒中をおこし、生死の縁をさまよい、東大病院の医師に付き添われて帰国した後は、さすがに仕事のペー

スを大幅に落としたが、それでも同年齢の常人より多忙であった。その多忙の中ですべてのファンレターを確認し、本文は秘書がタイプするとは言え、返事を書くことにかなりの時間をとられる。それでもエドウィンはなぜ、このようにまじめにファンレターを読み、返事を書きつづけたのだろうか。北米の著名知識人たちは、アジアの著名知識人にくらべれば、このようなファンレターによるコミュニケーションを大事にし、きちんと返事を書く人々が多い。ファンレターの量が桁違いに多く、しかも病が重くなった中で、自伝執筆などをこなしながら、ほとんどの手紙に返事を書いていたのは、彼の内的な思いがあったと推測される。

　一つはパッカードが指摘するように、レーガン政権時代に「日本たたき」がはげしくなり、日本生まれで日本の肩をもつエドウィン・ライシャワーを「売国奴」呼ばわりし、日本に洗脳されているとしてアメリカの対日政策から遠ざけたことだ。この結果、ライシャワーは公的機関やアメリカのメディアから遠ざけられた。晩年のライシャワーは急速に忘れられていった。また、親日派の米国人学者・官僚もこの後出なくなった。上記の理由もあるが、エドウィンは自ら「ライシャワー先生」であることを喜びとしていた面も無視できない。大使時代もアメリカの国費で日本に長期派遣された客員教授であるとみなした。「先生」であることこそ彼のアイデンティテイなら、先生らしく人々に真理を伝えるのが仕事である。このほかにも、ありとあらゆる日米関係の頼みごとがエドウィンの元に届けられていた。こういった手紙の相手は、必ずしもエドウィンと面識があるとはかぎらない。それでもエドウィンは日米関係の雑用の世話をつづけた。それは「先生」である自分の義務だとエドウィンが思っているとともに、「機会均等」をモットーとするアメリカ精神を重んずる自分が、努力する人が制度によってチャンスを失うのは見捨てられないと考えたからであった。

第20節　エドウィンの晩年と環境問題

　エドウィンはハーバード大学退職後も精力的に執筆をつづけ、講演をおこなった。NHKの求めに応じて番組『日本への自叙伝』制作に協力し、本になっ

た。1983年に東京で倒れて以来、仕事は大幅に制限したが、1986年には『ライシャワー自伝(My Life Between Japan and America)』を出版した。さらには妻ハルが書いた『絹と武士』へアドバイスをおこない、相変わらず精力的に働いた。その勢いは1987年頃までつづいた。

　ところがエドウィンが1980年頃から書きはじめて半分ほど執筆しながら、結局未完となった著作が存在する。環境問題を論じた著作で『忘却への道――世界的問題へのスケッチ(The Road to Oblivion‐A Sketch of World Problems)』[386] と題していた。160ページほどの内容を予定して書いていたが、結局80ページほどで終わった。本は12章構成を予定し、12章のうち、6章までが執筆された。その後も秘書がタイプ打ちした未完の最終原稿以外に数種類の手書き原稿があり、推敲の跡が多数残っている。エドウィンがなぜ、この本を未完で終わらせたかは不明である。1960年代の公害問題から、環境問題がクローズアップされたのが、1970年代末だった。エドウィンは東西世界平和共存の形が一とおりできあがった当時、次の世界の課題は環境問題であると考え、定年後の仕事として着手したと考えられる。視点としては環境に対する自然科学的な知見を、哲学的、歴史的な視点からとらえなおし、人文学専門家として解決の道をしめす作品をめざしたと推測できる。ゆえにこの未完の著作からは、エドウィンが晩年に環境問題に関してさまざまな発言をおこなったり行動したのは、歴史家としての責任感からきたと判明する。

　実際に、エドウィンがおこなった環境問題に対する行動があった。1978年5月の訪日中に、ミシガン州トロイに本社のあるエネルギー転換機器(ECD)の伊津(離婚後伊藤姓となる)桃子が自彼女の会社社長スタンフォード・オブシンスキーの開発した太陽光発電装置を紹介した。この太陽光発電は安いアモルファス材料で発電する技術で、当時としては画期的だった。電線のない第三世界の奥地でこれを使って自家発電をし、文明的な生活を送ることを可能にするというオブシンスキーらの考えにエドウィン夫妻は共鳴し、会社の役員となって日本の提携先を探した。日本で提携先を探したのは、当時アメリカはいまだ石油依存型のエネルギー大量消費で、環境問題に関心がないとエドウィンは考えたからだった。むしろ石油ショック以降資源節約を心がけていた日本のほうが、代替エネルギー開発に関心をしめし、その結果として環境保全にも力を発揮し、

第三世界への技術移転も可能になると考えたためだ。むろん、レーガン政権に対するしっぺ返しもあったろう。太陽光発電の技術開発をおこなっていたキヤノンの賀来龍三郎会長（当時）が関心をしめし、1986年7月にベルモントのライシャワー邸を訪れた。この頃になるとアメリカ政府も石油エネルギーへの過度の依存からの転換を探るようになり、アメリカ政府の支援も得て、1990年6月にキヤノンとECDが技術提携をおこない、正式に合弁事業が発足した。エドウィン・ハル夫妻は会長・副会長に就任し、最終決定権を握った。エドウィンはこの年9月1日には死去するので、ほんの2ヵ月しか関われなかったが、現在の太陽光発電技術発展に大きく貢献した。エドウィン死去後も引きつづき、この合弁事業にはハルが亡くなるまで関わった。

第21節　エドウィンがハーバートを回想して

　功成り名遂げたエドウィンだったが、彼ができなかった重要事項があった。いわゆる「近代化理論」が主流を占めた北米の日本史研究者たちと、「史的唯物論」の影響が濃い日本の日本史研究者たちとのあいだで、実りある対話とより高次元の日本史像構築へ進まなかったことだ。冷戦体制がゆるみ、イデオロギーだけで人間が判断されることが減ってきた1970年代後半以降なら対話がおこなえたはずだが、すでに北米サイドと日本サイドの日本近代史像は隔たりすぎており、世代を重ねて精緻な研究に入りこんだため、対話はなかなか成り立たなかった。この問題に突き当たったとき、エドウィンはハーバートを欠落した北米日本史研究界の大きな損失を痛感した。

　ボーエンから「ノーマン・カンファレンス」の基調講演依頼と、ハーバートとの関連を尋ねる連絡が届いたのは、1977年の秋だった。刺傷事件以来の肝臓機能低下で、しばしば病気に悩まされていたエドウィンは残された時間が長くないと認識し、学生たちや若手研究者の指導と、自らの研究の集大成、そして緊急な世界的課題に時間をあてようと考えた。そのため当時原則として講演依頼を断っていた。「こういう講演依頼はすべて断ることにしているが、ハーブの名前を聞いたら別だ。喜んで引き受ける」とエドウィンは返事した。カンファレンスは1979年10月にカナダ・ハリファクス市でおこなわれる予定であ

ること、妻アイリーンや兄ハワードをはじめとした一族、関係者、研究者が集う会合にするとボーエンは伝えている。ところが、招待者リストの中に当初入っていたジョン・ダワー、ジョージ・アキタ、ジョン・ホールの３人の名前をエドウィンは見るや大変怒り、この３人はカンファレンス招待にふさわしくないと主張した。

　この３人は我々初期の日本研究者たちの関係をまったく誤解している。我々ははじまったばかりの日本研究を進展させるために、仲よく努力していたのである。その関係に対して片言走句をつかまえて云々されるのを聞くのは、我々に対する侮辱である。絶対に呼ぶな[387]

という趣旨の返事をした。

　ボーエンはエドウィンの剣幕に驚き、またエドウィンなしのカンファレンスは考えられないため、３人を外し、代わりにハーバートと直接面識のあった、ジョン・エマーソン、ヒュー・キーリンサイド、シリル・パウルズの３人と、ブリティッシュ・コロンビア大学に赴任したジャン・ハウズを呼ぶと提案した。この提案に、エドウィンは大変喜び、以下の返事を出している。

　君も少しはわかってきたようだ。彼らは大変公平な人たちで、物事をよくわかっている。彼らに参加してもらえば、会は成功するに違いない[388]

　ボーエンはハワードが出席を渋っていることを伝えた。エドウィンもそれを受けてハワード説得にあたったが、ハワードは大変頑固であり説得を聞かなかった。ハワード招へいは失敗に終わり、それを知ったエドウィンは「ハリファクスでお会いできないのは大変残念だ。日本行きがよい旅であることを祈る」と手紙を出した。そして自らはノーマン家との子ども時代からの一家挙げての交流のようすと、ハーバートの業績への評価を中心に話すと告げた。エドウィンは多くの講演を即興でおこなっていたが、今回は重要発表なのでていねいに仕上げた。エドウィンの講演を含むカンファレンスの内容は、後にトロント大学出版会から『ノーマン、人と業績』[389]という題で1984年に出版された。出

第3章　弟たちの栄光と悲劇、そして忘却

版が遅れたのは、後述するようにエドウィンの発表内容を中心として討論が紛糾し、その取り扱いをめぐって討論部分の扱いでもめた。結局、北米のこのような会議録出版としては珍しい討論をいっさい掲載せぬ形で出版された。

　1928年から41年まで東京のカナダ公使を務めたカナダ外交界の長老、キーリンサイドは高齢で病気がちのため欠席したが、代わりにハーバートのエジプト時代をよく知るカナダの元外交官、アーサー・キルゴアが講演した。ハーバート全集編纂に貢献した大窪愿二は参加予定だったが、エドウィンの発表内容に大変怒ってキャンセルした。アイリーンの名誉議長としての参加で、会はハーバートの遺徳を偲び、彼のおこなった偉大な業績がどのような影響をもたらしたか、そして彼が自殺に追いこまれてどのような損失となったかを語る会となった。

　エドウィンの基調講演は「ハーブ・ノーマン、生涯の友人の方向性」[390]と題して語られた。前半では、一家挙げての子ども時代からのつきあいが、軽井沢のテニスコートの逸話やハワードにハルとの結婚式の司式を頼んだことで綴られた。後半では、ハーバートの著作の評価に触れている。ハーバートの『日本近代国家の成立』は1940年当時すばらしい評価で、北米での日本に関する重要論文となり、ハーバートは一気に有名人になった。同じ年に円仁研究で博士号をとったものの、無名大学講師に過ぎなかった自分はうらやましかった。そしてハーバートの論旨に深く影響されて、エドウィン初期の日本近代史研究は今とまったく違っていた。しかし、その後自らの研究が深まるにつれ、より日本の近代化成功という明るい側面を重視し、ハーバートの研究を相対化したと書いている。それでもハーバートの人柄や教養がもつすばらしい側面は彼を魅了しつづけ、崇拝者でありつづけ、今もそうであると断言する。

　そしてエドウィンが当時若い研究者たちから批判されていた1960年代に、エドウィンがハーバートの諸研究を「古典である」と扱うことにしたのかの説明をおこなっていないことをわびている[391]。結局、死ぬまで説明されなかった。さらに「ハーバートの研究はマルクス主義的日本史研究者の第二次史料を利用して書かれたもので、日本語力が怪しく、偏っている」との批判に対して、「ポイントがまったくずれており、お話にならない議論だ」と批判している。その主旨はまず自分と違う論旨を展開する研究者に対して、その論旨から

導き出される結論の問題点を指摘するのはよいが、関係のない些細な点で論難するのは不公正だと主張する。もう一方で、ハーバートの著作は短期間に、広範な問題を実に上手に処理して書かれたもので、当時の限られた情報をもとにしたものとしては最高と評価している[392]。前半の論点はダワーが出したもので、後半の論点はアキタが出したものである。「彼（アキタ）は私（エドウィン）を守ろうとしているつもりらしい」[393]と、別のところでエドウィンはコメントしている。ボーエンはエドウィンの基調講演を出版するにあたって長い序文を書き、「どうかライシャワーを批判する方は、これにつづく彼の旧友に対する賞賛の言葉を注意深く読んでください」[394]と書きこんでいる。

　ボーエンの証言では、このエドウィンの講演は参加者にはげしい憤激をもたらした。まずアイリーンが憤激した。その理由は「なぜ、あなたは夫と終生の友人だと言うなら、あのとき夫をかばって動かなかったか」というものだった。会場からの発言もアイリーンの支持が多かった。エドウィンはこれに対して十分な理由を答えなかった。会議は決裂しかけたが、長老研究者たちの取りなしもあって、最後まで続いた。この結果、「エドウィンとハーバートが終生の友人であったとまでは言い難い」という結論が参加者で共有された。ボーエンやエドウィンのもとで東京大使館のスタッフだったジョージ・パッカードなどはこのような点から、自らの研究の中で「エドウィンとハーバートは研究者仲間であったが、友人だったとは言えない」との結論を出している。私はこれに反駁する十分な史料をもちあわせておらず、お二人が直接エドウィンを知っていることも考慮すると、彼らの見解も尊重すべきだと考える。ただし、大窪がノーマン全集で書いている証言によると、ハーバートは子ども時代は Teddy と呼ばれており、成人してからは親しい人にのみハーブと呼ぶことを許したと記す。この時代の北米の流儀からして、立派なポストについている人間をファースト・ネームの略称で呼ぶのは家族・友人に限られたであろう。エドウィンとハーバートの手紙は回数が少ないが、「ハーブ」「エド」[395]ではじまっており、研究者仲間以上の親しさを感じていたことを示唆する。また、どちらも数少ない「日本生まれの宣教師の子ども、同じ軽井沢避暑仲間、戦後日本改革のためのアイディアを出しあった仲間」ということからすれば、実際は親しさをおたがいに感じていた可能性が高いと私は考える。

第3章　弟たちの栄光と悲劇、そして忘却

　しかも、エドウィンの個人ファイルの中で出てきた歴史に右往左往されながら生きていた彼の人生や、まだまだ冷戦構造が残っていた1970年代にエドウィンはすべてを語ることができなかったことを考えると、彼がおこなった講演の意味は再吟味されてもよい。この後につづくパウルズの「E・H・ノーマンと日本」[396]の文章も、注目すべき内容であると考える。パウルズが言うとおり、ハーバートを理解するにあたって日本の地方で生まれたこと、親が宣教師であったことは、彼のものの見方を決定する重要な要素であった。彼らが属していたカナダ・メソジスト教会はカナダ一ラディカルな教派であり、宣教師の子どもたちから多数の共産主義や社会主義の活動家を生んでいる[397]。ボーエンは「明白であるにもかかわらず、皆があまり指摘しない重要論点である」[398]とパウルズの文章の序文に書いている。

　1979年という講演がおこなわれた時点、さまざまな調整のはてに1984年に出版にこぎ着けた段階でも、人々の関心は「共産主義か否か」にあり、「社会的福音」という流れに属し、日本生まれのカナダ人という二つの祖国をもつ、ハーバートの人生の複雑さへの関心は薄かった、同じような体験をもっているが、アメリカ政府とあまりに近いがゆえに秘密をたくさん抱えていたエドウィンの状況に関しても、理解できる人は少なかった。その後に書かれたヴィクター・カーマン[399]のケンブリッジ時代のノーマンがイギリス共産党の活動に関わっていたことがらと、アーサー・キルゴア[400]が書いた自殺直前のノーマンのようすに関しては多くの論者がそれこそ限りなく論及し議論しているのは、この時代の関心が「共産主義者か否か」に集中したことを明らかにしめしている。こうしてはげしい批判を受けながらも、ハーバートとの思い出と賞賛を述べたエドウィンだった。その後エドウィンは、ハーバートとの関係をNHKとのインタビューでふたたび言及し、自伝にも詳しく述べた。自伝では多少筆がすべって、講演で話していない「なぜなら彼（ハーバート）は欧米の学者と戦後日本のマルクス主義的な色あいの濃い日本の学界をつなぐ輪であった」[401]と誤って書いているが、これは1980年代に彼が到達したハーバートの重要な役割評価であった。この役割評価から見ると、ハーバートは明らかに1949年にエドウィンが東京で会った頃には考えが変化し、マルクス主義的な日本史理解に固執する人物ではなかったことをうかがわせる。

ハーバートは日本史家である前に、西洋古典と西洋史の教養を幅広く身につけた教養人であり、その教養のありったけを出して日本近代史を読み解こうとしていた。『忘れられた思想家——安藤昌益のこと』はその最後の結晶である。だがこれが最後となることなく、さらに進化した形での日本近代史展開がなされることをエドウィン自らが期待した。しかも日本近代史の専門家としてハーバートはエドウィンより多様な日本近代史の事象を知り、日本のさまざまな人々との交流もより深かった。ハーバートが展開する理論は、エドウィンが展開した「近代化論」と自ずと異なった様相を呈したであろう。そしてそれは日本近代史研究に、より多面的でな歴史洞察を与えたに違いない。エドウィンは旧友ハーバートを取り去られたことによる空白の大きさを晩年に述懐した。

　ではなぜ長い間、エドウィンはこのことを語らなかったのか。1960年代のアメリカはベトナム戦争をめぐる争いの中で左右の対立がはげしくなる時期だった。実務的であることを好むアメリカ人たちが珍しく理念に流れた時代だったと見てよい。1950年代の活動に対して嫌疑がかけられていたにもかかわらず、ケネディ政権の重要ポストにきびしい保安審査と保守派の反対をかいくぐって就いたエドウィンは、その過程で何度も自らの立場が不安定な基礎の上に乗っていることを自覚した。その思いは、彼を大使の地位につけたジョン・F・ケネディ大統領が暗殺されて、ますます強まった。エドウィンの言動がアメリカの保守派から歓迎されていなかったのは確かである。キング牧師およびロバート・ケネディ暗殺事件後、エドウィンは自らの身の危険も感じて1960年代を過ごした。その左右共々のラディカルな流れがおさまっていった1970年代後半に初めて、彼は重い口を開き、真相の一部を話した。

　エドウィンはノーマン・カンファレンスの前後、ハワードに幾度となく手紙を書き、自分のハーバートへの思いを綴っている。その中に「暴力的で一面的なものの見方しかできないアメリカ人たちが、無垢ですばらしいカナダ人を殺した。何ということか」との一節がある。エドウィンはアメリカ人であることを誇りとし、自分のアイデンティティはアメリカ人だと明言してきた。カナダが引きずるイギリス的なものこそ、アメリカが独立革命という形で否定したものであった。そのアメリカ精神を優れて体現するハーバード大学教授のエドウィンが、捨てたはずの旧思想を新大陸で残すカナダへのあこがれを見せるのは、

ある意味皮肉である。

　エドウィンは自らのことをほんとうに理解し、そのうえで自分を乗り越えて発展させていく後継者をアメリカで見つけることができなかった。それは彼の限界であり、本来古代史家だった彼が時代の要請に応じて現代史やアジア問題を論じたゆえの無理が、後継研究者たちに十分な説得力をもたなかったためだ。それに対して、ハーバートはダワー、アキタ、ホールズらをはじめとしたたくさんの日本研究者を魅了した。それはハーバートが専門とした日本近代史に関する諸問題が、日本戦後の方向性を解読するため一番重要だったこと、彼が「民主主義の重要性」をつねに訴えつづけたことにある。しかし、ハーバート自身の見解もしだいに変わっていたことから考えれば、現代に生きる私たちはどちらの研究も真摯なものとして参照すべきだが、その見解を鵜呑みにしてはいけないと指摘せざるをえない。自らの実証研究と合わせつつ、さらに進んだ「日本近現代史を世界史的視野で読み解く」作業をおこなっていくべきだ。

第4章
妻たちの人生——苦しみと喜び

序節　グエン・ノーマンとハル・松方・ライシャワーの略伝

　この節では、ハワード・ノーマンの妻であり、自らも日本宣教師として活躍したグエン・ノーマンと、元老松方家の血筋を引き、エドウィン・ライシャワーの二度目の妻となったハル・松方・ライシャワーの二人をとりあげる。彼女たち2名の略歴を、これまでの章同様に説明する。

　グエン・ノーマンは 1909 年にイギリス・ロンドンで、スコットランド教会牧師リチャード・ロバーツの子どもとして生まれた。ロバーツがアメリカ長老教会に招聘されたのに伴い移住、さらにカナダのモントリオールへ移住した。1931 年にマギル大学で学士号、1933 年に同大学で修士論文「ヨーロッパの児童教育の歴史」を書いて、歴史学修士号を取得した。

　同年にハワード・ノーマンと結婚し、日本に宣教師として赴任した。1940 年に日本を退去するまで、1 年のニューヨーク滞在を除いて、金沢孤児院や地元教会で活動した。退去後はバンクーバーで、夫とともに日系人強制収容反対運動をした。1948 年に日本宣教師として再渡航し夫のいる兵庫県に家族ともども赴任した。彼女は関西学院中高の英語教師、カナディアン・アカデミー理事、教会学校運動の宣教師代表として活動した。1960 年に夫とともに長野県に移った後も、宣教協力委員会理事、教会学校運動理事などを務めた。1971 年にカナダに戻ってから、トロント大学付属カナダ合同教会史料館嘱託として、カナダ合同教会の日本宣教史料の整理にあたり、「One Hundred Years In Japan; 1873-1973」と題するカナダ合同教会の日本宣教 100 年史をまとめた。彼女は 1981 年までつづけ、またトロント移住・留学した日本人の世話や、新民主党系の社会改良運動に邁進し、2003 年 2 月に亡くなった。

　一方、ハル・松方・ライシャワーは、父方が元老松方正義の孫、母方が明治期に絹商人としてニューヨークに渡った新井領一郎の孫として、東京で 1915 年に生まれた。両家とも裕福であり、さらに母がアメリカ在住時にクリスチャン・サイエンスに改宗した信仰を受け継いだ。東京のアメリカン・スクールで小学校から高校までの教育を受け、大学はクリスチャン・サイエンス系のプリンシピア大学に進学した。同大学を 1937 年に卒業し、日本に戻ったが、日中

第4章 妻たちの人生―苦しみと喜び

戦争が激しさを増し日米関係が悪化する状況で、仕事も結婚相手もなく、英語家庭教師をして過ごした。やがて疎開を命じられ、最初は葉山の別荘、戦争末期は母方の群馬で過ごした。その時代、後に『絹と武士』のための史料となる『公爵松方正義伝』の英訳や、『薩摩実紀』研究などをおこなった。

　日本の敗戦直後の1945年10月に、母校プリンシピア大学の教員がハルのもとを訪れ、「クリスチャン・サイエンス・モニター」の助手として働いた。そのような経験の中で、ハル自身もジャーナリストとして力をつけたが、「逆コース」の流れで身の危険を感じ、スウェーデン公使館に転職した。1950年の朝鮮戦争勃発で英語記者が不足し、「サタデー・イブニング・ポスト」日本特派員助手に転職。自らも同紙に記事を書く本格的ジャーナリストとなった。1954年には外国人記者クラブ役員に選出された。ところが翌年夏、日本に研究休暇で長期滞在していたエドウィン・ライシャワーとめぐり会い、交際をはじめた。二人は1956年1月に入籍、2月にハワード・ノーマン司式で結婚式を挙げた。同年6月に日本を船で出国し、アメリカでの新生活をはじめ、1959年にはアメリカ国籍を取得した。1960年には日本をはじめとしたアジアをエドウィンとともに訪問したが、翌年から5年半のあいだ、日本大使夫人として活躍した。ハルの人気は高くアメリカ政府側から「もう一人の大使」と絶賛された。1966年アメリカに帰国後も定期的に日本を訪れていたが、1980年代になって夫エドウィンの病状が悪化し看病に追われる日々となった。その中で、自らの二人の祖父の事績を追いながら、明治日本の「近代化」を研究した『絹と武士』を1986年に出版し日本語訳も出た。1987年には夫とともにカリフォルニア州サンディエゴで晩年を過ごした。1998年9月に同地の病院で死去した。

　この章ではノーマン家、ライシャワー家にゆかりの二人の事績を追いながら、20世紀を生きた「教養ある女性」たちがどのような考えをもち、どのように行動したか、そしてそのことを今の私たちはどのような教訓を受けるか検討したい。

第1節　グエン・プライ・ノーマン——名士の子として、児童教育のの専門家として

　1909年10月3日にグエン・プライ・ロバーツはイギリスのロンドンで生まれた。彼女の父と娘グエンへの影響を見たい。父リチャード・ロバーツは1876年ウェールズで生まれた。神学校時代にフォワード・ムーヴメントに参加した。1900年にイギリス・ロンドンの長老派教会に招聘され、都市住民への宣教に従事した。彼は平和主義者で、第一次世界大戦開戦後イギリスの長老派教会の戦争肯定を批判した。その結果、戦争肯定派の長老たちと対立し、1917年にロンドンのクローチ・ヒル長老教会を辞職した。ロバーツは当時参戦前のアメリカに渡り、アメリカ長老教会牧師となった。そこでも平和運動をおこない、徴兵制反対運動をした[402]。1922年にロバーツはカナダのモントリオールにあるアメリカ長老教会牧師となった。彼は教会合同運動を強く支持し、自らの教会のカナダ合同教会加盟を進めた。1925年のカナダ合同教会成立後、ロバーツは同教会中心人物となった。モントリオールはフランス系のためプロテスタント人口は少なく、またフランス系はカナダ軍志願者は少なかった。ゆえにモントリオールは非戦的で、教会でも一般社会でもロバーツは平和主義の考えを表明できた[403]。

　ところが合同なった後、長老教会では合同反対グループが分離したので、ロバーツは異動せねばならなくなった。1926年にトロントのシェラボーン合同教会に移った。シェラボーン地区は労働者の街で、有力教会員たちは郊外在住だった。ロバーツの平和主義に教会員たちは反発し、教会礼拝を休み、映画や音楽、ドライブなどで日曜日を過ごした。シェラボーン合同教会の礼拝出席は、トロント都心空洞化も手伝って減少した[404]。結果として1948年には教会が廃止された。ロバーツはそれでも平和主義に立ち、教会内外で講演や原稿執筆をおこない、エッセイストとしても有名になった。1934年にはカナダ合同教会議長に選出された。こうして彼がカナダ社会の重要人物となった。彼は進歩的人物と見なされたが、社会的福音は「似非キリスト教」であるとした[405]。彼は1945年にトロントで死去した。

　ロバートの娘であるグエンはロンドンの小学校に入ったが、父が渡米したの

に伴いアメリカの小学校に転校した。さらに父が1922年にモントリオールの教会に異動したのに従い、トラファルガー・ガールズ・スクールを卒業した。その後マギル大学に入学し、ドイツ語と歴史学を専攻した。学部を1929年に第2級で卒業し、大学院修士課程に進学した。修士課程では歴史学を専攻し、修士論文には中世庶民のレクレーション研究をおこない、1932年に修士号を授与された[406]。

卒業と同時に日本に宣教師として向かうハワードと結婚し、シェラボーン合同教会で1932年6月19日に結婚式を挙げた。二人は正式にシェラボーン合同教会支援の宣教師となり、同教会閉鎖後は郊外のハンバークレスト合同教会の支援を受けた。結婚とともに日本へ向けて出発したようすを、トロント・スター紙が「結婚と同時に異教の地に向かう若き花嫁」と題し、写真入りで掲載している[407]。この記事にはすでに日本宣教師として有名人となっていたダニエル・ノーマンと、エッセイストで有名人であるリチャード・ロバーツの子どもどうしの結婚で、二代目の著名日本宣教師となることが期待されため、記事となったと考えられる。意気込んで日本宣教師に出発した夫ハワードと違い、予備知識なしで日本上陸となったグエンだが、意外にすばやく日本の生活になじんだ。1932年の日本の生活はカナダのそれとはほど遠く、すきま風の多い住宅に住むのは体にこたえるはずだが、そのような愚痴はグエンの手紙に垣間見られない。むしろ彼女が両親に送る手紙には、夫ハワードがうつ病で苦しむ描写されるとともに、欧米と違う日本のさまざまな風習への興味や日本語学習のことなどが記されている。

1934年にハワード・グエン夫妻は金沢孤児院に任命された。グエンはさっそく児童教育の知識を生かして子どもたちの心を癒した。それと同時に金沢の伝統文化、歴史などに興味を抱き、そのようすを両親宛の手紙に書き綴った。ハワードの両親は軽井沢で隠退生活を送っており、彼らから日本に関して学ぶことも多かった。1938年7月から39年6月まで夫とともにニューヨークに滞在し、彼女も児童教育に関しての知識をさらにつけた。1933年10月19日に長女マーガレット・グレースを東京で産んだのにつづけ、36年5月13日に次女アン・キャサリンを大阪で産んだ。さらに1938年11月3日に長男ロバート・ダニエルをニューヨークで産んだ。3人の子どもの世話で彼女はさらに忙

しくなり、母としても充実した毎日を送った。ところが、1939年に日本に帰ったときには、日本は米英と戦を構えていた。ノーマン家への特高警察の監視はきびしく、宣教師としての活動は困難になった。やむをえず一族はカナダへ帰ることにした。帰国を告げる両親へのグエンの手紙は落胆した調子でつづられている。1941年9月に夫とともにバンクーバーに赴任して以降、彼女は子どもたちの救援活動に関わった。戦時中であり、多くの男性が出征しているため、女性たちは男性の代わりにさまざまな仕事についていた。

　グエンは赴任早々より、放置されがちな子どもたちを救援するバンクーバー児童援助協会に関わり、1944年からは同協会理事となった。そのような子どもに対して働きかけたことは、後に日本に戻ってからの活動につながった。またグエンは日系人救援活動にも協力していた。1945年8月日本が無条件降伏して戦争は終わった。義理の弟ハーバートが東京に向かう中、グエンは夫とともに日本へ戻ることを願うようになった。1947年7月にまずハワードが単身日本へ赴任し、翌年11月にグエンも3人の子どもを連れて日本に赴任した。今回の行き先は兵庫県の関西学院大学であった。

第2節　松方ハル——元老の血筋とクリスチャン・サイエンスの信仰

　松方ハルは、1915年8月6日、東京で生まれた。父は松方正熊で製糖工場経営、母はミヨと言った。父方祖父は松方正義であり、第4代、第8代の首相を務めた元老だった。母方祖父の新井領一郎は、1875年に東京商法講習所（現一橋大学）を出て絹商人となりアメリカに渡った人物で、日本の貿易商人の草分けだった。松方正義と新井領一郎に関してはハルの『絹と武士』に詳しいが、ハルは日本有数の名家で富豪の血筋であった。

　ハルの著作によれば、松方正義の祖父松田為政は鹿児島の南にある谷山郷の郷士で、俸禄では家計がまかなえず、奄美大島経由の中国貿易にたずさわった。貿易中の情報でヨーロッパ諸国のアジアへの植民地支配が進んでいるとを知り、欧米やアジアに関する知識を身につける必要を実感した。たまたま縁戚の藩士松方家に跡継ぎがおらず、息子正恭を養子とし、孫の正義が藩士教育を受けられるようにした。正義が受けた教育は漢学中心だが、長崎の幕府旧海軍練習所

第4章　妻たちの人生―苦しみと喜び

での研修時には、イギリス人からも学んだ[408]。その中で培った明治維新の元勲たちとの交流や明治政府での財政分野を中心とした活躍に関しては省略するが、祖父が貿易商として培った「世界を知る重要性」をハルが受け継いだことを記す。このようないきさつから正義の子の多くが欧米留学し、日本以外の社会を見た。正義自身は天皇を崇拝し、政党政治を理解しない保守的「元老」であったが、子ども世代以降には多様な人々があらわれ、海外移住者、キリスト教に入信する者、社会主義・共産主義などと関わる者が出たのは、外への視野が大きい。

　一方、ハルの母方の祖父、新井領一郎は上州の豪農の生まれで、東京商法講義所(現一橋大学)を出た後、ニューヨークに永住し、日本の絹を直接アメリカに貿易する事業を興した。新井も養子で実家は星野家であった。上州は元来養蚕がさかんであり、明治以降は日本の絹が高く評価されて、養蚕業がますます栄えた。だが当時は欧米との直接交易の手段をもたず、ほとんどが横浜居留地の外国商人たちに買いたたかれた。この状況に危機感をもった森有礼や福沢諭吉らが、新井ら若い商法講義所卒業生たちにニューヨークに日本商社をつくり、直接取引をすることを勧めた。当時の通信事情や送金手段の不備からさまざまな困難はあったが、新井はそれらを乗り切り、システムが整うにつれてニューヨークに巨大商社を築いた[409]。

　また、ハルが属したクリスチャン・サイエンス信仰の原因は、新井一族起源のプロテスタント教会である。新井の出身の星野家は群馬県にあり、出身の新島襄が創立した同志社大学出身の海老名弾正らによるキリスト教宣教がさかんだった。星野家も1880年代に組合教会に入信している。新井が結婚した牛場家も神戸出身でキリスト教に入信した。新井夫妻は晩年にいたるまで入信しなかったが、晩年に夫婦そろって入信し、葬儀は自宅近くのコネチカット州にあるクリスチャン・サイエンス集会所でおこなわれた[410]。ハルの父方には日本の政界・皇室関係者、ジャーナリストが多く、ハル自身が戦後ジャーナリストとして活躍するのによい助けとなった。父正熊もエール大学を卒業しており、在学中は同じ州にある新井家自宅に遊びに出かけ、後の妻となる美代とも知りあいだった。そのため英語やアメリカの風習に強く、アメリカの上層・知識人に知己が多かった。逆に母方には裕福な商人が多く、ハルが当時の日本人女性

としては高い教育を受け、日英両語に達者な人物として育つことに関係した。ハルがキリスト教に入るきっかけは、母の信仰を受け継いだためだ。母ミヨはクリスチャン・サイエンスの会員だった。ミヨが入信したきっかけは横浜のクリスチャン・サイエンスの会合に出たことだったという[411]。絹商人新井領一郎の子どもとしてアメリカ・ニューヨークで生まれ育ったため、元来キリスト教になじみが深かった。ニューイングランド地方やニューヨークは、クリスチャン・サイエンスがはじまったボストンに比較的近く、19世紀末には同派の集会所が各地に設置されていた。またクリスチャン・サイエンスは後述するようにキリスト教の主流派からは異端視されたこともあり、アジア人でも信仰があれば容易に受け入れた。正熊もまわりにキリスト教徒が多く、自分もエール留学時代にキリスト教に触れているため、一般日本人のような偏見はなかった。ハルとその兄弟たちはキリスト教的な雰囲気の中で育てられた。

　では、クリスチャン・サイエンスとはどのような宗教だろうか。正式にはキリスト教科学者会と称する同教派は、1879年マサチューセッツ州に住んでいたメアリー・ベーカー・エディーによって創始された。メアリー・ベーカー・エディーの人生を振り返りながら、クリスチャン・サイエンスの教義を見る[412]。エディーは病気がちで、最初の夫にも早世された。当時の医療レベルは低く、エディーは苦しむ中で「神癒」の教えを知った。彼女は1875年に『科学と健康(Science and Health)』と題する著作を出版した。この本の中で彼女はイエスの癒しの背後に「科学」を見出したと記した。よってイエスの癒しは自然で、再現可能だとした。1879年に自ら科学者キリスト教会を設立した。1881年にはマサチューセッツ・メタフィジカル・カレッジを設立し、1889年までそこで自ら教育した。1888年には彼女の教えを読むことのできる読書室をボストンに設置した。その後1898年には、クリスチャン・サイエンス出版社を設立した。晩年の1908年には正確・中立・公平な報道をめざして日刊紙『クリスチャン・サイエンス・モニター』紙を発刊した。だがクリスチャン・サイエンスは、主流派プロテスタントから異端視されてきた。三位一体説を取らずイエスは人に過ぎないとしたからだ。もう一つの原因は洗礼・聖餐など聖礼典の必要性を否定して入会の儀式のみをおこない、聖書研究と礼拝だけを教会員としてなすべき務めとしたためだ。さらにメアリーの著作の聖典扱いや神

癒も異端視された。クリスチャン・サイエンスは20世紀前半に、ユニテリアン、トランセンデンタリズムなどの理神論とともに新しい健康学説という「科学」の名で日本に伝えられた。それに女性差別を感じたミヨが入信し、子供たちへと引き継がれた。ハルの縁戚関係は、父方から受け継いだ皇室・政治などとの関わりと、母方から受け継いだ実業界やキリスト教界との関連、そして両者から受け継いだ「日本を外から見る視点」が混合されて、当時の日本女性としてはきわめて稀な活動を可能にした。

第3節　ハル──アメリカでの学びと日本での苦悩

　ハルはアメリカで大学教育を受けることと、クリスチャン・サイエンスの信仰を前提に、日本の教育課程を過ごした。まず聖心女子幼稚園から小学校に入学したが、カトリックの学校のためクリスチャン・サイエンスの信仰と相容れず、2年半ばで退学した[413]。ミヨが文部省の「国民育成教育」に疑問を抱いたことも理由とされる。1923年にアメリカからフローレンス・ボイントン[414]が招かれ、松方家の子どもたちの家庭教師となった。ボイントンもクリスチャン・サイエンスで、ハルは聖心退学後2年間、彼女から英語会話を含む諸教科を家庭教育で学ぶことで学校教育の代わりとした。

　1925年にハルは、東京インターナショナル・スクールに編入学した。家庭教育を認められ、直接5年生に入学した。1933年にアメリカン・スクールの高等部を卒業した[415]。その後アメリカ・イリノイ州エルサにあるプリンシピア・カレッジに入学した。同大学はクリスチャン・サイエンスの人々のための学園で、幼稚園から成人教育までの一貫した教育制度をもっている。

　ここで同大学[416]のことについて触れると、1897年秋にクリスチャン・サイエンス信徒だったセント・ルイス在住のメアリー・キンベル・モルガンが、アメリカ公教育に問題を感じ、自分の息子二人に対して家庭教育をおこない、仲間が集まった。1906年にプリンシピアは最初のハイ・スクール卒業生を出し、1912年には短期大学課程が設置された。1917年に同課程から初の卒業生を出している。1931年にエルサに大学キャンパスがつくられ、1934年に初の学士を出した。1935年からエルサで大学課程の教育がおこなわれている。よって

ハルは大学課程の4期生である。1944年制定の学園規則によると、教職員は全員がクリスチャン・サイエンスの信徒と決められ、学生・生徒も家族もしくは保護者がクリスチャン・サイエンス信徒を原則とする。ただし本人が熱心なクリスチャン・サイエンス信徒である場合は受け入れ、一家すべてがクリスチャン・サイエンスに帰依することを祈る[417]としている。ただし学園内で直接宣教がおこなわれることはなく、大学礼拝堂での日曜学校での活動にはっきりと限定し、政教分離を定めている[418]。また政府からの公金援助は、クリスチャン・サイエンス教育をゆがめる恐れがあり現在にいたるまでいっさい受けていない[419]。彼女は当時きわめて小さな大学であったこの大学で、姉のナカとたった二人だけの日本人だった[420]。

1936年の夏、ヨセミテでおこなわれた太平洋問題調査会にアシスタントとして参加した。姉のナカと近衛文隆、西園寺公一もいっしょだった。ここで尾崎秀実らと知りあいになった。太平洋問題調査会に参加したことはハルにとって大きな影響があったようで、学生時代最大のイベントだったと記す。彼女は国際問題や平和維持の手法などに目が開かれ、また中国人参加者などの英語力や国際交渉力のすばらしさに感心した。彼女は自らも太平洋の平和に貢献したいと願い、さらに学びたいと考えた[421]。だが、アメリカでアジア系は社会の片隅にしか生きる場所はなかった。大学教育の成果を生かすために帰国し、日本で国際的な仕事について活躍する必要があると考え、帰国を決意した。一方、姉のナカはすでに大学で恋人ができていたためアメリカに残った。1937年6月に無事大学を卒業し、日本に帰国した。2週間の船旅の際にはハーバード大学留学中の都留重人がいっしょだった。ハルはほかの留学生たちといっしょに船旅を楽しみ、ハワイでの寄港も楽しんだ。ところが横浜に到着したその日に、盧溝橋事件で日中戦争が勃発した[422]。

ハルは当時としてはあまりに日本人離れした考えをもっているため、縁談もなければ、仕事も見つからなかった。英語の家庭教師をして過ごしたが、日米開戦が近づくにつれて、英語を学ぶ子どもは減り、1941年12月の開戦の後、文部省が英語教育を必修からはずしてさらに減った。彼女は自分の能力を生かす場面を別に探すしかなかった。彼女はうつ病になり、ときに電車に飛び込み自殺をしようとする衝動に駆られたこともあったという[423]。幸い、徳富蘇峰

が編纂した祖父の伝記『公爵松方正義伝』が手元にあったので、これを読みふけり、要点を英語に翻訳した。2部用意したうちの1部を1941年6月に帰国するボイントンに託し、プリンシピア大学で保管してもらうように頼んだ。万一日本が壊滅的な打撃を受けた際に、アメリカで祖父の伝記が保管され、考えが正しく伝えられることを願った。さらに彼女は祖父のたどった道を知ろうと、薩摩藩の歴史を学ぶことにした。こうして『薩摩志』と『薩長戦記』の2冊を1941年に買い求めた。これまた1942年に要点を英訳し、これは手元においた。後に『絹と武士』を執筆する際の重要な参考文献として、この本の英訳版が用いられている[424]。

こうして、かろうじて戦争の中で精神の安定と将来への希望を保ったハルだったが、1942年の半ばには松方家は母がアメリカ生まれで、ハルの兄弟も残り全員がアメリカにいるため、アメリカのスパイではないかと特高警察が身辺調査をおこなった。これに閉口した一家は、元麻布の家から鎌倉の別荘に移って、アメリカ在住の兄弟たちと住民票を分け、少しでも難を逃れることにした。鎌倉には広い庭があり、農業をして自給自足の生活を送ることができた。

1945年5月には、鎌倉の家が本土決戦に備えて陸軍に接収されたため、母方の祖父新井領一郎の出身地である群馬県勢多郡黒保根村に疎開した。特高などに監視される日々はつづいたが、8月に入ると、知人の宮中関係者を通して昭和天皇が和平を受諾する意向だと聞き、8月15日正午の玉音放送を心待ちにした。敗戦を知った村人は放心状態になったが、ハルは逆にアメリカとまた交信できる時代が来ると浮き浮きした気持ちがした、と回想している[425]。

第4節 ハル――ジャーナリストとしての戦後の活躍とエドウィンとの出会い

1945年9月初旬、ハルに占領軍の将校が面会を願っていると連絡が届いた。父と二人で上京した。二人は自宅を確認した後「クリスチャン・サイエンス・モニター」紙のゴードン・ウォーカー記者から、横浜の防諜部隊(CIC)を訪ねるよう指示された。横浜ではプリンシピア大学教授ロバート・ピールが中尉としており、兄弟5人の無事を知らせた。この際に二人は、ハルのバイリンガル

能力と広範な日本人上層社会へのつながりを確認し、9月中旬には二人が群馬のハルの家を訪ねた。ピールは防諜部隊の通訳になるのを頼み、ウォーカーは「クリスチャン・サイエンス・モニター」紙の助手になることを求めた。ハルは、防諜部隊の通訳になると、戦犯裁判で自分の親族・知人たちを戦犯として裁く場に同席する危険を感じ、即座に断った。一方、新聞記者の助手は左記のリスクがないので引き受けた。9月末にハルは東京に移り、自宅のガレージ2階を住居として記者助手の仕事に入った。ジャーナリストとしてハルが立つ第一歩だった[426]。

ハルは、GHQの記者会見にウォーカーとともに出席し、関連取材をおこなってウォーカーに英文メモを渡すのが仕事となった。この中でさまざまな人と会い、情報を取って仕事を全うした。ところが、1948年2月1日のゼネスト禁止から逆コースがはじまると、ハルに共産主義同調者の疑いがかかり、内偵がはじまった。ウォーカーにも進歩派として嫌疑がかかり、ハルは危険を避けるためスウェーデン公使館に転職した[427]。1950年6月25日の朝鮮戦争勃発で、まわりのアメリカ人ジャーナリストたちが朝鮮半島へ行ったので、英語のできるハルに『サタデー・イブニング・ポスト』誌のビル・ウォーデン記者の助手にならないかと連絡が来た。ハルは転職して朝鮮戦争取材の後方基地として仕事をこなした。そうしているうちにハル自身も記事を書きたいと考え、1952年4月19日号の「翼をなくしたパイロット」を皮切りに、5本の記事を同誌に掲載した。ジャーナリストとして独り立ちしたのであった。1954年には外国人記者クラブの役員となり、55年には2本の記事が『サタデー・イブニング・ポスト』誌に掲載されるなど、ジャーナリストとして一線級の仕事をするようになった[428]。

ところが1955年7月、同年1月に妻アドリエンを亡くしたばかりのエドウィンが、1年の研究休暇で来日した。そのエドウィンに、作家ジェームズ・ミッチェナーといっしょに外国人記者クラブがあるビルのレストランで昼食中のハルを、「シカゴ・デイリー・ニュース」のカイリー・ビーチ記者が紹介した。ハルはエドウィンをアメリカン・スクールの先輩として記憶していたが、エドウィンが妻を亡くしていたことは知らなかった。逆にエドウィンはハルを直接知らなかった。ただ松方公爵家の子孫がクリスチャン・サイエンスに入信した

第4章 妻たちの人生―苦しみと喜び

ことには興味を抱いていた[429]。その後どういういきさつで二人が仲よくなり、クリスマス・イブ前日に婚約にいたったかは、ハル自身の口からは語られていない。一方、エドウィンの手紙の中にも、婚約したことは記されているが、それまでの詳しいいきさつは語られていない。上坂冬子は、エドウィンが妻を亡くしたばかりであり、しかも再婚の意思があるのを知って、ビーチが仲をとりもったのではないかと推測しているが、正しいと考える[430]。

ビーチ夫妻が8月にエドウィンの家族とハルを三崎の別荘に招き、10月にはビーチ夫人の勧めに従って、ハルが韓国出張から帰ったばかりのエドウィンを外国人記者クラブのダンスパーティーに招き、エドウィンとハルがペアになった。その後エドウィンは香港などへの出張続きで東京には留守がちだったが、12月10日に当時住んでいた東京女子大ライシャワー館に招いて初めてデートした。末娘ジョーンの世話などをするうちに家族みんなと仲よくなり、ライシャワー館の管理人、桑原モトの勧めもあって、エドウィンはハルにプロポーズしようと決心した。こうしてクリスマス・イブ前日にエドウィンがハルにプロポーズし、翌日に二人の婚約が日本の新聞記事となった。アメリカの有名日本史家と元老の孫の婚約ということで、注目度も高かった。ハルの両親は、問題なく二人の結婚を認めた。問題は長老派宣教師オーガストで、彼は異端であるクリスチャン・サイエンス信徒のハルと結婚することは、親子断絶の危険性をはらんでいた。1956年1月2日にエドウィンが両親にあてた手紙で、婚約した松方ハルを紹介し、彼女が元老松方正義の孫であること、クリスチャン・サイエンスの熱心な信徒だが、柔軟な考え方をする人物なので長老派とも折り合えると説明している[431]。その結果、エドウィンの両親もハルとの結婚を容認した。

エドウィンとハルは世田谷区役所にて1月5日に入籍の届けを出し、そのまま同居した。先述の1月2日付の両親への手紙の中で、

彼女(ハル)は40歳。かわいらしくはないが、淑女だ。

と書いており、惚れたようすがわかる手紙の一説がある。エドウィンからすれば真実の愛だったことは疑いがない。一方、ハルに関して同様な手紙による証

拠を出すことができないが、上坂のインタビューに答えて、天ぷらそばを食べましょうと誘って、説明しなくても間髪をいれずにそうしようと答えが返ってくるエドウィンに安心感を感じたという一節がある。日本のことがよくわかっていて、しかも当時の日本人男性になく、しかし自立した女性としてハルが求めていた女性を自分と同格の人格として見ようとする意識に満ちているエドウィンを愛したと断言できる。1956 年 2 月 4 日に、二人の結婚式が青山のハルの実家で開かれた。外国人記者クラブの面々、東京女子大学の高木貞二学長（当時）、家族や桑原モトなど 40 人ほどが出席し、ハワードが兵庫から駆けつけて司式した。ハワードは夜行列車で上京し、宿泊なしにまた夜行で帰る強行軍だった。結婚式が終わると、二人とハワードが記者会見をして新聞の話題となった。翌週には東京女子大学で二人の結婚披露パーティが開かれた。

　結婚と同時にハルは『サタデー・イブニング・ポスト』記者を辞職した。6 月には神戸から船でアメリカに帰国することとし、関西学院大学宣教師館に住むハワード・グエン夫妻宅に 1 泊し、旧交を暖めた。翌日貨物船佐渡丸に便乗し、アジア各地、スエズ運河を経由してオランダ・ロッテルダムまで 53 日間の長旅をした。ヨーロッパ各地をレンタカーで旅行した後、ロッテルダムからふたたび船に乗り、ニューヨークに 9 月初旬に到着して、ハルは「婚姻ビザによるアメリカ移民」を許可された。船中で書きためた記事を『サタデー・イブニング・ポスト』に投稿し、11 月 3 日号に「二つの世界の中での私の人生」と題して掲載された[432]。翌年夏には、ハルがミシガン州のライシャワー家別荘で親族一同に紹介され、ライシャワー家の一員として認められた。さらにエドウィンとハルを 3 人の子どもの養父母とする養子縁組がおこなわれ、ハルは実母として扱われた。移民 3 年後の 1959 年 12 月には、ハルはアメリカ国籍を取得した[433]。こうしてハルは大学教授の妻として、母として、アメリカ人としての中産階級の平安な人生を歩むことになった。

　そんなハルがアメリカの代表として日本に赴任すると考えていなかったのは、エドウィンに対し大使就任の打診時に猛反対したことからわかる。ハルは日本で元老の孫として注目を浴び、ジャーナリストという職業婦人の代表格として一人で過ごすよりも、妻・母として平凡な日々を送り、子育てをするほうが望ましかった。だがハルは活動的で、夫の燕京研究所長としてのアジア訪問に備

えて、ハーバード大学で朝鮮語を学習し、韓国訪問時に支障がないようにと準備していた。それが功を奏して韓国ではよい待遇を受けたのだが、あくまで「内助の功」だった。

第5節　グエンの戦後日本

　一方、グエンもやはり戦後日本での生活を楽しんだことが、残された手紙類から推測できる。1960年にハワードが関西学院大学を辞任するまで、本国活動期間を除いて、グエンも兵庫県西宮市の関西学院大学の宣教師宿舎に住んでいた。彼女は関西学院中高等部の非常勤講師として英語を教え、カナディアン・アカデミーの非常勤講師と理事を兼務した。カナディアン・アカデミー理事長を2年間務めた。
　グエンは当時としては最新の教育学理論を身につけており、子どもの育て方も自立を尊重するやり方をとった。1950年にカナディアン・アカデミーに入学した息子ダニエルが、満12歳になり、カナダの法律では保護者の同伴なく外出可能になると共に、外泊さえせねば自らの判断で繁華街に遊びに出かけることを許可している。息子ダニエルは実際に大阪の梅田で遊んで、終電に乗って自宅に帰ったことが何度もあったが、両親からの小言は一度もなかったと証言している[434]。逆コースの中で再びうつ病になったハワードと違い、グエンは1950年代も前向きに活動した。グエンの手紙の宛先は、両親の死去と子どもたちがアカデミーを卒業してトロント大学に入学したのに伴い、3人の子どもたちやハーバート・アイリーン夫妻に変わった。やはり日本での人生を楽しみ、日本が着実に発展していることや教えている生徒たちの成長ぶりをつづっている。
　1950年代のグエンの手紙群でやはり特筆すべきは、エドウィン・ハルの結婚を記した喜びの手紙[435]と、ハーバート自殺に際してマッカーシズムに対する怒りをつづった手紙[436]である。グエンにとってもエドウィンは旧知の人物だったし、ハルは当時の日本には珍しい活動的女性だったので、二人は似あいとグエンに映ったようすだ。グエンはハルと会った際に、彼女が自立した女性であると思い、エドウィンはよい女性とめぐりあったと記す。一方、ハーバー

トの自殺に際しての手紙では、自殺願望が高まったハワードを必死に支えた様子が読み取れる。義理の弟の自殺であり、彼女自身も落ち込んだが、落胆のようすを手紙にはそれほど表してはいない。むしろ彼女はハーバートにかけられた共産主義のスパイ嫌疑が不当であり、マッカーシーら赤狩り人士の反共主義は狂信的で、彼らこそ西側社会の「自由」を侵害すると論難した。

　1961年のエドウィン・ハルの駐日大使としての東京駐在は、もちろんグエンにも大きな喜びだった。グエンは1年間の本国活動のため、1960年春から1961年6月までトロントで過ごしており、7月に日本に戻ってきて夫とともに松本で開拓伝道をはじめた。66年までのグエンのエドウィン・ハル夫妻との交流については次節で述べることにする。1963年には開拓伝道の地に選んだ塩尻に移り、自宅で小さな聖書研究会をはじめた。関西学院大学時代と違い楽ではなかったが、相変わらず彼女の手紙は前向きのトーンを崩していない。1964年までカナディアン・アカデミー理事を務めて退任し、64年から2年間は国際宣教協力会（IBC）と日本基督教団宣教協力会（COC）のカナダ合同教会代表理事を務めた。グエンは関連行事で忙しく日本中を飛び回った。家族にあてた手紙で、1965年4月には日本基督教団の研修会講師をエドウィンが務めて、「日本のアジアにおける役割」について話したこと、ノーマン家とライシャワー家の「コネクション」の意義について語っている[437]。両家の長年の交友が実った時代だった。

　1967年には開拓伝道の成果が出て、塩尻アイオナ伝道所が設立した。伝道所と幼稚園、塩尻市郊外には宿泊研修施設を伴った[438]。ハワードが初代主任担任教師に就任し、グエンは牧師夫人として、信徒代表として教会員たちをリードした。ハワードは60歳を超え、カナダの年金受給開始の65歳をめどに隠退することを検討しはじめた。神学校卒業以来ハワードはずっと宣教師として勤めてきたし、ピアソン政権下で老齢年金はさらに充実したものとなり、カナダでの隠退生活は贅沢さえしなければ十分なものとなるはずだった。その年金支給開始は1971年に迫っていた。1971年6月、ハワードは塩尻アイオナ伝道所を辞任し、後任には日本人牧師が就任した。伝道所と幼稚園は教会所有となり、郊外の宿泊研修施設は「ノルマン館」となった。ハワードとグエンは惜しまれながら日本を後にした。カナダに戻った後は合同教会資料館での日本宣教

第4章 妻たちの人生―苦しみと喜び

関連文書の整理という新しい仕事が待っていた。

第6節　両者の喜ばしき日々――ライシャワー大使の時代

　エドウィンの大使就任に伴って、ハルと末娘ジョーンも1961年4月19日に東京に到着した。ハルは大使夫人として、それまでにない活躍を日本で繰り広げることになる。ハルは、就任が正式決定した翌日には、700ドルで新しいドレスを買ってきた。夫妻の大使時代の公式写真を見ても、職業外交官夫人に劣らない衣装を着ており、一民間人時代とはくらべものにならない。彼女が覚悟を決めて立派な大使夫人として活躍する準備をしたことがわかる。ハルはなぜ当初反対したのか。彼女はジャーナリストとして権力の動きをチェックする立場にいた経歴をもっており、日本共産党指導者に取材をおこなったりし、マッカーサーの作成した共産主義同調者リストにも載っていたとされる。FBIによるハルの身元調査も厳重をきわめた。また彼女はスウェーデン公使館在勤体験をもとに、外交官を時代遅れの儀式をおこなう退屈な官僚たちと見なし、外交官の妻にはけっしてならないと考えていたとNHKの取材に答えている[439]。

　そのうえ日本人である自分がアメリカ大使夫人として赴任すれば、日本人側からも日本に駐在するアメリカ軍人家族からも嫌われるかもしれないと考えた。実際に赴任してみると、ハルの役割は過去の大使夫人を大きく超え、マンスフィールドが言ったように「大使を二人派遣したようなもの」となった。ハルの秘書が公費で日本人とアメリカ人の二人用意され、ハルの専用車と運転手が用意されたことにも、その役割の大きさがしめされている。ハルはエドウィンと同じく、それまでの権威主義的な大使像を打ち払うことに尽力した。エドウィンは東京の館員たちと、日本人・アメリカ人を問わず全員と面会した。ハルはさらにアメリカ人館員の夫人たちや日本人を含む全女性職員650名とコーヒー・パーティをした。その結果大使館の士気が上がり、職員が新大使夫妻のもとに結束した。さらにハルは各界日本人女性の代表者との面会を積極的におこない、またエドウィンとともに日本各地をまわった。ハルに対する歓迎ぶりはエドウィン以上だった。ハルの発案で、日本人女性の代表者たちをアメリカ政府の招待で自由に視察する文化交流プログラムが出来、女性政治家、労働運動

家、ジャーナリストらがアメリカを視察した。海外渡航が制限されていた当時の日本では、このプログラムのもった役割は大きく、日本の女性リーダーたちが親米感情をもつのに一役買った。

一番懸念したアメリカ軍人家族からも「日本でのファースト・レディ」として歓迎されたので、ハルはスムーズに仕事を進めることができた。それに加えて公爵の孫として日本の皇室・上層階級やジャーナリズムの世界に広がった情報網は、エドウィンが業務を進めるうえでも力になった。日本人閣僚のアメリカ訪問時、最初はエドウィンだけが同行したが、その際にエドウィンはハルの重要性を国務省に説き、二度目の夫人同伴での首相・閣僚の訪米の際からはハルも同行した。ここでも「二人目の大使」としての役割をハルがはたすようになっていた。当時の「ライシャワー人気」は大変なもので、各地で元首級の対応を受けた。1960年代前半に外国元首が日本の地方を訪れることはなかったので、人々の歓迎の嵐は尋常ではなかった。ハルはさらに各地で講演する機会が増え、1964年には『朝日新聞』に「ステンドグラス」という連載を書いた。夫妻でテレビ出演する機会も多く、多忙をきわめた。しかし、その結果として日本に親米感情が増大し、「損なわれた対話」が修復されたので、十分に報われることがらだったと言える。

一方、グエンも夫妻の活動を喜んでいた。宣教師の息子という立場もあって、エドウィンは日本キリスト教協議会や日本基督教団などの研修会講師を何度も引き受け、日米問題や日本がアジアではたすべき役割などを講演している。グエンは何度もそのような場で顔をあわせ、私的に会話する機会もあった。グエンにとってエドウィン・ハル夫妻はどのような存在だったのだろうか。夫の弟ハーバートの非業の死から4年、まだ心の傷は癒えていなかった。弟同然のエドウィン・ハル夫妻の日本での活躍ぶりと人気ぶりを喜び、ハーバート亡き後の心の傷を癒した可能性が高い。

第7節　ハル——ケネディ時代の終焉とつづく苦悩

エドウィンと同じく、ハルの高揚した気持ちもケネディ大統領暗殺で暗転した。暗殺当日はNHKがケネディ大統領の衛星中継放送を見る夫妻を流し、そ

第4章 妻たちの人生―苦しみと喜び

の後にエドウィンのコメントが入る予定だった。そして翌年2月予定の大統領訪日のため、ハルは大使公邸の模様替えなどをはじめていた。レセプション・ルームの敷物を東洋的な模様の柄に変え、大統領夫妻を喜ばせようと準備をはじめたばかりだった[440]。その中での悲報であり、大使一世一代の仕事である大統領訪問が消え去った。

後任のジョンソン大統領には早い段階でハルは嫌悪感をしめし、エドウィンに早期辞任を訴えた。さらに64年3月におきたエドウィンの刺傷事件で、ハルは完全に打ちのめされ、うつを発症した。エドウィンの看病に追われた夏までは気丈にしたが、一通りの回復を見せた秋からは調子を落とした。アメリカのベトナム介入本格化の中で、本音を言えない立場のエドウィンをハルは見て、ますます辞任を促した。さらにはジョンソン大統領の行動にも腹を立て、彼のようなテキサス流の粗野な人物のもとでアメリカ代表を務めることはできないと主張した。結局、エドウィンは日本大使を1966年8月に辞任した。大使在任中に持ち家は売り払っており、帰る家はなかった。休暇中のガルブレイス夫妻の家を借りて家探しをしたが、二人とも気に入る家は見つからず、9月からはベルモントの借家に住んで町内に新しい家を建てた。現在講談社インターナショナルが所有する旧邸は、1967年7月に完成した。1988年にカリフォルニアに引っ越すまで、夫妻が住んだ家である。付近は大ボストン都市圏の有名研究者が住む地域で、公立高校のレベルも高い。エドウィンの自伝によると、テニスのダブルス試合をした際、自分以外の3人がノーベル賞受賞者だったこともあった[441]というレベルだ。

自宅は森の中の細い二車線道を走って着く場所で、都心サイドから入る交差点ではこの奥に住宅街があることが想像できない[442]。森に囲まれており、日本庭園を見晴らす南向きのリビングがある。現在は、生前の夫妻がこの家で撮った写真が随所に飾られ、その中には訪問当時の1987年10月には皇太子・同妃だった現天皇・皇后の写真もある。裏庭は州の保存林につながり、春から秋にかけてはゆっくりと散策できるが、冬の寒さはきびしい。エドウィンの旧書斎は記念室になっており、エドウィンの生涯を彩る主要な記念品が飾られている。思い通りの家をつくり、ゆったりとした生活に戻るはずのハルだったが、日本時代の無理からうつ病がひどくなった。ロバート・ケネディの暗殺やベト

ナム介入の深化もあり、日米間の感情の齟齬はしだいにはげしくなった。1970年の大阪万国博覧会の際、夫妻は日本を訪問してエドウィンが講演をした。その帰り道にハルは日本に来たことを後悔し、はげしい倦怠感に襲われたと語る。エドウィンはハルをすぐに家庭医に送り、専門内科での精密検査のあげくに精神科医療を受けた。精神科医からは抗うつ剤が処方されたが、クリスチャン・サイエンスの信仰から薬に頼らないようしつけられたハルには負担が大きかった。結局半年ほどで通院をやめ、エドウィンがハルに割り当てたアジアからの客員研究員のお世話をするうちに、うつは改善していった。こうしてハルは再び元気を取り戻し、孫の誕生などで増えた一族の大奥様として家族を束ねる役割をはたす時代がやってきた[443]。

第8節　ハル——病身の夫を支えつつ、人生を省みる

　1975年2月20日、ハーバード大学での昼食中に、激務をつづけた後のエドウィンが卒中で倒れた[444]。その後回復していったが、エドウィンは言語障害をおこし、とくに日本語を話すことが難しくなった。1980年8月25日にも、激務とテニスをしすぎでケープ・コッド半島の友人の別荘でふたたび倒れ、救急車で半島内の病院に運ばれ、夕方には病状が落ち着いて再搬送され、ボストン市内の大病院での治療に移った[445]。同じような病気は、1983年4月15日にもエドウィンを襲った。東京での青年会議所議席上の講演の後、過労に陥ったエドウィンはふたたび卒中で倒れ、東京大学病院に担ぎ込まれた。数日間の意識不明時に多くの輸血がされ、何とか最悪の事態は免れた。本人の説明によると、アンコールワットの下のお花畑を通った記憶があるというから、臨死体験をし、またエドウィンが東洋思想に影響されていたと考えられる[446]。一通り回復した後、「さらに自分は日米の混血になった」とエドウィンは日本人への感謝のコメントをした。マンスフィールド駐日大使が手配し、何とかアメリカへ帰る飛行機旅行に耐えられる状況のとき、東大病院の遠藤康夫教授（当時）の付き添いのもとでボストンへ戻った。このときの回復は秋までかかった。このようなエドウィンの病気のたびに、ハルは世話をつづける必要があった。その状況はエドウィンが死ぬまでつづき、晩年にはカリフォルニアの自宅近くの私

第4章 妻たちの人生─苦しみと喜び

立病院にエドウィン専用の病室ができたほどだ。ハルの苦労も並大抵ではなかったようすで、上坂冬子の質問にはエドウィンに対する小言も出ている。

だがこのような看護の合間にも、ハルは自分の仕事をすることをやめなかった。ハルは第二次世界大戦中に興味をもった祖父たちの人生に関する研究をおこなうことにした。出版されたのは1986年であるが、本人の証言によると10年がかりの仕事であったとし、着手したのは1976年頃となる。ハルの個人ファイルの中には、公爵松方正義伝の英訳、薩摩志、薩摩実紀の英訳にはじまる一連のファイルが『絹と武士(Samurai and Silk)』の取材ファイルとして入り、これらの本を買ったのは1941年と記されているので、戦前にこのプロジェクトははじまったとも言える[447]。『絹と武士』のタイトルどおり、この中で登場してくる主人公はハルの二人の祖父である。一人は、薩摩の下級武士から明治維新に参加し、首相の座に上り詰めて元老として活躍した父方の祖父松方正義である。もう一人は、群馬から大志を抱いて上京し、東京の商法講習所からアメリカ・ニューヨークに渡り、絹商人として日本の絹貿易の進展に貢献した母方の祖父新井領一郎である。一人は政治の分野で日本の近代化に貢献し、一人は経済の分野で貢献した。祖父二人にはじまる一族の歴史は、日本の近代化がどのような努力のもとで、実際にはどのようにおこなわれたかを映す鏡となるものだった。エドウィンにとっても、この本を手伝うことは、彼の「近代化理論」のミクロ的実証になり、病気から回復するたび執筆指導にあたった。「自分が書いてきたどのような本より、おもしろい」[448]とも述懐している。多少の誇張はあるにしても、マクロ的視点から日本の近代化を論じてきたエドウィンの諸著作には理論的な整合性はともかく、ミクロの視点からの研究にもとづく反論は絶えず、彼の著作を補強するものがハルの著作となったわけであった。

この頃のもう一つのできごととして、夫妻はカリフォルニア州サン・ディエゴ郊外にあるラ・ホーヤに冬場移り住んだ。新しい自宅はハーバードの定年退職を見越し、1978年にハルの発案で買い求めた[449]。ラ・ホーヤには長女アンが住んでいるので、彼女一家が万一の際の介護にも貢献できた。しだいに体が弱っていくエドウィンが、ニューイングランドの冬を避けて引退後の生活をするのにもってこいの場所だと考えられた。さらにエドウィンの妹フェリシアも晩年をロサンゼルスの聴覚障害者専用の老人ホームに入居したので、家族の連

絡にも申し分なかった。ラ・ホーヤは高級住宅街であるので、使用しない夏場の9ヵ月は貸し出し、賃貸収入を得た。引退した翌年の1982年から、ニューイングランドの寒さがきびしい1月から3月までを過ごした。ラ・ホーヤは年中最高気温が摂氏20度台半ば程度で、太平洋に面しているため、夫妻にとっても海を越えたところに日本を臨みながら老後を過ごす場所としてよかった。

1987年は、ハルの言葉を引用すると「人生最高のとき」だった。そしてベルモントの自宅に住む最後の年となった。『絹と武士』と『ライシャワー自伝』の日本語訳があいついで出て、夫妻が自分たちの歩んできた人生を省みる作業が完成した。さらに10月15日には皇太子および同妃（当時、現天皇・皇后）がボストンを訪問し、ベルモントのライシャワー邸に2泊した。皇室とのかかわりが深く、皇族尊崇する気持ちも強いエドウィン・ハル夫妻にとって見れば、最高の栄誉を賜った気持ちだった。夫妻は子ども一家や留学中の甥の助力を頼み接待をやり遂げた[450]。

1988年1月、例年どおりラ・ホーヤに避寒目的で飛んだが、エドウィンの体力の衰えははげしく、4月になってもベルモントに戻ることはできなかった。二人はラ・ホーヤに永住すると決め、ベルモントの家を売却した。幸いにして講談社インターナショナルが買い取り、夫妻居住時の雰囲気をそのまま残してハーバード大学の客員研究員宿舎として提供した。1984年にハーバード大学日本研究所が「エドウィン・O・ライシャワー記念日本研究所」に改称され、1986年にはジョン・ホプキンス大学日本研究所にもエドウィンの名がついた。エドウィンの言によれば、「自分が出入りするより、黒布をかけられた写真が飾ってあるほうが似つかわしい」[451]状態になり、エドウィンは残された時間が短いとますます自覚した。生前から栄誉を受けたので、「葬儀、墓碑銘一切不要」という遺言状を再度夫妻は確認した。エドウィンの著作は自伝をもって終わり、吐血しては意識不明になり入退院をくりかえした。

ハルはエドウィンの介護をつづけながら、『絹と武士』につづく研究を構想していた。それは彼女自身が歩んできた波乱の人生を自伝にまとめることだった。1990年9月1日のエドウィンの死後、その作業は本格化した。同時期にNHKとTBSの共同企画で、夫妻の人生を省みるドラマ『エドとハル』[452]の製作企画がもちこまれ、また上坂冬子のハルの伝記作成に伴うインタビューも

はじまった。ハルはそのような必要性にも駆られて自伝を書き綴った。できるかぎり客観的に、自らを取り巻く歴史環境とその中で生きる一人の女性としての人生を省みようとした。自伝は、戦後のジャーナリストとして活躍した1952 年まで書き進んだところで終わっている[453]。だが 1994 年 5 月にワシントンでの天皇皇后との面会を急遽キャンセルして自宅に戻った直後にハルは倒れて意識不明となり、その後一進一退の状況がつづき、自伝は未完に終わった[454]。残されている草稿の流れからして、「エドとハル」や上坂冬子の伝記に近い構成になったとが想像される。ハル・松方・ライシャワーは 1998 年 9 月 24 日に入院先で亡くなった。享年 83 歳だった。

第 9 節　グエン——宣教師退任後の新たな仕事、歴史編纂とその後

　グエンは 1971 年にカナダに戻ったが、まだ元気であった。彼女は、トロント大学ビクトリア・カレッジ付属カナダ合同教会資料館の嘱託として、日本宣教関連の史料整理にあたった。グエンが始めるまでに日本宣教関連ファイルは 19 世紀分は整理されていたが、20 世紀部分はほとんど手がつけられていなかった。グエンは、宣教本部に送られた宣教団書記からの公式書簡類と個人的なファイルを分け、さらに合同教会発足前と発足後に分けて史料整理をおこなった。現在残っているファイルはこの形で整理されており、とくに合同教会発足後の大半はグエン自身が関わったこともあって、詳細な目次がつくられた。その整理の密度は、ほかのファイルとくらべると実に詳しい。グエン以外の名前がついた日本宣教団関連部分はかんたんな目次だけで、内容は一つ一つの手紙を繰りながら探すしかない。もちろん手書き文書が多い。それに対して、グエンがつくった詳細な目次には、人名や項目名がとりあげられており、目次を見るだけでカナダ合同教会宣教団の活動状況が分かり、通時的状況を把握しやすい。目次を参考にしながら合同教会宣教団の関心をたどると、教会・学校・諸団体などの直接関わる団体だけでなく、日本の政治・経済状況に関しての報告もたくさん存在する。とくに 1930 年代になると日本政府が宗教や学校などに対して少なからぬ統制を加えるようになったため、政治家の活動や考えなどに対するコメントが書き込まれた手紙が宣教本部宛に送られている。墨で消され

た部分はないが、検閲され、監視対象になった可能性はある。1941 年以降の対日開戦前後から、カナダ日本公使館の送っていた公電と合わせると、このような宣教団や宣教師のファイルを必要に応じて調べ、宣教師たちに日本情勢を聞くことで、対日政策を立てるのに役立てたろうと推定される記事も少なくない。とくにピアソンは親が牧師だったので、合同教会の報告書へのアクセスは容易であった。多くの宣教師や宣教本部責任者が現役の時代には、とくに索引がなくても必要な報告類を引き出せたが、1970 年代には宣教師の多くが死去ないし引退したため、未整理の書簡類を放置しているとどこに何が書いてあるか不明になる可能性があった。グエンは自らが生き字引として、整理したことで今でも大きな便宜がはかられている。

さらに彼女の整理の仕事から派生した著作として、1981 年に出された『1873 年から 1973 年、日本での 100 年——カナダ・メソジスト教会およびカナダ合同教会の日本宣教(One Hundred Years in Japan, 1873-1973——Mission Movement in Japan by the Canadian Methodist Church and the United Church of Canada)』がつくられ、合同教会資料館に未出版コピーが残されている。カナダ・メソジスト教会が最初に日本宣教師を派遣した 1873 年から、合同教会が日本宣教取りやめを決定した 1973 年までの 100 年間を、カナダのプロテスタント教会による 100 年の宣教運動史としてとらえ、どのような宣教活動がおこなわれたかを詳述している作品である。個々の論点に関しては、グエンの出している結論と私の考えは違う。それはあくまで宣教師という視点から宣教活動の成功の是非を論じているグエンと、歴史へのインパクトからどのような宣教活動がありえたかを考える私との視点の違いが大きい。さらに私は日本語史料を十分に用いて、日本人キリスト者の活動に関してかなりの知識を得ることができるため、グエンの視点は、ややもすれば日本に近代化をもたらしたのは欧米人の力で、自発的な発展は難しかったという誤解を招きかねない面がある。実際にグエンの本を下敷きにしたカナダ人による研究[455]では、日本人は近代化が自発的にはできない人々であり、すべて欧米人の指導によって近代化に成功したかのような感を受けてしまう部分もある。

　大学院修士課程で歴史学を専攻したとはいえ、グエンの歴史学知識の多くはヨーロッパ史であり、日本近代史に関する知識はハーバートやエドウィンを通

第4章 妻たちの人生―苦しみと喜び

しての限られたものであった。日本史家であるシリル・パウルズの指導があったが、パウルズ自身が史料整理や100年史執筆へ直接関わらなかったので、多くの仕事はグエンに委ねられていた。そのような中で今残されている史料整理と100年史の執筆をおこなったことは、引退後の仕事としては評価に値する仕事であり、長い宣教師時代と同じくらいに重要だったと考えられる。グエンはこの仕事を1988年までつづけ、日本宣教団関係の書類を現在見る形に完全に整理し終えて引退した。

　一方、一教会員としてのグエンは、ハンバークレスト合同教会で世話を焼く引退宣教師であり、また一市民としては平等を求めて政治的・社会的に行動する人物であった。日系人強制収容に関する政府の謝罪と賠償を求める運動では、夫ハワードとともに中心的な活動家の一人でありつづけた。1988年9月にマルルーニ首相（当時）が公式謝罪したのを、彼女は聞くことが出来た。さらに移民政策の変更によって、トロントに増えた新移民のお世話、とくに日系移民や留学生の世話にも熱を上げた。さらに父の伝記と自伝を書いた[456]。個人的には明るい調子を引退後も崩してはいない。政治的には夫と同じく新民主党を支持し、連邦議会、州議会、市議会選などのたびに新民主党の支持を訴えて回ったと息子ダニエルの弔辞[457]にある。夫妻の考えでは新民主党だけが一貫して戦争反対、差別反対、市民生活の向上に貢献してきた信頼できる政党であった。他のどの党も状況に応じて主張を変え、支持できない政党ばかりであると考えた。

　1990年代後半になると病気がちになって一般的な活動は難しくなったが、政治活動は最後まで止めなかった。2002年のオンタリオ州議会選挙のときも、新民主党にふたたび政権を与えるべきだと訴えてまわった。結局新民主党は連邦議会では少数政党のままで、州議会では一期だけの政権獲得で、トロント市長選で新民主党候補が当選したのは彼女の死後だった。2003年2月、グエンは93歳で亡くなりハンバークレスト合同教会で葬儀が営まれた。同年7月にはハーバートの妻だったアイリーンも94歳で死去した。こうしてノーマン家とライシャワー家の第2世代もすべてこの世を去った。第3世代には両家とも日本と直接関わる者は出ず、両家の100年以上にわたる公的な日本との関係も終わった。

終 章
結論と今後の課題

第1節　ノーマン家とライシャワー家の相互影響

　前章までに述べてきた内容でわかるように、ノーマン家とライシャワー家の相互影響は、これまで私たちが考えていた以上に深かったことが判明した。その影響は彼らを取り巻く日本、韓国、アメリカ、カナダ、ヨーロッパの人々との相互影響とあわせつつ、彼らの考え方、行動パターンを規定した。

　父親どうし、ダニエルとオーガストのあいだでは、年齢的にも経歴的にも先輩格のダニエルがリーダーシップを取り、相互影響しものと考えられる。ただし、学問研究の分野にはオーガストが従事し、ダニエルは直接宣教にたずさわる人物でありつづけた。だがダニエルが実際に善光寺の門前町という環境で、どのようにキリスト教の教えを伝えようとした「具体的な努力」や、オーガストを含めた知的活動に従事する宣教師たちへの影響は、今回史料を読んで分析しても十分に解明できなかった。今後の課題となろう。東京そのものは20世紀に入った頃には十分世俗化していた。オーガストが単独に、仏教や神道の日本人の心性への影響を見出したとは考えにくい。日本人キリスト者の宗教観や、地方在住宣教師らの日本人の心性理解を聴いた上で、長老派の教義宣教から大きく転換し、仏教研究にまい進したり、日本人の宗教観と共存する形で「キリスト教的倫理・生活の宣教」を模索する立場に変わるのに影響した可能性がおおいにある。これをどう分析するかは、この頃同じように仏教や神道研究にまい進した他の宣教師らの考えの変化とあわせ、さらに今後分析していく必要がある。

　ダニエルは地方で直接宣教にたずさわり、オーガストは学校で研究・教育にあたり、おたがいの経験や知識を相互にフィードバックしあった。そういう意味で相互補完的である。二人のあいだやそのまわりの状況をあわせて、避暑と情報交換を兼ねていた軽井沢での活動がどのような意味をもっていたかを、今後さらに検討していきたい。

　両親の相互補完的な役割をそのまま受け継いでいったのが、兄たちであるハワードとロバートであった。ハワードは親ゆずりの直接宣教活動に従事し、その中から見える日本社会の問題点を解明しようと努めた。一方ロバートは日本

終章　結論と今後の課題

社会の問題点を知り、研究者としてそれをより深く追求しようと努力し、そして軍国主義に流れていく日本の問題点をはっきりと指摘した。この二人の関係は、ロバートが30歳の若さで死に遭遇しなければ、両親たちが経験したように、より深く、より広い形で相互補完する関係になる可能性が高かった。ロバートが最後に残した『日本——政府と政治』の完成度の高さを見ても、ロバートの早世は惜しまれる。彼が存命すれば、北米の日本近代史研究は違った形で進展し、対日占領政策に関しても細かな点で違う方策が打ち出された可能性がある。いずれにせよ、日本近代史分析に多様性が進んだと考えられる。さらにロバートの重要な情報源の一つがハワードであったので、ハワードは実践をより深めるためにも、ロバートの考えを利用することができたであろう。

　ロバート亡き後のハワードは、さまざまな不幸に直面しながらも長い人生を実践活動に捧げた。戦前の日本での孤児救済活動、戦中のカナダでの日系人強制収容反対運動や日系人超国家主義者摘発、戦後の大学での教育実践や芥川龍之介の紹介、開拓伝道のどれをとっても、良心的実践活動として特筆に値するものである。父ダニエルと弟ハーバートに挟まれて、ハワードの実践活動とそれから生まれた国家神道や仏教に対する造詣は、一般社会からはほとんど知られないままに今日まで過ぎてきた。しかし、今回分析した結果、弟への影響も含めて、兄ハワードを知ることなくしてノーマン家とライシャワー家が日本と北米社会にもった影響力を理解できないと断言できる。ゆえにハワードの人生はもう一度顧みられ分析される必要がおおいにあるといえる。

　さて、弟たちに移ろう。ハーバートとエドウィンは一見対照的に見え、彼らの関係は彼らの著作を読むだけでは理解不能である。しかし、子ども時代から長く交流していたのを見ると、二人がおたがいに心を許しあい相互に理解しあって日本史研究を進めていたとわかる。ハーバートは日本近代史の専門家として立ち、その背景にはヨーロッパ古典と歴史研究の深い理解があった。逆にエドウィンは日本古代史の研究者であり、父ゆずりの仏教研究の遺産を存分に活用した。これまた実際はかなり相互補完的な立場にいた人物である。だが二人の関係も、「戦争」の高波が襲ってくる中で厳しい時代を生きた。ハーバートは学究でありつつ外交官となって自分の理論を実践する道に入った。そして若い時代にマルクス主義者に影響されたように、父ゆずりの人々への愛を彼なり

に実践しようとし、その中で自らの学問の成果を生かそうとした。その姿を尊敬しながら、エドウィンは学者一筋で生きようとした。だが第二次世界大戦に入っていく中で、エドウィンも単なる学究であることは不可能になり、自らの学問で国家に貢献することが求められた。エドウィンは日本研究を軍人たちに教育し、自らも暗号解読部隊を指揮することで実践活動をおこない、彼なりの「日本民主主義の再生」に努力した。

　第二次世界大戦後の対日占領政策の実行という場面では、ハーバートもエドウィンも学問的知識をおおいに生かして、実践に結びつけた。しかし冷戦の勃発による日本の反共のとりで化によって、彼らが良心的な学究でありつつ実践することは困難になった。エドウィンは学究に戻ることで時代の荒波をなるべく避けようとしたが、それでも共産主義に甘いと保守派から批判された。外交官をつづけて実践活動を続けたハーバートは荒波を受け、最期は悲劇的な死を遂げた。しかもその死の原因は、ハーバートがすでに見捨てていたマルクス主義者疑惑であり、ソ連のスパイ疑惑その他であり、彼の理論に対しての本格的批判ではなかった。現在の私たちから見ると、ハーバートはなぜ荒波を正面から受ける道を選んだのか、学究となって荒波を避けえたのではないかと考える。しかし、彼が尊敬する先輩であり、上司であるピアソン外相自身がこの状況に敢然と立ち向かっており、ハーバートは自分が先に逃げ出せないと感じた。カナダは国際政治の荒波の中できびしい舵取りを求められた。当時は完全に味方でない者を敵呼ばわりし、抹殺した疑心暗鬼の状況であった。それでもカナダ外交は良心的であることを標榜し、国際社会の中でおたがいの相互理解と共存をめざしていた。その結果としてハーバートは自殺に追い込まれた。当時のきびしい状況の中での犠牲者だった。

　エドウィンは重要な友を亡くしたが、その後に彼自身が自らの学問を実践に生かす場を与えられたのが、ケネディ政権期の駐日大使であった。日米の「イコール・パートナーシップ」に向かって活動し、彼は自らの学問が実現していくことを喜んだ。だがケネディ亡き後、彼の実践にはかげりが出た。さまざまな障害がつづき、それがおさまった1970年代後半になると、エドウィン自身の宿痾が募ってきて、自らの実践をおこなうことも、学問的成果を集大成することもできなくなった。それでもエドウィンは自らの学問の成果が少しでも実

終章　結論と今後の課題

際の用に役立ったのを見て、満足な人生であったとする。だがエドウィンはそれまでの活動の結果「アメリカ国策の代弁者」として日本で見られ、エドウィン本来の意図は誤解されて日米の歴史研究者どうしが相互批判をした。その時エドウィンは、ハーバートが本来両者をつなぐ橋となるはずだったと、ハーバートの喪失を惜しむことになった。その意味で、ハーバートが早世したこともまた、兄たちの場合と同じく日本と北米の関係構築の損失となった。

さて最後に、両家の女性たちのことを考えねばならない。同じ良家の出であり、人々に深い愛情を注ぐ立場が一致し、グエンとハルは仲よしであった。だが、これは大人になってからのもので、ハワードとロバート、ハーバートとエドウィンのような子ども時代からの長く深い関係ではなかった。しかし彼らは彼らで、ノーマン家とライシャワー家の関係に大きな影響をもたらした。

グエンの場合は父から受け継いだ英連邦社会での人間関係であり、キリスト教界内での人間関係である。そして社会主義の影響を受けたノーマン一族が、ものごとを深刻にとらえて鬱的状況に陥りやすいのを、彼女の明るい側面を見る力で救っていた。それがノーマン家の危機を何度も救っていったと考えられる。グエンはまさしくノーマン家の精神的な主柱になっていた。

一方ハルは、敬虔なクリスチャン・サイエンスの信徒であり、元老の子孫として日本の上流社会に大きな人脈をもっていた。エドウィンと結婚して、日本の上流・知識人社会とアメリカ民主党系の上流・知識人社会が縁戚関係や友人関係になり、相互理解を促進した。彼女がもちこんだ人間関係とその人々の考えをさらに調べれば、エドウィンをはじめとしたアメリカ社会のリーダーたちに与えた日本像も明らかになるだろう。そのことがエドウィンが目標にした日米の「イコール・パートナーシップ」にどのように影響したか、今後さらに検討していくことが必要になる。

ハルのキリスト教信仰も、今後私たちが日本像を再構築する中でもう一度顧みられるべきだと考えられる。ハルの周囲にキリスト教諸教派の関係者が多いことを見ても、日本の上流社会、知識人階層におけるキリスト教の影響は無視できない。それが戦後日本の進路を決めるうえでどうに影響していったかを、今後もう一度検討する必要がある。それと同時に、日本におけるキリスト教人口は1パーセントに過ぎないことも考慮せねばならない。上流階級・知識人階

層にキリスト教徒が多いため、日本のキリスト教は社会に影響力をおよぼしてきたが、それはあくまで表面上のことで、多くの人々からはけっして好感をもたれなかった。現在日本が抱えている問題は、キリスト教やヨーロッパの諸啓蒙思想の影響で整備された日本の制度と、日本人一般の考える日本像と齟齬が大きく、「日本の伝統」に立ち戻るべきだという感情を抑える力を十分もちえない。実際には「日本の伝統」のほとんどが明治以降に西洋啓蒙思想の影響を受けてつくられたものであり、けっしして古代からつづいてきた「伝統」ではない。しかし啓蒙思想の側も、あまりに「近代」や「世界的標準」を無批判に受け入れて、説明責任ぬきで日本社会に適用しようとし、現在のような事態を招いてはいないか。キリスト教や西洋啓蒙思想の信奉者の側ももう一度謙虚になり、説明責任をはたしつつほんとうの「日本の伝統」とは何かを探す作業をすべきだろう。その際に「民主的な流れこそが『日本の伝統』だ」と強く語っていたエドウィンの言葉を、もう一度見直す必要がある。

　この項を閉じるにあたって、私は両家の深い関係が日本と欧米との関係におよぼした影響を重視していると強調したい。これがあったがゆえに、日本と欧米とは違う歴史、文化、宗教や思想をもちつつも、相互理解を深めつづけている。私たちは彼らの人知れぬ努力に敬意を払いつつ、21世紀における相互理解のための努力を私たちなりに進めていかねばなるまい。

第2節　今後の課題

　ノーマン家とライシャワー家の日本との関わりを調査してわかったことがらから、私たちはどのようなことを今後検討していくべきだと考えられるか。以下何点かを例示したい。
　まず第一に、彼らを揺り動かした当時の国際政治との関連をもっと検討する必要があろう。1930年代にはダニエルやオーガストはすでに高齢で、国際政治に翻弄される立場にあった。一方、子どもたちはまだ若く、国際政治の影響は受けてもその流れをつくるには役不足であった。彼らが国際政治を自ら設計する立場になったのは第二次世界大戦後であった。ハーバートはすぐに占領軍のスタッフ、外交官として日本占領政策の設計者となった。だが自由に設計で

終章　結論と今後の課題

きた期間は短く、逆に彼は共産主義シンパとして追い詰められ、苦しめられることになった。またエドウィンも第二次大戦直後には国務省スタッフとして、1960年代初頭には駐日大使として国際政治に関わることができた。だがエドウィンが思いどおりに関わることのできた時代も意外に短く、1963年11月のケネディ大統領暗殺を境にして政治に翻弄された。

　彼らの語っていることや考えていたことを聞くかぎり、設計者としての基本的方向は確かだったと考えられる。だが時代は彼らのプランを十分活用しなかった。冷戦のせいもあるが、冷戦はなぜ彼らの設計をつぶす方向に進んだのか。一般的に言えば、共産主義への恐怖のあまりに、少しでも共産主義的なものに理解をしめす人々を同調者として迫害したとなろうが、はたしてそれだけの理由なのであろうか。この点については、冷戦期の文書公開がまだ少なく、また公開されても削除された箇所が多いためにいまだ容易に結論づけられない。しかし情報公開法を用いてねばり強く公文書の公開を求めることは可能である。また私的文書の中にこの問題に関して示唆するような箇所が少なからず存在するので、それと組みあわせて、答えに迫ることも可能である。こういう問題に関して、今後もっとたくさんの人が関心をもち、調べたり論じたりしていくことが必要である。とくに現在はテロや宗教戦争等が発生し、冷戦期初期と似た恐怖感に人々がとらえられている。その恐怖感を実際の脅威と安全な状態とに明確に区別する知恵を得るため、今後私たちがさらにこの時代を研究するべきだ。

　第二に、ノーマン家もライシャワー家も日本のキリスト教徒、上層階級の人々と深い関係をもち、彼らから貴重な情報を得ていたことが、今回の研究の結果、解明できた。そしてその情報が第二次世界大戦期の日本研究に生かされ、欧米の上層部に伝えられたため、日本が野蛮な国と断定されず「民主主義の復活強化」という穏和な改革に進んだ。占領軍は日本の親英米派や民主主義的な改革に協力的な人物たちをあらかじめ特定し、彼らを用いることで戦後日本の占領政策を円滑かつなるべく日本人の自主性を重視して進めることが可能になった。当時自前の統治機構が崩壊していたため、直接占領の形をとったドイツや朝鮮半島が、米ソの対立の結果分断国家になり、長い期間にわたって苦しんでいるのにくらべて、明らかに日本の場合は幸運だった。では、そのような幸

運をもたらすにいたった日本人側の情報網は、どのようなものだったのだろうか。そしてそれがどのようなルートで、宣教師らを経由して欧米の政策担当者にまで届くようになったのか。まだ十分なルート解明がなされているとは言いがたい。キリスト教と歴史学、そして国際政治などに通じ、しかも複数の言語を十分に使いこなす人材の多数参入を切に願う。そのための特別なトレーニング・プログラムも必要とされよう。

　最後に、彼らの研究から今後学ぶべき点を考えてみたい。ハーバート・ノーマンが1940年代に定式化した日本近代化の封建的側面に注目した研究を現在そのまま当てはめても、日本近現代史を実際の状況に即した形で分析することはほぼ不可能だ。一方、エドウィン・ライシャワーの大正デモクラシーを高く評価し、日本近代史の中の「進歩的・近代的」側面に注目するあり方も、日本に新国家主義的傾向が出ている状況の中で振りかえると、あまりに楽観的過ぎる歴史理解と言える。では彼らの見解はまったく顧みられなくても仕方のないものなのか。私はそうとは受け止めない。日本近現代史を見ると、確かにハーバートが定式化した封建的側面もあったし、逆にエドウィンが定式化した進歩的な側面もあった。どちらか一方だけを真理とし、もう一方を無視するのでは、日本近現代史の研究の枠組みがゆがむ恐れがある。第二次世界大戦終結直後はエドウィンがハーバートのスタイルに深く魅了され、日本近代化の封建的側面に強く着目していたことにも留意すべきである。逆に1950年頃にはハーバートが見解を変えはじめており、近代化論的な考え方に一定の理解をしめしていた[458]ことにも着目する必要がある。ここから考えると、日本近現代史を読み解く鍵は、ハーバートとエドウィン双方の見解を総合し、ときには封建的側面が強くあらわれ、ときには進歩的側面が強くあらわれる傾向をもっていると分析するのが、より現実にかなった歴史像を生み出す理論となることがわかる。どのような時点と状況のもとで封建的側面があらわれやすく、どのような時点と状況で進歩的側面があらわれやすいのかを分析していくことが、今後日本近現代史を研究する中で非常に重要な鍵となる可能性を感じる。

　さらに二人の理論は、日本以外の社会の分析ツールとして利用できる理論であると考えられる。同じように西洋の影響を受けその中で近現代の歩みをつづけてきた東アジア・東南アジアの歴史を読み解く際に、重要な分析ツールとな

っている。東アジア・東南アジアの多くの国と地域は現在急速に発展をつづけており、エドウィンの定式化した「近代化論」を実現している地域と一般に考えられる。しかし長年「アジア停滞論」が言われたように、この地域の近代の歩みは停滞や独裁体制、軍事国家などが林立し、近代化とはほど遠い状況がつづいた。その点から検討していくと、近代化論一辺倒で進歩的側面だけを強調してアジアの状況を読み解くと、経済の急成長などが頓挫した折に、民主政治に対するはげしい反動的行動などがあらわれるのがなぜか、読み解けない可能性がある。このことはエドウィン自身も、晩年の著作では「多様性」として認めつつあった。ハーバートとエドウィンの理論を総合すれば、アジアのような後発発展地帯が急速に近代化を遂げる際に、「前近代的側面」があらわれやすい時もあり、「進歩的側面」があらわれやすい時代もあることを論じる必要があろう。そして停滞に伴って独裁や軍事国家が出現することは望ましい事態でないとのコンセンサスが存在する以上、どのような状況の中で停滞がおこれば、独裁や軍事国家が出現しやすいか、民主主義体制を維持しつつ、停滞をも忍耐しながらどうすれば「進歩・発展」を遂げることが可能かかという歴史観をつくりあげることは、これからのアジアの近現代史学および政治学等が課題とすべき問題ではなかろうか。

　そのような意味で見ると、一足先に経済発展を遂げ、近代化を曲がりなりにも完成した日本を歴史研究のフィールドとする研究者がもっとアジア史にも目を向け、欧米史とは違った歴史的歩みを遂げているアジア史の研究理論を形づくっていく必要がある。これまでのタコツボ的な研究から私たち自身が飛び出し、他の地域の言語・文化・歴史を学んで、横断的なアジアの近現代史論を定式化する必要性が今こそ必要とされていよう。

【注】

1 August Karl Reischauer, 'The Study of Japanese Buddhism', New York; 1917.
2 Letter from Edwin O. Reischauer to W. H. H. Norman, Oct. 12,1954. W. H. H. Norman Files, United Church of Canada/ Victoria University Archives, University of Toronto.
3 「ノルマン」は Norman をそのままローマ字読みして表記されたものと考えられるが、カナダ本国での発音に準じると「ノーマン」がより近い表記なので、すべての人物を「ノーマン」で表記する。なお当時のカタカナ表記を見ると、ダニエル、ハワード、グエンは「ノルマン」と自らも記し、ハーバート、アイリーンは「ノーマン」と記していた。
4 岩波書店より 2002 年に出版された。
5 金原左門『「日本近代化」論の歴史像——その批判的検討への視点 増補二訂版』中央大学出版部、1974 年。
6 金原左門『「近代化」論の展開と歴史叙述——政治変動化の一つの史学史』中央大学出版部、2000 年。
7 ロバート・ベラー他著、島薗進訳『心の習慣——アメリカ個人主義のゆくえ』みすず書房、1991 年。
8 マックス・ウェーバー著、岩波書店、1952 年。
9 7 年戦争による北米のフランス植民地の英国割譲が 1763 年におこなわれた後、イギリスはフランス系主体のケベック植民地をどう統治すればよいか、検討する必要に迫られた。フランス系主体の英国植民地を統治するための英国議会法として、1774 年に制定されたのが「ケベック法」である。刑事法はイギリスのコモン・ローを適用するが、民事法はフランスの慣習法を適用すると定め、ケベックのフランス系の伝統保持とカトリック信仰を約束した。
10 カナダサイドでは「1812 年戦争」と称し、アメリカによるカナダ侵略であったと位置づけている。
11 たとえばアメリカの「多国籍軍派遣」にカナダが同調しなかった 2003 年 3 月には、報復措置として相互にビザを要求する事態となり、事実上米加国境が封鎖状態となった。
12 Visit Somerset, England. Daniel Norman's paper. UCA.
13 独立戦争当時、13 州の植民地のヨーロッパ系のうち 15％から 20％程度が王党派だったとされる。1783 年のパリ条約の結果、アメリカの独立をイギリスが認めるにいたって、約 7 万人の王党派がノバ・スコシア植民地やケベック植民地に逃れた。ケベック植民地はこの結果仏系優位の構造が崩れたため、ケベック南部のイースタン・タウンシップを除いて、英系中心の地域をアッパー・カナダ植民地として独立させる結果につながった。現在も王党派の子孫はカナダ各地に在住し、The United Empire Loyalists Association of Canada（カナダ連合帝国忠誠派協会）を結成して活動している。同協会のウェブサイトは http://www.uelac.org である。

【注】

14 Cyril Poweles, Radicalism in the Canadian Context, 'Herbert Norman', pp.21-28.
15 ケベックはイギリスのもとでも宗教・慣習等が保持される「ケベック法」の下、カトリック教会の支配による荘園制度が保持されていた。ケベックが近代国家としての諸制度を作るのは、1960年に「静かな革命」がおこって以来である。
16 イギリスがアッパー・カナダ(オンタリオ)とロワー・カナダ(ケベック)と大西洋諸州に責任政府樹立を認めたのが1815年である。一方、西部地域はカナダ連邦加入を条件として、州政府樹立が認められた。
17 『ライシャワー自伝』によると、エドウィンの父方の祖母は死ぬまでドイツ語しか話せなかったため、エドウィンには彼女の話すことは理解不能だったと記されている。この状況では、ドイツ語が通じるコミュニティの外に出ることは不可能であったと考えられる。
18 『ライシャワー自伝』p.35.
19 『ライシャワー自伝』pp.36-37.
20 1861年生まれ。バプテスト派の牧師となり、1896年から97年にかけてニューヨーク・ブルックリンのスラム街で活動し、社会的福音の理論を構築した。1902年にロチェスター神学校教授となり、1918年の死去まで務めた。主著にChristianizing the Social Order (1912), Christianity and the Social Crisis (1912), A Theology for the Social Gospel (1917) がある。
21 1910年のエジンバラ世界宣教会議で教会各派の一致協力をめざすとした宣言がきっかけとなり、1920年には「教会連盟 (League of Churches)」の構成がめざされるようになった。1938年にユトレヒトで開かれた会議で「世界キリスト教協議会 (World Council of Churches)」の設立が決定され、翌年の会議で1941年に設立総会を開くことが決められたが、第二次世界大戦のために1946年まで中断を余儀なくされた。1948年8月23日にアムステルダムで世界キリスト教協議会の設立総会が開かれ、44カ国の147の教会が参加した。世界キリスト教協議会は教会一致運動が18世紀の世界日曜学校大会にさかのぼるとしている。
22 世界キリスト教協議会宗教研究所は、京都大学教授の有賀鉄太郎の尽力により、1955年に京都に本部を置いた。キリスト教以外の諸宗教の研究をおこなうとともに、仏教や教派神道、新宗教とキリスト教の対話をおこなうための機関として現在も活動している。
23 Census of the Aurora Township, 1851.
24 Daniel Norman files, United Church/ Victoria University Archives, University of Toronto.
25 Daniel Norman, 'Autobiography', Daniel Norman files.
26 Daniel Norman, 'Autobiography', Daniel Norman files.
27 Aurora united Church, History. Aurora, Aurora United Church, 1983.
28 1703年イングランド・エプワース生まれ、1727年にオクスフォード大学クライスト・チャーチ・カレッジ修士。1725年にイギリス国教会助祭となった。1729年にオクスフォード大学リンカーン・カレッジ・フェローとなり、同年に弟チャールズ

とともにメソジスト運動を開始した。野外伝道集会を経て、1739 年にブリストルに独立集会所を建設したのを皮切りに、各地に独立集会所を設置し、しだいに国教会から事実上分離しはじめた。1743 年には現在につづくメソジスト派の教義を制定、1745 年には国教会大主教の許可を得ないでアメリカなどのメソジスト派信徒伝道者を按手し、司祭にした。アメリカでは 1784 年にメソジスト教会が独立し、アズベリーが初代監督となった。ウェスレーは 1791 年にロンドンで死去。

29　Deduction of the Unfinished Autobiography, Daniel Norman's paper.
30　ウッズワースに関する伝記は、またカナダの社会的福音に関するまとまった研究として、Richard Allen, 'Social Passion', 1971. がある。
31　英語を母語としない東欧系、南欧系移民の伝道を目標としており、イタリア語およびウクライナ語での伝道もおこなったため、「すべての人のための伝道所」と言う意味で名乗ったものである。
32　Cooperative Commonwealth Federation と名乗っており、略して CCF と言った。1961 年にカナダ労働者同盟と合併し、New Democratic Party（新民主党）となった。社会民主主義を信奉し、革命によらず、議会政治の下での変革をめざす政党であった。
33　ウッズワースに関する個人ファイルはカナダ国立公文書館に J.S. Woodsworth papers として所蔵されているので、参照可能である。
34　トミー・ダグラスは少年時代にウィニペグに移民したため、1919 年のウィニペグ・ジェネラル・ストライキを見聞している。また牧師就任後の 1930 年にブランドン・カレッジで学士号を取得し、その後マクマスター大学で修士号を取得した。
35　サスカチュワン州時代のダグラスの事績については、http://www.saskndp.com/history/douglas.html を参照のこと。
36　ダグラスの伝記にはカナダ放送協会には動画による紹介もある。http://archives.cbc.ca/IDD-1-73-851/politics economy/tommy douglas
37　1897 年に宣教師であった父ジェームズ・エンディコット（2 代目カナダ合同教会議長、1868-1954）のもと、中国四川省で生まれた。トロント大学で歴史学を専攻し、神学部に進んで 2 代目宣教師となった。卒業後は中国語の能力を生かして四川省に渡り、宣教師として活動した。主な経歴として、四川協合大学英語教授などが挙げられる。また同大学のキリスト教学生運動の顧問を務め、多くの共産主義者青年と近づいた。1938 年に求められて宋美齢のはじめた「前進運動」顧問となるが、そのために国民党の腐敗ぶりを身近に知り、中国共産党に好意を寄せるようになった。第二次世界大戦中はアメリカ OSS（現在の CIA）およびカナダ外務省の諜報員をしていた。1946 年に宣教師を辞任し、カナダに帰ってソ連系の平和運動をはじめた。1952 年にスターリン平和賞受賞、1956 年にカナダ合同教会牧師資格停止となり、1981 年に復権されるまで牧師としては活動できなかった。1983 年に中国人民栄誉賞を受賞し、1993 年に死去した。伝記として Stephen Endicott, 'James Endicott-Revel Out of China', Toronto; University of Toronto Press, 1981. 拙稿, 'Dreams for Missionaries, Realities for Diplomats', " Historical Papers, Canadian Society of

【注】

Church History 2001" がある。
38 Official Transcript for Daniel Norman. United Church/ Victoria University Archives.
39 ビクトリア大学と州立大学を連合させるのに顕著な功績があり、連合後のトロント大学をリードしたナザニエル・バーワッシュの日記を読むと、毎日の祈りが書かれており、大学運営の問題などは一切書かれていない。
40 Letter from Daniel Norman to Herbert Norman, July 11,1927.
41 経済学の評点は1年次61点、3年次74点である。
42 拙稿「C・S・イビーのキリスト教主義大学構想」、1992年。
43 日本基督教団本郷中央教会編『本郷中央教会百年史』本郷中央教会、1991年。
44 『弓町本郷教会百年史』日本基督教団弓町本郷教会、1987年。
45 日本基督教団東海教区歴史編纂委員会編『東海教区史』日本基督教団東海教区、2003年。
46 ハワード・ノルマン『長野のノルマン』福音館書店、1965年。
47 新堀邦司『海のレクイエム——宣教師A・R・ストーンの生涯』日本YMCA同盟出版局、1987年。
48 同上
49 同上
50 日本基督教団岩村田教会編『岩村田教会百年史』日本基督教団岩村田教会、1999年。
51 1888年徳島県鳴門市生まれ、神戸神学校、プリンストン神学校卒業。1909年より神戸のスラムで活動し、その体験をもとにした小説『死線を超えて』は空前のベストセラーとなった。キリスト教社会主義者として1919年の神戸製鋼の大争議を指導、翌年の労働組合友愛会設立に関与した。1923年の関東大震災を契機に東京に本所セツルメントを設立、以後東京で活躍。数々の教会、労働組合、日本社会党、農民運動、生活協同組合運動などの設立に関与。1945年には東久邇宮内閣参与として、マッカーサーとの連絡役を務める。『賀川豊彦全集』24巻があり、著述家としても有名。1960年死去。
52 『ライシャワー自伝』pp.34-35.
53 『ライシャワー自伝』p.35.
54 ジョーンズボロ町中心部北側には、リンカーンの第3回討論会開催を記念した「リンカーン記念公園」が存在し、また街の中にはリンカーンの肖像があふれているなど、この街とリンカーン大統領選出との深い役割をしめす史跡に恵まれている。
55 『ライシャワー自伝』p.35.
56 『ライシャワー自伝』pp.35, 37.
57 『ライシャワー自伝』p.35.
58 ジョーンズボロおよびアンナの町を現地視察して、町の基本設計を確認した。アンナは道路沿いに各派教会が並び、一般的なアメリカの町の構造に近い。
59 インディアナ州南東部ハノーバーに1827年に設立された大学で、アメリカ長老派教会牧師ジョン・フィンレイ・クロウが建てたアカデミーが源流である。インディ

アナ州で一番古い私立大学で、リベラル・アーツ・カレッジとして100名あまりの教員と約1100名の学生が現在在籍している。
60 アメリカ長老教会の神学校としてシカゴ市郊外に19世紀前半に設立された。シカゴ大学神学部の設立に伴い1920年代にシカゴ市中心の現在の位置に移転した。学生数は現在約450人である。シカゴの街の特長を生かして、都市伝道、アフリカ系やヒスパニクス系文化の研究など、現在はクロス・カルチャー的な色彩の濃い伝道者教育をおこなっている。
61 『ライシャワー自伝』pp.35-36.
62 『ライシャワー自伝』pp.36-37.
63 『ライシャワー自伝』p.40.
64 『ライシャワー自伝』p.37.
65 August K. Reischauer, 'Personal Immortality', Yokohama; Fukuin Printing Company, 1910.
66 田村完誓「訳者解説」p.344、エドウィン・O・ライシャワー『円仁 唐代中国への旅——「入唐求法巡礼行記」の研究』講談社学術文庫、1999年。
67 August k. Reischauer, 'Studies in Japanese Buddhism', New York; The Macmillan Company, 1917, 1925, 1943, 1970.
68 August Reischauer, 'The Study of Japanese Buddhism', pp.1-12.
69 August Reischauer, 'The Study of Japanese Buddhism', pp.14-50.
70 August Reischauer, 'The Study of Japanese Buddhism', pp.51-78.
71 August Reischauer, 'The Study of Japanese Buddhism', pp.79-157.
72 August Reischauer, 'The Study of Japanese Buddhism', pp.158-182.
73 August Reischauer, 'The Study of Japanese Buddhism', pp.183-268.
74 August Reischauer, 'The Study of Japanese Buddhism', pp.268-302.
75 August Reischauer, 'The Study of Japanese Buddhism', pp.303-327.
76 『ライシャワー自伝』pp.43-44.
77 1862年盛岡生まれ。札幌農学校在籍中に「イエスを信ずる者の誓約」に署名し、キリスト教に入信した。アメリカ・ジョンズ・ホプキンス大学、ドイツボン大学で農業経済学等を研究。1891年にアメリカ人メリー・エルキントンと結婚し、札幌農学校教授に就任。1900年に「武士道」を英文で出版し、日本の伝統的な倫理観を欧米に紹介した。その後、台湾総督府民生部殖産局長、京都帝国大学法科大学教授、第一高等学校長、東京帝国大学農学部教授を歴任。1918年に東京女子大学長に就任して2年務めた後、1920年には国際連盟事務次長に就任して、ジュネーブに赴任した。1926年から貴族院議員。1933年にカナダ・バンフにて開催されていた第五回太平洋会議に出席の後、病気のため同国ビクトリア市で死去。
78 日本朗話学校の沿革、教育方針などに関しては、同校の公式ウェブサイト、http://www.nrg.ac.jp/index-l.htm を参照した。
79 ノルマン『長野のノルマン』p.133.
80 羽仁五郎「悲痛なる体験」、加藤周一編『ハーバート・ノーマン 人と業績』岩波

【注】

書店、2002 年。
81 ストーンの伝記は、新堀『海のレクイエム』日本 YMCA 同盟出版部、1989 年を参照のこと。
82 新堀『海のレクイエム』p.133.
83 Diary, August 12,1931. Daniel Norman's paper. 86.005C Box1 File 3 UCA.
84 ノルマン『長野のノルマン』p.98.
85 Letter from Daniel Norman to Jesse Arnup. November 22, 1935.
86 『信濃毎日新聞』1941 年 8 月 22 日。
87 長野市役所庶務課によると、長野市には正式な形での「名誉市民制度」は存在せず、ダニエルの「名誉市民」は現在の長野市が認めている「名誉市民」ではない。しかし戦後の混乱期には市長任命による「名誉市民」が存在した模様とされ、1947 年にハーバートが長野を来訪し、父の記念会で講演したことを機に市長がダニエルに「名誉市民」称号を送ったものと考えられる。
88 『ライシャワー自伝』pp.109-110.
89 August Karl Reischauer, 'The Nature and Truth of the Great Religions', Tokyo and Rutland Vermont: Charles E Tuttle Co., 1966.
90 General Introduction, 'The Nature and Truth of the Great Religions'.
91 上坂冬子『ハル・ライシャワー』講談社、1994 年、p.227.
92 August Karl Reischauer, 'A Catechism of the Shin Sect (Buddhism)', From the Japanese Shinshu Hyakuwa by R. Nishimoto, Honolulu T. H.: The Publishing Bureau of Honganji Mission, 1921.
93 August Karl Reischauer, 'The Task in Japan- A Study in Modern Missionary Imperative', New York: Fleming H. Revell Company, 1926.
94 Motives, Aims, Attitudes, 'The Task in Japan'.
95 The Newer Naturalism, 'The Task in Japan'.
96 東京都名誉都民条例第七条にもとづく、功績のある外国人が東京都を訪問した際に、親善の意味を込めて贈る東京都知事部局国際課管轄の「特別名誉都民」にオーガストは選ばれたのであり、東京都総務部庶務課が管理する一般の東京都名誉都民とは位置づけが異なる。名誉都民称号授与は 1961 年 11 月 29 日におこなわれた。
97 The Life of Missionaries- Daniel and Kathleen Norman, The Missionary Outlook, May 1916.
98 1913 年にカナダ・メソジスト教会の資金と教員により、神戸市の旧居留地に設立されたもので、アメリカ式の教育を英語でおこない、大学進学準備を目的としている関西地区最大の国際学校である。保護者が遠隔地在住の場合に備え寄宿舎を持っており、現在の生徒数は 775 人、うち寄宿生徒は 240 人である。現在は神戸市の六甲アイランドに所在している。
99 関西学院大学百年史編纂委員会編『関西学院大学百年史』関西学院大学、1996 年。
100 1902 年に東京神田の YMCA 内に Tokyo School for Foreign Children として開校した。1923 年の関東大震災までは芝浦にあり、「インターナショナル・スクール」と

名乗っていた。現在は東京都府中市に所在し、プレスクール課程からハイ・スクール課程までを持ち、140 人以上の教員と 1500 人以上の在籍生があり、40 カ国以上の国籍の在籍者を有している。

101 Portrait of the Missionary, Daniel and Cathleen Norman, September 24, 1918.
102 1857 年にカナダ・メソジスト教会員の寄付によって建てられたハイ・スクールで、大学進学準備を目的としている。規模は大きくないが大学進学に関しての評価は高く、当初から男女共学で、寄宿舎完備の学校である。現在はカナダ以外の 24 カ国からの留学生を受け入れており、一般教育課程、English as Second Language 課程、大学進学課程、小学校および幼稚園を備えた私立学校である。
103 C.V., Howard Heal Norman, Howard Heal Norman papers. 86.007C Box 1 File 1. UCA.
104 1895-1990。スコットランド長老教会牧師で、1957 年には同教会議長を務めた。アイオナ運動の創始者である。1929 年 5 月にグラスゴー市の港湾地帯で、低所得者層が住むゴバン教会(Govan Parish Church)の牧師として赴任し、その傍らでセツルメント活動をしていた。彼の伝記として Peter Ferguson, 'George MacLeod', Glasgow, UK; Wild Goose Publication, 2001 があり、1929 年時点の状況については、同書の pp.106-116 に書かれている。また 1926 年からの 3 年間は、エジンバラ西部のやはり低所得者層地帯のセント・クスバート教会(St. Cuthbert Church)牧師をし、セツルメント活動をおこなっていたことが、同書 pp.96-106 に記されている。
105 1938 年にグラスゴー教区の牧師をしていたジョージ・マクロードが創設した団体で、超教派でキリスト教の現代的役割を考えるグループである。現在イギリスを中心として、世界で 250 人の正会員、1500 人の準会員と 1400 人の会友を抱えている(グラスゴーのアイオナ共同体本部の説明による)。会の本部はスコットランドのアイオナ島にあり、グラスゴーに事務局がある。アイオナ共同体では会員たちは毎日の祈祷と聖書朗読、時間と金銭の共有、定期的な会合、正義・平和・生ける者の統合をめざした行動と反省の時間を持っている。
106 Letter from Howard Heal Norman to Jesse Arnup, July 9,1929. 86.007C Box 1. File 2. UCA.
107 H. H. Norman, Japanism and Christianity, pp.13-14.
108 Letter from Gwen R. P. Norman to her parents, January 27, 1933.
109 Robert Karl Reischauer, 'The Sovereignty of the Japanese Mikado; A Study of its History in the Kojiki and the Nihongi', by Yedo-ko no Seiyojin, Tokyo; Toppan Biennial, 1931.
110 Edwin O. Reischauer, Herb Norman: The Perspective of a Lifelong Friend, Bowen ed. 'E. H. Norman- His Life and Scholarship', p.4.
111 Robert Karl Reischauer, 'Alien Land Tenure in Japan', Ph. D. Thesis, Harvard University 1935. Transactions of the Asiatic Society of Japan 2nd series, volume 12, 1936. Holmes Beach FL; Gaunt, 2004.
112 Robert Karl Reischauer, 'Early Japanese History', Princeton; Princeton University

【注】

Press 1937, London+ H. Milford, Oxford University Press, 1938.
113 『ライシャワー自伝』pp.108-111.
114 Jean Reischauer による序文の中で、Professor C. H. Peake, Mr. H. M. G. Labatt-Simon への謝辞が記されている。
115 Robert Karl Reischauer, 'Japan- Government, Politics', Part I Chapter I, pp.21-39.
116 Robert Karl Reischauer, 'Japan- Government, Politics', Part I Chapter II, pp.40-56.
117 Robert Karl Reischauer, 'Japan- Government, Politics', Part I Chapter III, pp.57-73.
118 Robert Karl Reischauer, 'Japan- Government, Politics', Part I Chapter IV, pp.74-106.
119 Preface, Robert Karl Reischauer, 'Japan- Government, Politics', pp.11-19.
120 『ライシャワー自伝』p.110.
121 Howard Heal Norman, 'Japanism and Christianity', unpublished S.T.M. Thesis, New York: Union Theological Seminary, 1939. 86.007C Box 3 File 79 & 80.
122 Sachiyo Takashima, The Influence of the Social Gospel in Modern Rural Japan: A Case Study of Howard and Herbert Norman, 'Historical Papers 2003, The Canadian Society of Church History', pp19-38.
123 Roger Bowen ed., Introduction, Howard & Gwen Norman papers, UBC special collections.
124 Howard Norman, 'Japanism and Christianity', pp.1-7.
125 Howard Norman, 'Japanism and Christianity', pp.8-32.
126 Howard Norman, 'Japanism and Christianity', pp.33-38.
127 Howard Norman, 'Japanism and Christianity', pp.39-63.
128 Howard Norman, 'Japanism and Christianity', pp.64-75.
129 Howard Norman, 'Japanism and Christianity', pp.76-96.
130 Howard Norman, 'Japanism and Christianity', pp.97-104.
131 Howard Norman, 'Japanism and Christianity', pp.105-117.
132 Howard Norman, 'Japanism and Christianity', pp.118-129.
133 Howard Norman, 'Japanism and Christianity', pp.130-136.
134 Letter from Howard Heal Norman to Jesse Arnup, December 14, 1939.Howard Heal Norman papers, 86.007C Box 1 File 5. UCA.
135 Letter from Howard Heal Norman to Jesse Arnup, October 18, 1941. 86.007C Box 1 File 18. UCA.
136 当時日系人2世として強制収容されたメアリー・カツノ氏によれば、日系人救済を収容所の現場でおこなったのは別の牧師たちで、ハワードは記憶にないとのことである。このことからすると、ハワードの活動はバンクーバーでの他民族に対する日系人への不当な取り扱いを知らせることに重点が置かれていたものと考えられる。
137 Letter from Howard Heal Norman to Roger Bowen, July 19, 1978. UCA 86.007C Box 2 File 67.
138 Letter from Howard Heal Norman to Roger Bowen. February 21, 1978. UCA

86.007C Box 2 File 67. この中でハワードは「南京の基督」翻訳中と語っているが、1984 年版の翻訳本には掲載されていない。
139 BCON Australian, 1948-49.
140 Letters from Howard Heal Norman to his family. November 28, 1947, November 29, 1947, December 26, 1947, December 29, 1947, January 1, 1948, March 20, 1948, March 26, 1948, March 29, 1948, June 19, 1948, October 18, 1948. UCA. 86.007C Box 1 File 20 and 21.
141 Letter from Howard heal Norman to Grace, Clair, Irene and Herbert. February 12, 1956. UCA. 86.007C Box 1 File 28.
142 Edwin O. Reischauer, 'Herb Norman; Perspective of a Lifelong Friend'. Roger Bowen ed., "Herbert Norman; His Life and Scholarship", Toronto, University of Toronto Press, 1984.
143 Letter from E. Herbert Norman to Howard and Gwen Norman, April 3, 1957.UBC.
144 都留重人文書、一橋大学経済研究所所蔵の中に、ハワード・ノーマンが弔問文を送った人々への感謝の意を表した手紙(1957 年 4 月 30 日付)と都留重人個人にあてて「弟は精神的な病であった」と述懐する手紙(1957 年 5 月 4 日付)が存在するが、カナダ合同教会史料館側のハワード・ノーマン・ファイルからはそれに類する書簡類は一切発券できない。本人による整理なので、すべて廃棄した可能性が高い。
145 Howard Norman, 'Uchimura Kanzo; The Quest of Salvation', Doctor of Theology Dissertation for Emmanuel College, University of Toronto, 1961. This dissetation was not submitted.
146 2004 年 4 月 22 日、日本基督教団塩尻アイオナ教会の証言による。
147 ノルマン『長野のノルマン』福音館書店、1965 年。原文は "Norman of Nagano" で UCA 所蔵。
148 引退した 1971 年当時には円とカナダドル交換レートが 370 円前後とカナダドル高であったのがニクソンショック以降、カナダドルは経済政策の失敗で安くなり、急激に円高に振れていったことや、オイルショック以降の物価の急速な値上がりに年金が追いつかなかったことなどが原因と考えられる。
149 Letters between Howard Heal Norman and Roger Bowen. UCA. 86.007C Box 2 Files 67 and 68. Date range is from November 16, 1977 to September 15, 1986.
150 Letter from Roger Bowen to Howard Heal Norman, October 16, 1978. UCA. 86.007C Box 2 File 67.
151 Acknowledgement, Roger Bowen, 'Innocence Is Not Enough', p.12.
152 Letter from Roger Bowen to Howard Heal Norman, September 12, 1979. UCA. 86.007C Box 2 File 67.
153 Letter from Roger Bowen to Edwin O. Reischauer, September 15, 1978. HUGFP 73.10 Box 10. HUA.
154 Letter from Roger Bowen to Howard and Gwen Norman, September 15, 1986. UCA 86.007C Box 2 File 68.

【注】

155 羽仁五郎「心痛む思い出」、加藤『ハーバート・ノーマン　人と業績』
156 Edwin O. Reischauer, Herb Norman: The Perspective of a Lifelong Friend, Bowen ed., 'E. H. Norman- His Life and Scholarship', p.5.
157 『ライシャワー自伝』pp.31-33.
158 Cyril Powles, E. H. Norman and Japan, Bowen ed. 'E. H. Norman- His Life and Scholarship', p.17
159 『ライシャワー自伝』p.194.
160 Bowen, 'Innocence is not Enough', pp.27-28.
161 Bowen, 'Innocence is not Enough', pp.34-37.
162 Bowen, 'Innocence is not Enough', pp.43-45.
163 Bowen, 'Innocence is not Enough', pp.49-54.
164 Letter from E. Herbert Norman to parents and Howard, May 15, 1933.
165 Bowen, 'Innocence is not Enough', pp.58-65.
166 『ライシャワー自伝』pp.67-68.
167 『ライシャワー自伝』pp.69-70.
168 『ライシャワー自伝』p.70.
169 『ライシャワー自伝』pp.77-78.
170 1903-91。フレンド派宣教師として日本に滞在後、日本史研究者としてコロンビア大学大学院博士課程を修了。コロンビア大学教授として日本史を教えた。フレンド派の教えのために軍役にはつかず、戦時中は対日占領政策策定委員会の委員長を務めた。コロンビア退職後はハヴァフォード・カレッジ学長などを務めた。
171 『ライシャワー自伝』p.84.
172 『ライシャワー自伝』p.99.
173 『ライシャワー自伝』pp.85-86.
174 『日本への自叙伝』pp.115-118.
175 『ライシャワー自伝』pp.86-88.
176 『ライシャワー自伝』p.102.
177 Edwin O. Reischauer, 'Herb Norman, His Lifelong Perspective', Roger Bowen, ed., "E. H. Norman, His Life and Scholarship", p. 18, Toronto; University of Toronto Press, 1984.
178 『ライシャワー自伝』pp.102-103.
179 『日本への自叙伝』pp.156-157.
180 『ライシャワー自伝』pp.115-116.
181 『日本への自叙伝』pp.191-192.
182 『日本への自叙伝』pp.169-170.
183 Bowen, 'Innocence is not Enough', p.20.
184 Bowen, 'Innocence is not Enough', p.86.
185 大窪愿二編訳『ハーバート・ノーマン全集』第4巻、p.547、岩波書店、1977年。
186 Bowen's memo for the finding aid of Howard Heal Norman's paper. UBC.

187 モーリ編、小平修、岡本幸二監訳『日本近代化のジレンマ』p.18、ミネルヴァ書房、1974年。
188 大窪『ハーバート・ノーマン全集』第1巻、pp.3-9,
189 『ハーバート・ノーマン全集』第1巻、pp.19-31.
190 『ハーバート・ノーマン全集』第1巻、pp.32-88.
191 大窪『ハーバート・ノーマン全集』第1巻、pp.89-166.
192 大窪『ハーバート・ノーマン全集』第1巻、pp.167-213.
193 大窪『ハーバート・ノーマン全集』第1巻、pp.214-260.
194 大窪『ハーバート・ノーマン全集』第1巻、pp.261-315.
195 大窪『ハーバート・ノーマン全集』第1巻、pp.316-319.
196 大窪『ハーバート・ノーマン全集』第1巻、pp.298-307.
197 大窪『ハーバート・ノーマン全集』第4巻、pp.481-486.
198 大窪『ハーバート・ノーマン全集』第4巻、pp.14-19.
199 大窪『ハーバート・ノーマン全集』第4巻、pp.20-22.
200 大窪『ハーバート・ノーマン全集』第4巻、pp.23-26.
201 大窪『ハーバート・ノーマン全集』第4巻、pp.27-31.
202 大窪『ハーバート・ノーマン全集』第4巻、pp.32-35.
203 大窪『ハーバート・ノーマン全集』第4巻、pp.36-39.
204 大窪『ハーバート・ノーマン全集』第4巻、pp.40-45.
205 大窪『ハーバート・ノーマン全集』第4巻、pp.46-48.
206 大窪『ハーバート・ノーマン全集』第4巻、pp.49-51.
207 大窪『ハーバート・ノーマン全集』第4巻、pp.52-65.
208 大窪『ハーバート・ノーマン全集』第4巻、pp.66-72.
209 大窪『ハーバート・ノーマン全集』第4巻、pp.73-76.
210 大窪『ハーバート・ノーマン全集』第4巻、pp.77-85.
211 大窪『ハーバート・ノーマン全集』第4巻、pp.86-93.
212 『世界評論』第1巻第2号、1946年3月号。
213 大窪『ハーバート・ノーマン全集』第2巻、PP. 6-71.
214 大窪『ハーバート・ノーマン全集』第2巻、pp.72-126.
215 大窪『ハーバート・ノーマン全集』第2巻、pp.127-195.
216 大窪『ハーバート・ノーマン全集』第2巻、pp.196-244.
217 大窪『ハーバート・ノーマン全集』第2巻、pp.245-280.
218 Stephen Endicott, Rebel Out of China; Toronto, University of Toronto Press, 1980.
219 『日本への自叙伝』pp.245-246.
220 『ライシャワー自伝』pp.517-518.
221 『日本への自叙伝』pp.17-18.
222 『日本への自叙伝』pp.35-37.
223 『日本への自叙伝』p.303.
224 エドウィン・O・ライシャワー、国弘正雄訳『ライシャワーの日本史』講談社、

【注】

1986年(原著は1981年に刊行)。
225 「パシフィック・アフェアズ」1947年9月、大窪『ハーバート・ノーマン全集』第4巻、pp.423-425.
226 ロバートは1932年から34年まで、博士論文執筆の傍ら、東京女子大学講師、立教女学院講師としてアメリカ史を講じて生計を建てていた。長期滞在であったため、ハワードと会う機会も多数あったと言われている。
227 『日本への自叙伝』pp.93-94.
228 John English, 'The Beginnings', "Shadow of Heaven; The Life of Lester B. Pearson Volume One: 1897-1948" London; Vintage Books, 1990 (First Published Lester & Orpen Dennys, 1989)
229 English, 'The War', "Shadow of Heaven", pp.21-48.
230 English, 'Renewal', "Shadow of Heaven", pp.49-70.
231 English, 'Oxford', "Shadow of Heaven", pp.71-96.
232 English, 'Maryon', "Shadow of Heaven", pp.97-116.
233 English, 'The Ottawa Man', "Shadow of Heaven", pp.141-172.
234 彼の自伝と中国との関わりに関しては、Chester Ronning, 'A Memoir of China in Revolution; From the Boxer Rebellion to the People's Republic", New York: Pantheon Books, 1974. を参照のこと。
235 大窪『ハーバート・ノーマン全集』第3巻、pp.13-28.
236 大窪『ハーバート・ノーマン全集』第3巻、pp.29-65.
237 大窪『ハーバート・ノーマン全集』第3巻、pp.66-95.
238 大窪『ハーバート。ノーマン全集』第3巻、pp.127-150.
239 大窪『ハーバート・ノーマン全集』第3巻、pp.150-174.
240 大窪『ハーバート・ノーマン全集』第3巻、pp.175-206.
241 大窪『ハーバート・ノーマン全集』第3巻、pp.207-235.
242 大窪『ハーバート・ノーマン全集』第3巻、pp.235-255.
243 大窪『ハーバート・ノーマン全集』第3巻、pp.256-260.
244 大窪『ハーバート・ノーマン全集』第3巻、pp.261-291.
245 大窪『ハーバート・ノーマン全集』第3巻、pp.292-319.
246 大窪『ハーバート・ノーマン全集』第3巻、pp.320-336.
247 大窪『ハーバート・ノーマン全集』第3巻、pp.336-378.
248 『史学雑誌』第59編第6号、1950年6月。
249 『信濃毎日新聞』1949年9月24日。
250 Roger Bowen Papers, UBC SpeCIAl Collections.
251 James Barros, 'No Sense of Evil; The Episonage of E. Herbert Norman', New York; Ivy Books, 1986.
252 Curriculum Vitae for the External Affairs, Egerton Herbert Norman, 1939.
253 『ライシャワー自伝』pp.194-195.
254 Proposal, May 25, 1950. External Affairs paper, NAC.

255 Letter from Herbert Norman to Lester B. Pearson, Februrary 8, 1950. NAC MG26 N1 10 Norman E. H. Papers.
256 Commonwealth Foreign Ministers Conference, February 1950, Colombo Ceylon. NAC MG25, Box 27.
257 Letter from Edwin O. Reischauer to the Institute of Pacific Affairs, June 14, 1953. HUA.
258 Bowen, Innocence is not Enough, pp.344-345.
259 Department of External Affairs. Ottawa, August 9, 1951. NAC MG26 N1 10 Norman E. H. papers.
260 Louis St. Laurent Papers, February 20, 1952.
261 Bowen, 'Innocence is not Enough', pp.280-289.
262 Bowen, Innocence is not Enough, pp.316-318.
263 Howard & Gwen Norman Papers, 1-13. UBC SpeCIAl Collections.
264 大窪『ハーバート・ノーマン全集』第4巻、p.597.
265 Letter from Edwin O. Reischauer to Shigeto Tsuru, April 15, 1957. Tsuru Issues, Edwin O. Reischauer personal papers, HUGFP 73.8 Box 13 File 12. HUA.
266 黒川修司『赤狩り時代の米国大学』中公新書、1994年。
267 黒川『赤狩り時代の米国大学』p.208.
268 ライシャワー、田村訳『円仁　唐代中国への旅』pp.33-62.
269 『円仁　唐代中国への旅』pp.63-89.
270 『円仁　唐代中国への旅』pp.90-170.
271 『円仁　唐代中国への旅』pp.171-202.
272 『円仁　唐代中国への旅』pp.203-260.
273 『円仁　唐代中国への旅』pp.261-334.
274 『円仁　唐代中国への旅』pp.335-413.
275 『円仁　唐代中国への旅』pp.414-448.
276 『円仁　唐代中国への旅』pp.449-458.
277 Activities of Herbert Norman. External Affairs, Series B-2, Volume 3176 File 27-3-12 Part 2. NAC RG25.
278 Lester B. Pearson files. UBC speCIAl collection.
279 工藤美代子『スパイと言われた外交官——ハーバート・ノーマンの生涯』ちくま文庫、p.417.
280 明治期に「鶏姦罪」の名で同性間性交渉を禁ずる法律制定が議論されたものの、結局成立しなかった日本と違って、欧米諸国では同性間交渉を禁ずる法律はどの国にも存在した。これが廃止されたのは早い国で1960年代、多くの国では1980年代に入ってからであり、現在も国や州によっては同種の犯罪規定をもっているところも存在する。カナダの1950年代の状況は他の多くの国に共通している。
281 『ライシャワー自伝』pp.176-178.
282 『ライシャワー自伝』pp.182-183.

【注】

283 『ライシャワー自伝』p.238.
284 『ライシャワー自伝』pp.191-193.
285 『日本への自叙伝』pp.318-321.
286 このファイル群は、Institute of Pacific Relations, HUA. HUGEP73.8 Box 2. に所蔵されている。すべて「取扱注意(confidential)」のマークが付けられており、エドウィンが重要なメンバーであったことを示唆する。
287 Confidential letter from William Holland, General Secretary, September 13,1950. HUA. HUGFP 73.8 Box 2.
288 Letter from Edwin O. Reischauer to Cheater Barnard, The Rockefeller Foundation. September 18, 1950. HUA. HUGFP 73.8 Box 2.
289 Letter from John K. Fairbank to Edwin O. Reischauer, October 4,1951. HUA. HUGFP 73.8 Box 11.
290 Letter from Edwin O. Reischauer to William Holland, September 20, 1950. HUA. HUGFP 73.8 Box 2.
291 Edwin O. Reischauer, 'Wanted Asian Policy', New York: Knopf publishing co., 1955.
292 エドウィン・O・ライシャワー、内閣総理大臣官房調査室訳『求められるアジア政策』謄写版、1956 年。
293 エドウィン・O・ライシャワー、アジア協会訳『転機に立つアジア政策』大陸書房、1957 年。
294 Letter from Edwin O. Reischauer to John Foster Dulles, September 28, 1958. Letter from John Foster Dulles to Edwin O. Reischauer, October 31, 1958. HUGFP 73.8 Box 18. HUA.
295 Edwin. O. Reischauer, 'The Broken Dialogue with Japan', 'Foreign Affairs', October 1960. pp.11-26.
296 Letter from Edwin O. Reischauer to August Karl Reischauer, October 18, 1960.
297 『ライシャワー自伝』p.243.
298 エドウィン・ライシャワー「日本との私的な対話――安保反対運動とアメリカへの教訓」、『世界』岩波書店、1961 年 1 月号、pp.184-195.
299 『ライシャワー大使日録』pp.12-14.
300 『ライシャワー大使日録』p.11。原文は Personal Note, February 8, 1961. HMR Paper. #14205 Box 18. HUA.
301 『ライシャワー大使日録』pp.16-17.
302 Ed's Personal Note, March 14, 1961. HMR files. #14206 Box 18. HUA.
303 共同通信社ワシントン支局太田昌克記者の 2006 年 11 月 23 日におこなわれた匿名の米国高官へのインタビューによる報道にもとづく。これに関連した公文書は現在非公開のため、未確認情報である。
304 Oral History Transcript, Edwin O. Reischauer, April 25, 1969. Cambridge MA by Dennis O'Brien. JFK.

305 『ライシャワー大使日録』pp.90-91.
306 『ライシャワー自伝』p.273.
307 1911 年 - 2007 年。アメリカ合衆国アリゾナ州生まれ。日本で教育を受けるために帰日中に太平洋戦争となり、日本兵として従軍した。戦後は東京のアメリカ大使館で通訳官として勤務した。1968 年のアポロ 11 号月着陸中継の同時通訳で有名になり、その後通訳技術、アメリカ理解関連の著書を多数出版した。その後札幌大学教授を歴任。
308 ライシャワー夫妻が地方に個人的に出かけた時の歓迎状況は、『ライシャワー大使日録』pp.172-173 を参照のこと。
309 『ライシャワー自伝』、pp.319-320.
310 Oral History Transcript, Edwin O. Reischauer, April 25, 1969, Cambridge MA by Dennis O'Brien. p.11. JFK.
311 Proposed Far East Trips, National Security Files. JFK. Box 242. 1962-63.
312 『ライシャワー大使日録』p.150.
313 『ライシャワー大使日録』pp.149-150.
314 『ライシャワー大使日録』p.165
315 『ライシャワー大使日録』pp.169-171.
316 『ライシャワー自伝』pp.401-403.
317 Oral History Transcript, Edwin O. Reischauer, p.47-48. JFK Library.
318 『ライシャワー大使日録』pp.240-242.
319 『ライシャワー大使日録』p.283.
320 『ライシャワー自伝』pp.397-398.
321 『ライシャワー自伝』pp.479-480.
322 Invitation as a visiting fellowship to Kim Dae Jung, Harvard University, July 11, 1973. HUGFP 73.10 Box 42 HUA.
323 Letter from Kim Dae Jung to Edwin O. Reischauer, January 2, 1973. 金大中は日本語で手紙を書いた理由を、英語で書くのがが苦手なのでと記している。
324 Letter from Edwin O. Reischauer to Kim Dae Jung, October 29, 1973. HUGFP 73.10 Box 42. HUA. 同日付でエドウィンは在ソウル米大使館にも書簡を送り、助力を頼んでいる。
325 Letter from Kim Dae Jung to Edwin O. Reischauer, March 9,1974. HUGFP 73.10 Box 44. HUA.
326 Letter from Kim Dae Jung to Edwin O Reischauer, September 19,1975. HUGFP 73.10 Box 42. HUA.
327 Letter from Edwin O. Reischauer to Kim Dae Jung, January 19,1979. HUGFP 73.10 Box 44. HUA.
328 Letter from Kim Dae Jung to Edwin O. Reischauer, February 23,1979. HUGFP 73.10 Box 44. HUA.
329 Letter from Edwin O. Reischauer to Kim Dae Jung, March 4, 1980. HUGFP 73.10

【注】

Box 44. HUA.
330 Letter from Edwin O. Reischauer to Henry Resovsky, Dean of the Harvard College. 1983 Christmas Card. HUGFP 73.10.2 Box 7 HUA.
331 関連の書類は HUGFP 73. 10. 2 Box 11 File Kim Dae Jung 1984-85 HUA, に所蔵されている。
332 Kim Dae Jung, The Party for Peace and Democracy, April 10,1989. HUGFP 73.10.2 Box 3. HUA.
333 エドウィン・O・ライシャワー、国広正雄訳『ザ・ジャパニーズ』文藝春秋社、1979年。原著は Cambridge MA; Harvard University Press, 1977.
334 エドウィン・O・ライシャワー、福島正光訳『ザ・ジャパニーズ・トゥディ』文藝春秋社、1990年。
335 『ザ・ジャパニーズ』pp.17-50.
336 『ザ・ジャパニーズ』pp.51-61.
337 『ザ・ジャパニーズ』pp.62-71.
338 『ザ・ジャパニーズ』pp.72-82.
339 『ザ・ジャパニーズ』pp.83-90.
340 『ザ・ジャパニーズ』pp.91-98.
341 『ザ・ジャパニーズ』pp.99-106.
342 『ザ・ジャパニーズ』pp.107-113.
343 『ザ・ジャパニーズ』pp.114-126.
344 『ザ・ジャパニーズ』pp.127-131.
345 『ザ・ジャパニーズ』pp.132-141.
346 『ザ・ジャパニーズ』pp.142-149.
347 『ザ・ジャパニーズ』pp.150-160.
348 『ザ・ジャパニーズ』pp.161-171.
349 『ザ・ジャパニーズ』pp.172-183.
350 『ザ・ジャパニーズ』pp.184-201.
351 『ザ・ジャパニーズ』pp.202-208.
352 『ザ・ジャパニーズ』pp.209-218.
353 『ザ・ジャパニーズ』pp.219-229.
354 『ザ・ジャパニーズ』pp.230-240.
355 ケネディ記念図書館の日本大使館報告ファイルの政治状況関連ファイルによる。
356 『ザ・ジャパニーズ』pp.241-247.
357 『ザ・ジャパニーズ』pp.248-252.
358 『ザ・ジャパニーズ』pp.253-259.
359 『ザ・ジャパニーズ』pp.260-268.
360 『ザ・ジャパニーズ』pp.269-276.
361 『ザ・ジャパニーズ』pp.277-286.
362 『ザ・ジャパニーズ』pp.287-297.

363 『ザ・ジャパニーズ』pp.298-312.
364 『ザ・ジャパニーズ』pp.313-325.
365 『ザ・ジャパニーズ』pp.326-334.
366 『ザ・ジャパニーズ』pp.335-338.
367 『ザ・ジャパニーズ』pp.339-355.
368 『ザ・ジャパニーズ』pp.356-367.
369 『ザ・ジャパニーズ』pp.368-379.
370 『ザ・ジャパニーズ』pp.380-400.
371 『ザ・ジャパニーズ』pp.401-423.
372 『ザ・ジャパニーズ』pp.424-429.
373 グレゴリー・フルッグフェルダー氏とコロンビア大学でおこなった2004年10月6日のインタビューでの発言による。
374 E・O・ライシャワー、納谷祐二、小林ひろみ『日本の国際化——ライシャワー博士との対話』文藝春秋社、1989年。
375 エドウィン・O・ライシャワー「序文」、『大平正芳、人と思想』大平正芳記念財団、1994年。
376 大平正芳記念財団編『大平正芳、人と思想』私家版、1984年。
377 『ライシャワー大使日録』pp.99-100.
378 『日本への自叙伝』pp.408-410.
379 エドウィンと中曽根康弘が知りあったのは、ヘンリー・キッシンジャーが主催していた若手政治家のセミナー参加者として、1953年に中曽根康弘が推薦されてハーバード大学を訪れた際に会ったことによる。中曽根康弘が首相就任後まもなくの1983年初頭に「日米貿易摩擦」がおこったことをエドウィンは憂慮し、摩擦軽減のためにワシントンの政府関係者をエドウィンが訪ねて調整に当たることを中曽根に提案している。その内容は Letter from Edwin O. Reischauer to the Prime Minister's Office, December 20, 1983. HUGFP 73.10.2 Box 7. HUA に詳しい。
380 『ライシャワー自伝』pp.509-510.
381 Letter from Edwin O. Reischauer to Masayoshi Ohira, March 16, 1980. HUGFP 73.10 Box 56. HUA.
382 Letter from the Prime Minister Office, Japan to Edwin O. Reischauer, June 13, 1980. HUGFP 73.10 Box 56 HUA.
383 Letter from Edwin O. Reischauer to Masayoshi Ohira, June 9, 1980. HUGFP 73.10 Box 56. HUA.
384 Letter from Edwin O. Reischauer to Knopf, July 21,1980. HUGFP 73.10.2 Box 3. HUA.
385 以下の書簡類は、HUGFP 73.10.2 Box7, 18 File K より引用した。
386 Ed's Unfinished Book. HMR Paper. #14205 Box 7. HUA.
387 Letter from Edwin O. Reischauer to Roger Bowen, June 27,1978. HUGFP 73.10 Box 10 HUA.

【注】

388 Letter from Roger Bowen to Edwin O. Reischauer, September 8, 1978. Letter from Edwin O. Reischauer to Roger Bowen, September 17,1978. HUGFP 73.10 Box 10 HUA.
389 Roger Bowen ed., 'E. H. Norman: His Life and Scholarship', Toronto: University of Toronto Press, 1984.
390 Edwin O. Reischauer, Herb Norman: The Perspective of a Lifelong Friend, Roger Bowen ed., 'E. H. Norman: His Life and Scholarship', Toronto: University of Toronto Press, 1984. pp. 3-12.
391 Edwin O. Reischauer, 'Herb Norman: The Perspective of a Lifelong Friend', p.11.
392 Edwin O. Reischauer, 'Herb Norman: The Perspective of a Lifelong Friend', pp.11-12.
393 Note 6, Edwin O. Reischauer, 'Herb Norman: The Perspective of a Lifelong Friend', p.12.
394 Roger Bowen ed., 'E. H. Norman: His Life and Scholarship', p.3.
395 例として、Letter form Edwin O. Reischauer to Herbert Norman, October 8, 1952, Letter from Herbert Norman to Edwin Reischauer, October 15, 1952. HUA. HUGFP 73.8 Box. 8 File Ne-Nu. が挙げられる。
396 Cyril Powles, 'E. H. Norman and Japan', Roger Bowen ed., 'E. H. Norman: His Life and Scholarship', Toronto: University of Toronto Press, 1984. pp.13-26.
397 Cyril Powles, 'Herbert Norman and Japan', p.21. ここで挙げられている人物名を列挙すると、Endicotts, Walmsleys, Willmotts は中国宣教師の子弟で自らも中国宣教師だった人物で、中国共産党に協力した者たちである。Woodsworths はカナダ内陸部の宣教師の子弟で、カナダ社会民主主義の祖である。
398 Roger Bowen ed., 'E. H. Norman: His Life and Scholarship', p.13.
399 Victor Kierman, 'Herbert Norman's Cambridge', Roger Bowen ed., 'E. H. Norman: His Life and Scholarship', pp.27-45.
400 Arthur Kilgour, 'On Remembering Herbert Norman', Roger Bowen ed., 'E. H. Norman: His Life and Scholarship', pp72-80.
401 『ライシャワー自伝』p.195.
402 David B. Marshall, Secularizing the Faith- Canadian Protestant Clergy and the Crisis of Belief, 1850-1940, Toronto: University of Toronto Press, 1992. p.196.
403 Marshall, Secularizing the Faith, p.196.
404 Marshall, Secularizing the Faith, p.197.
405 Marshall, Secularizing the Faith, pp.198-200.
406 Gwen R. P. Norman biofiles, 86.006C Box 1 File 1 & 3. UCA.
407 Toronto Star, June 29, 1932.
408 ハル・松方・ライシャワー、広中和歌子訳『絹と武士』文藝春秋社、1987年、pp.43-84.
409 『絹と武士』pp.183-285.

410 『絹と武士』pp.286-306.
411 上坂『ハル・ライシャワー』pp.94-95.
412 Mary Baker Eddy, Her Story. http://www.marybakereddylibrary.org/marybakereddy/bio.jhtml
413 上坂『ハル・ライシャワー』p.99.
414 上坂『ハル・ライシャワー』p.326.
415 上坂『ハル・ライシャワー』pp.99-100.
416 Brief History of Principia. http://www.prin.edu/about/history/history.htm
417 Policy 4, Purpose and Policies of The Principia, established October 22, 1944, modified November 30, 1962, and October 26, 1983. http://www.prin.edu/about/purpose/index.htm
418 Policy 5, Purpose and Policies of The Principia. http://www.prin.edu/about/purpose/index.htm
419 Principia and Christian Science. http://www.prin.edu/about/cs/index.htm
420 上坂『ハル・ライシャワー』pp.100-102.
421 上坂『ハル・ライシャワー』pp.102-104.
422 上坂『ハル・ライシャワー』pp.104-105.
423 『絹と武士』p.27.
424 『絹と武士』pp.25-26.
425 上坂『ハル・ライシャワー』pp.117-127.
426 上坂『ハル・ライシャワー』pp.129-135.
427 上坂『ハル・ライシャワー』pp.141-142.
428 上坂『ハル・ライシャワー』pp.143-149.
429 『ライシャワー自伝』pp.211-212.
430 上坂『ハル・ライシャワー』pp.150、157、164.
431 Letter from Edwin O. Reischauer to parents, January 2, 1955. Edwin Reischauer papers,
432 上坂『ハル・ライシャワー』pp.172-178.
433 上坂『ハル・ライシャワー』pp.179-183.
434 ダニエル・ノーマン氏の証言、2003年12月1日、カナダ・オンタリオ州キングストンの自宅で聞き取り。
435 Letter from Gwen R. P. Norman to their children. February 6, 1956. 86.006C Box 1 File 21. UCA.
436 Letter from Gwen R. P. Norman to their children. April 11, 1957. 86.006C Box 1 File 21. UCA.
437 Letter from Gwen R. P. Norman to their children. April 3, 1965. 86.006C Box 1 File 23. UCA.
438 「ノルマン館案内」1967年、Howard Norman Papers, UCA.
439 『日本への自叙伝』pp.357-358.

【注】

440 『ライシャワー大使日録』p.148.
441 『ライシャワー自伝』p.203.
442 講談社インターナショナルの許可を得て、旧ライシャワー邸を 2004 年 9 月 20 日に訪問した際に屋内見学した状況にもとづく。
443 上坂『ハル・ライシャワー』pp.261-269.
444 『ライシャワー自伝』pp.507-508.
445 『ライシャワー自伝』pp.514-515.
446 『ライシャワー自伝』pp.523-524.
447 Haru Matsukata Reischauer papers, #24109, Box 7.
448 『ライシャワー自伝』p.525.
449 『ライシャワー自伝』pp.522-523.
450 上坂『ハル・ライシャワー』pp.277-287.
451 『ライシャワー自伝』pp.514-515.
452 「エドとハル」は 1994 年 4 月 30 日に NHK で放映され、夏には PBS で全米放映された。台本は HMR Papers #14205 Box 7 に残されている。
453 Draft of Autobiography, Haru Matsukata Reischauer papers, #24109, Box 7. HUA.
454 上坂『ハル・ライシャワー』pp.313-315.
455 Hamish Ion, The Cross and the Rising Sun, 1991, Waterloo Ontario, Canada: Wilfred Laurier University Press.
456 父の伝記は Gwen R. P. Norman, "The Grace Unveiling", 2004, 自伝は Gwen R. P. Norman, "Not Quite Total Recall; The Autobiography of Gwen R. P. Norman", Toronto; Instabook, 2006. である。
457 R・ダニエル・ノーマン「母、グエン・ノーマンを偲んで」、『日本基督教団塩尻アイオナ教会報』2003 年。
458 大窪『ハーバート・ノーマン全集』第 1 巻、「日本近代国家の成立」日本語版への新序、p.35.

高嶋幸世

1962年、熊本県生まれ。1987年、東京大学文学部第2類国史学専修課程卒業。1994年、同志社大学大学院神学研究科歴史神学専攻博士後期課程単位取得中退、博士（国際文化、西南学院大学）。同志社大学人文科学研究所研究助者、西南学院大学文学部専任講師、マクマスター大学（カナダ・オンタリオ州）客員講師および客員研究員、熊本大学大学院教育学研究科非常勤講師などを務めた。ハーバード大学ライシャワー日本研究所などで研究調査活動を行い、カナダ・キリスト教史学会理事を務めた。

主要論文に 'The Influence of the Social Gospel in Modern Rural Japan' 'Return to Christianity'（いずれも Historical Papers, Canadian Society for Church History', 2003 & 2006)、最近の論文として「米海兵隊基地徳之島移転計画と反対運動、政府案撤回からの教訓」（東アジア研究19号、2016年）がある。

ノーマン家とライシャワー家 ──日本と北米の関係構築にはたした役割

2016年12月26日　第1刷発行

著　者　　高嶋幸世（たかしまさちよ）

発行者　　長谷川一英

発行所　　株式会社　シーズ・プランニング
　　　　　〒101-0065 東京都千代田区西神田 2-3-5　千栄ビル 2F
　　　　　TEL. 03-6380-8260

販　売　　株式会社　星雲社
　　　　　〒112-0005 東京都文京区水道 1-3-30
　　　　　TEL. 03-3868-3275

ⓒ Sachiyo Takashima 2016
ISBN 978-4-434-22906-0　　Printed in Japan